Diogenes Taschenbuch 21344

detebe

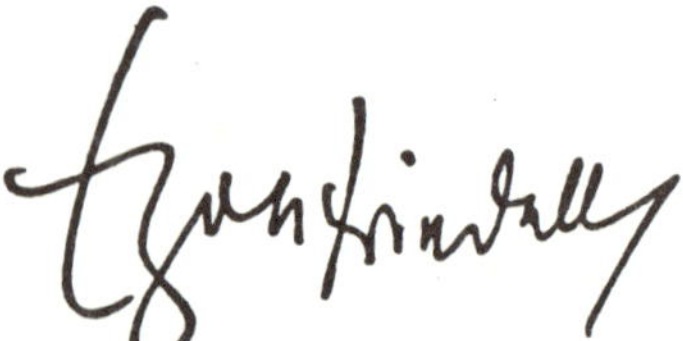

Egon Friedell

Abschaffung des Genies

Essays von 1905 bis 1918

Herausgegeben und mit einem Nachwort ›Friedell als Buchautor‹ von Heribert Illig

Diogenes

Frontispiz: Egon Friedell im Alter von 27 Jahren, 1905
Abdruck des Fotos mit freundlicher Genehmigung
von Frau Annemarie Kotab, Kufstein
Diese Sammlung erschien unter demselben Titel
erstmals 1982 im Löcker Verlag, Wien

Lizenzausgabe mit freundlicher Genehmigung des Löcker Verlags

60/85/36/1
ISBN 3 257 21344 1

INHALT

Bei einem Denker sollte man nicht fragen: *welchen* Standpunkt nimmt er ein, sondern: *wie viele* Standpunkte nimmt er ein? Mit anderen Worten: hat er einen geräumigen Denkapparat oder leidet er an Platzmangel, das heißt: an einem „System“?

Egon Friedell

VORURTEILE

Unser Leben zerfällt nämlich in zwei Hälften, und jede dieser Lebenshälften hat eine besondere Aufgabe. In der ersten Lebenshälfte werden uns von allerlei fremden Menschen eine Menge von Ansichten, Urteilen und Meinungen mitgeteilt, und wir haben die Aufgabe, diese Ansichten auswendig zu lernen; in unserer zweiten Lebenshälfte haben wir die Aufgabe, diese Ansichten teils zu vergessen, teils durch ihr Gegenteil zu ersetzen.

Der zweite Teil des Pensums ist natürlich viel schwieriger. Einem Urteil zustimmen und sich dabei denken: „Der andere wird's schon wissen": – das ist leicht. Aber sich gegen eine allgemein verbreitete Ansicht stemmen und sagen: „Wieso? Ich halte es für Quatsch. Ich kann in meiner gesamten bisherigen Lebenserfahrung nichts finden, was diesen Grundsatz bestätigt": – das ist nicht ebensoleicht und endet meist mit irgend einer Entlassung.

In der Tat kommen die wenigsten Menschen so weit, um auch nur zu ahnen, daß das, was sie von ihren Lehrern und Erziehern übernommen haben, ihnen gar nicht gehört. Wenn ein Gegenstand eine gewisse Zeit lang in meinem Besitz ist und niemand dieses Besitzrecht bestreitet, so geht dieser Gegenstand schließlich auch juristisch in mein Eigentum über. So ist es mit den Meinungen, die wir aus der Schule mitnehmen: niemand bestreitet, daß wir ein Recht auf sie haben, und so behalten wir sie denn, umsomehr als sie sich als sehr bequeme und nützliche Gebrauchsgegenstände erweisen.

Zum Beispiel: Unsere Klassiker. Wir haben sie auf der Schule gelesen, und nun sagen wir unser ganzes Leben lang: wir kennen die Klassiker. Aber wir haben die interessantesten und persönlichsten Werke der Klassiker gar nicht, und die übrigen unter falschen Gesichtspunkten gelesen. Trotzdem sagen wir unser ganzes Leben lang, wenn das Thema auf Goethe oder

Schiller kommt, mit Eifer und Überzeugung: „Ja, unsere Klassiker! Das waren noch Kerle!", und denken uns darüber dasselbe, wie die übrigen Menschen, nämlich nichts.
Eine zweite Sache, die lediglich auf Überlieferung und Anpassung beruht, ist die allgemein verbreitete Reisewut. Alle Welt reist oder will doch wenigstens reisen; warum sollten nicht auch wir es tun? Und wir bringen uns in eine künstliche Begeisterung für fremde Völker und Länder. Nun, es ist ja gewiß nicht daran zu zweifeln, daß für manche Menschen das Reisen einen großen Nutzen hat, ja daß es sogar ihr eigentliches Lebenselement ist: Menschen, deren geistiger und physischer Organismus für das Reisen geschaffen ist, wie es ja auch Zugvögel gibt, denen die Winterreise nach dem Süden ein großes Vergnügen bereitet. Das ist aber doch wohl nur die Minorität. Im allgemeinen wird man der Ansicht zuneigen müssen: der Hauptinhalt des Reisens ist Ruß, Staub, Wanzen, freche Kellner, grobe Mitpassagiere, unverschämte Hotelrechnungen und Magenkatarrh. Nachdem eine Reihe edler und heldenhafter Pioniere die Strapazen des Reisens für uns übernommen und ihre Beobachtungen und Erfahrungen in vortrefflichen Bildern und Beschreibungen niedergelegt haben, wäre es eine sinnlose Kraftvergeudung, wenn wir alle diese Strapazen wiederholen wollten, da wir doch die Sachen jetzt ohne alle Anstrengung und ohne jeden Ärger genießen können. Wenn ich zuhause bleibe, so habe ich drei Dinge, die mir keine Reise bieten kann: vollständige Ruhe und Ungestörtheit, meinen Lehnstuhl, der sich meinen Formen bereits liebevoll angepaßt hat, und meine Phantasie. Meine Phantasie habe ich nämlich auf Reisen gewiß nicht; denn das Auge wird so stark beschäftigt und mit äußeren Eindrücken überladen, daß das innere Gesicht gar nichts zu tun bekommt. Die meisten Menschen reisen, weil es so Mode ist, und weil sie ein neues ergiebiges Gesprächsthema haben wollen; denn aus sich selber können sie keines holen. Auch hat man ihnen immer

gesagt: Reisen bildet, Reisen erweitert den Gesichtskreis, und wenn es so viele Menschen sagen, so wird es wohl auch wahr sein. Dann aber müßten jene reichen Leute, die niemals zuhause sind, sondern immer nur dort, wo die „Saison" ist, die gebildetsten Menschen sein. Aber gerade diese sind die ungebildetsten. Andererseits hat man noch selten beobachtet, daß die Bildung eines wirklich bildungsfähigen Menschen unter dem Mangel an Reiseeindrücken gelitten hätte. Kant, der nie über den Umkreis seiner Vaterstadt hinausgekommen war, wußte nicht nur mehr von der Welt und ihren Bedingungen als alle Weltumsegler, er las auch Kollegien über Geographie, die den größten Zulauf hatten. Als er einmal das Straßenbild Londons entwarf, gab er eine so genaue und anschauliche Schilderung der Westminsterbrücke, daß ihn nach dem Kolleg ein Engländer fragte, wie viele Jahre er in London gelebt habe. Und in der Tat: wir tragen alle Landschaftsbilder der Welt in uns. Wir kennen Bombay, Johannesburg, San Francisco. Wollte man die Sache ein wenig mystisch erklären, so könnte man sagen: irgend einer unserer Vorfahren hat einmal die Welt gesehen und seine Eindrucksfülle hat sich auf uns vererbt. Aber wir brauchen gar nicht so weit zu gehen. Wir sehen im Laufe unseres Lebens tausende von Bildern und lesen hunderte von Reisebeschreibungen. Das Übrige tut die Phantasie. Ja, unsere Phantasie leistet sogar viel mehr, als unser Auge leisten könnte. Ich ließ mich einmal dazu überreden, eine Reise nach Kairo zu machen. Diese Reise hat mich nicht nur vierzehn Tage der Bequemlichkeit und Zufriedenheit, sondern auch meine Illusionen von der Schönheit des Orients gekostet. Daß ich während der ganzen Reise nicht eine einzige ruhige oder vernünftige Stunde hatte, würde ich noch hingenommen haben; daß man mir aber *dieses* Ägypten vorführte, traf mich sehr schmerzlich. Ich hatte Afrika bisher nur aus Märchen und farbigen Naturschilderungen, aus schönen Bilderbüchern und aus der Oper kennen gelernt. Ich hatte die

‚Afrikanerin' in Dresden und Wien in wundervoller Ausstattung gesehen und war nun sehr deprimiert, als ich bemerken mußte, daß das wirkliche Afrika das nicht bieten konnte: es war Afrika in der Ausstattung des kleinen Provinztheaters. Mit den Palmen war gräßlich geknickert worden. Die Kamele waren abgearbeitet und schäbig. Und die Kostüme! Sie waren offenbar aus der letzten Leihanstalt bezogen, und außerdem gänzlich stillos. Zu einem einzigen Elefanten hatte sich die Regie aufgeschwungen, und der war ein Geschenk der Menagerie Schönbrunn. Der Gorilla der Stadt aber war drei Wochen vor meiner Ankunft gestorben ... Die Haupt- und Grundimpression, die ich von dem Lande empfing, war: Heißer Schmutz. Nun, ich tröstete mich damit, daß ich ja noch von Asien und Amerika die abenteuerlichsten Vorstellungen hatte, und war froh, mit einem so geringen Lehrgeld davon gekommen zu sein. Trotzdem versuchte ein Mensch mir auseinanderzusetzen, wer in Kairo sei, der müsse sich unbedingt auch Palästina ansehen; es sei eine Sünde, die Gelegenheit nicht zu benützen. Aber er kam niemals nach Palästina, denn ich drehte ihm sofort die Gurgel um.

Eine dritte Irransicht, die sich nur auf das gedankenlose Annehmen fremder Meinungen stützt, ist die Idee: der Mensch muß Zeitung lesen. Ich habe einen Freund, der niemals eine Zeitung ansieht, und er behauptet, diesem Umstand verdanke er seine Bildung. In der Tat hat er über sehr viele Dinge viel unbefangenere und treffendere Ansichten als die meisten übrigen Menschen, weil er seine Urteile immer aus seiner eigenen Anschauung und Erfahrung holt. Und der Verlust, den er hat, ist sehr gering. Um die Neuigkeiten zu erfahren, die wirklich wichtig sind, dazu brauchen wir nicht Zeitungen zu lesen; denn wir erfahren diese Dinge ebenso rasch auf anderem Wege: durch unsere Freunde und Bekannten, durch jeden Menschen, der uns auf der Straße anredet, und vor allem durch unsern Raseur. Dagegen raubt uns das Lesen der Zeitung mindestens dreißig Minuten der behaglichen Frühstückszeit, füllt unser so schön ausgeruhtes Gehirn, das bereit ist eine Menge der tiefsten Eindrücke zu verarbeiten, mit überflüssigen Daten und trübt uns von vornherein durch allerlei persönliche Zutaten unser Urteil über die Dinge. Die gräßlichen Gerüchte z. B., die über Nietzsches Übermenschen umgehen, sind zum größten Teile auf Zeitungslektüre zurückzuführen. Man kann die sämtlichen fünfzehn Bände, die Nietzsche geschrieben hat, durch und durch schütteln, und nicht ein einziger von diesen Sätzen, die ihm allgemein zugeschrieben werden, wird herausfallen. Aber wenn jemand in einer Gesellschaft schüchtern äußert: „Ich bin ein großer Verehrer Nietzsches", so findet sich immer mindestens e i n Mensch, der antwortet: „So, so. Dann wären Sie also jederzeit bereit, Ihren Vater zu ermorden?" Dies kommt daher, daß man Nietzsche nicht aus seinen Werken, sondern aus unverständigen Zeitungsartikeln kennen gelernt hat. Ist man aber einmal von den falschen Ansichten infiziert, so nützt es oft nichts mehr, das Original zu lesen: denn wie der erste Eindruck, den ein Mensch macht, oft das Urteil über ihn für immer bestimmt, so wird man auch diese fixe Idee so leicht nicht wieder los. Ich mache es daher seit einiger Zeit wie mein Freund, und lese keine Zeitungsartikel mehr, meine eigenen natürlich ausgenommen.

Das alles wäre aber noch garnichts. Das schlimmste Vorurteil, das wir aus unserer Jugendzeit mitnehmen, ist die Idee vom Ernst des Lebens. Daran ist nur die Schule schuld. Die Kinder haben nämlich den ganz richtigen Instinkt: sie wissen, daß das Leben nicht ernst ist, und behandeln es als ein Spiel und einen lustigen Zeitvertreib. Aber dann kommt der Lehrer und sagt: „Ihr müßt ernst sein. Das Leben ist es auch." Lehrer sind Spielverderber. Anderseits heißt es aber immer: nimm Dir die Natur zum Vorbild Deiner Lebensführung! Nun, in der Natur wird nichts als Unsinn getrieben. Die Schmetterlinge tanzen, die Käfer musizieren, der Pfau schlägt sein Rad, der

Hahn benimmt sich gräßlich albern, und unser nächster Verwandter, der Affe, hat nichts als Schabernack im Kopf. Selbst wo der Ernst der unerbittlichen Notwendigkeit, in Gestalt der Nahrungssorgen, an die Tiere herantritt, scheinen sie noch zu spielen. Die Katze spielt mit der Maus, bevor sie sie frißt: ihr Spieltrieb ist stärker als ihr Hunger. Der Fortpflanzungstrieb, nächst dem Hunger die ernsteste Macht in unserem Leben, kleidet sich bei Mensch und Tier in die Form eines Spiels, der sogenannten Liebe. Und ich habe auch die niedrigeren Lebewesen, die Pflanzen z. B., sehr im Verdacht, daß es ihnen gar nicht darauf ankommt, etwas zu „leisten“: ich glaube, daß einem Apfelbaum seine Äpfel ziemlich unwichtig sind, und daß er seinen Hauptspaß im Blühen und Duften und derlei zwecklosem Unsinn findet.
Im Grunde ist es unter den Menschen auch nicht anders. Alles wirklich Wertvolle ist aus einer Spielerei hervorgegangen. Ich glaube nicht, daß Shakespeare ein sogenannter „ernster Mensch“ war. Jedenfalls sind seine Narren immer die gescheitesten Personen in seinen Stücken, während der bleierne Ernst eines Lear oder Othello mit dem Leben nicht fertig wird und lauter Mißgriffe begeht. Ich glaube auch, daß die große Anziehung, die die Frauen auf uns ausüben, darauf beruht, daß sie so gar nicht ernst sind. Die Idee der Dampfmaschine entstand in einem Kinde, das mit einem Teekessel spielte. Das naturwissenschaftliche Experiment war anfangs eine Spielerei. Ja, man kann so weit gehen, zu sagen: ein Mensch, der nicht weiß, daß er ein Narr ist, ist nicht nur kein Künstler, sondern versteht überhaupt nichts vom Leben. Daß es ernst *ist*, soll nicht in Abrede gestellt werden. Aber daß wir es ernst nehmen sollen, darauf scheint die Absicht der Natur nicht gezielt zu haben. Überall bemerken wir, daß sie bestrebt ist, die finstere Notwendigkeit ihrer Gesetze zu verhüllen. Es ist daher eine Anmaßung, vom Ernst des Lebens zu reden. Ihn könnte nur ein Mensch erfassen, der bis zum Kern des Daseins vorge-

drungen wäre. Uns aber bietet sich immer nur die Oberfläche dar, das Spiel des Lebens ...

Man kann sich nun denken, wie erfreut ich war, als mir vor vier Jahren der Antrag gestellt wurde, an dem Gymnasium einer kleinen süddeutschen Stadt ein paar Aushilfsstunden in Tertia und Sekunda zu geben. Ich begann mit der Anwendung meiner Methode und suchte eine Menge Vorurteile aus den Köpfen meiner Schüler zu verbannen, vor allem natürlich das Hauptvorurteil vom Ernst des Lebens. Aber der Erfolg war nicht so glänzend, wie ich gedacht hatte. Am besten ging die Sache noch bei den dummen Schülern: die kapierten mich nicht. Aber die intelligenteren Jungen gingen ganz entschieden in ihren Leistungen zurück. Eines Tages rief mich der Rektor auf sein Zimmer und teilte mir in sehr ernstem Tone mit: Die Art, wie ich mit den Jungen verkehre, sei doch wohl nicht die richtige, um mich in Respekt zu setzen; zumal bei einem Lehrer, der ohnehin die Würde der Jahre entbehre, sei sie ganz verkehrt. Hätte der Rektor mir das vierzehn Tage früher mitgeteilt, so hätte ich eine kolossale Gegenrede gehalten; nun aber hatte ich längst eingesehen, daß er recht hatte. Der Mensch kommt nämlich mit sehr richtigen Ideen auf die Welt, und will, wie alle übrigen Lebewesen, zunächst einmal à tout prix spielen. Diese unmoralischen Grundsätze würden ihm auch gar nicht schaden, und er würde sich naturgemäß zu einem sehr vernünftigen, lebensfähigen Geschöpf entwickeln, wie jeder Baum und jedes Tier, wenn er nicht daneben gewisse intellektuelle Gaben mitbekommen hätte, die dem Baum und dem Tier fehlen und die geeignet sind, seine Richtung ungünstig zu beeinflussen. Hier greift nun der Erzieher ein. Er dämmt die gefährliche Kraft des selbsttätigen Denkens möglichst zurück und übt solange auf sie einen Zwang aus, bis sie vollständig reif geworden ist und sich selber ihren Manometer schafft. Alle Anschauungen, die der Lehrer vertritt, zielen auf diesen einen Zweck ab. Der Mensch soll nicht zu früh erfah-

ren, daß er ein selbständiges, selbstdenkendes Wesen ist. Ich änderte daher meine Taktik: Wenn ein Junge seinen Ovid nicht ordentlich präpariert hatte, so machte ich ein gräßlich finsteres Gesicht und tat so, als ob er im Begriffe sei, sein Lebensglück zu vernichten; wenn einer die hypothetischen Fälle nicht hersagen konnte, so fragte ich ihn: „Wie wollen Sie später einmal ins Leben hinaustreten?“, und als gar einmal einer die verschiedenen Amenhoteps verwechselte, nannte ich ihn eine „katilinarische Existenz“, obgleich das gar nicht in die ägyptische Geschichte hineinpaßt.
Ich habe aber nicht aufgehört, den Erwachsenen meine Theorie zu unterbreiten. Ich sagte ihnen: Der „Ernst des Lebens“ hat seine Berechtigung als pädagogische Maßregel, als regulatives Prinzip der Erziehung und des Unterrichts. Aber außerhalb der Schule ist er Sache des lieben Gotts, und nicht der Menschen . . . Vorläufig habe ich jedoch nur erreicht, daß die Menschen sich damit begnügen, meine Polemik gegen den Ernst des Lebens nicht ernst zu nehmen.

DIE LEHRMITTEL
(Noch ein Vorurteil)

Und überhaupt die Schule. Zum Beispiel: „Lehrmittel.“ Schon das Wort ist so häßlich, daß es tiefe Melancholie erzeugt. Ich glaube, das „Lehrmittelkabinett“ ist für unsere Zeit dasselbe, was für das Mittelalter die Folterkammer war. Die Elektrisiermaschine entspricht dem Streckbett, die Leydnerflasche der Daumschraube, die Luftpumpe dem spanischen Stiefel. Wenn man zur „Lehre von der Elektrizität“ kommt, so ist der typische Vorgang der: Der Schuldiener bringt dem Professor ein häßliches und absurdes Konglomerat von Glas,

Harz, Messing, Tuch, Holz, Leder und sonstigen wertlosen Stoffen. Der Lehrer hält nun einen längeren Vortrag, in dem die Worte „negativ“ und „positiv“ in der Majorität sind, und behauptet, es hänge nur von ihm ab, aus dem abscheulichen Monstrum, das vor ihm steht, Funken zu schlagen. Er dreht dann ziemlich lang an einer Kurbel und erzeugt ein quälendes Knarrgeräusch, jedoch keine Funken, was übrigens niemanden in der Klasse Wunder nimmt, da man es ja von vornherein für ganz ausgeschlossen gehalten hat. Am Schluß sagt er: „Nun, es muß etwas in der Leitung nicht in Ordnung sein, aber das Prinzip der Sache ist ja jedenfalls klargestellt. Ich werde morgen daraus prüfen.“

„Lehrmittel“ sind Dinge, die es eigentlich nicht gibt. Oder, um die Sache ganz genau auszudrücken: Lehrmittel sind Dinge, die die Natur eigens geschaffen hat, damit der Lehrer sagen könne: „Ihr seht, liebe Kinder, wie sich die Natur bisweilen auch in absonderlichen, ja abstrusen Formen gefällt.“ So daß man es eigentlich als eine Lücke in der Bibel empfinden muß, daß nicht von einem der Schöpfungstage gesagt wird: „Und Gott schuf die Lehrmittel.“ Denn sie bilden wirklich innerhalb der Schöpfung eine Gruppe für sich. So bin ich zum Beispiel fest überzeugt, daß die „Eisenblüte“, die in keinem Lehrmittelkabinett der Erde fehlt, nur für Lehrmittelkabinette geschaffen wurde. Die charakteristischeste Eigenschaft dieses Gesteins oder Metalls oder Gebüschs oder Gewürms – oder wie es sonst zu bezeichnen ist – besteht darin, daß es in nichts an Eisen und in nichts an eine Blüte erinnert. Mehr kann niemand von ihm aussagen. Ich könnte noch viele Naturprodukte anführen, die hierhergehören. Aber ich glaube, jedermann kennt ihrer genug. Auf das beliebte „Ichneumon“ möchte ich kurz hinweisen, weil nämlich alle Anzeichen darauf schließen lassen, daß es erfunden ist und daß die Krokodile ihre Eier selbst essen. Es dürfte eine geschmacklose und schleuderhaft gearbeitete Attrappe sein, die von Mutter Natur bei dem Ausverkauf einer kleinen Konditorei billig erstanden wurde. Aber zum Schluß muß ich noch vor dem „Gürteltier" warnen, weil ich von diesem Tier nämlich ganz bestimmt weiß, daß es bloß in den Lehrmittelkabinetten sein Fortkommen findet, während es in der Natur überhaupt nicht gedeiht.

ZWEI SKIZZEN

Der Panamahut

Ich kaufte mir also einen Panamahut. Alle hatten gesagt ich müßte doch endlich einen Panamahut haben. Er kostete sechzig Kronen. Ich setzte ihn auf und begab mich in eine möglichst belebte Straße.

Gleich sah mich einer meiner Bekannten und sagte: „Ah bravo, bravo! Ein Panamahut. Steht Ihnen fa-mos. – Aber Vorsicht, Vorsicht! Ein Regenspritzer und er ist futsch." Ich wollte ihn noch um nähere Auskünfte bitten – er war aber schon vorbei.

Der zweite sagte: „Sehr chic. Wirklich. – Nur muß man dazu eine anständige Krawatte und anständige Handschuhe tragen. Von den Stiefeln gar nicht zu reden. In dem Toilette-Ensemble stört der schöne Hut bloß."

Professor Müller sagte: „Ei, mein junger Freund, welch prächtiger Hut! – Aber warum nicht lieber ein gutes Buch? – Dieser Hut kostet doch mindestens acht Kronen. Dafür bekommen Sie schon vier Lieferungen von ‚Weltall und Menschheit'. Illustriert!"

Einer sagte bloß: „Dazu haben Sie Geld." Er wußte nicht, daß ich auch den Panamahut noch schuldig war.

Endlich kam mein Freund Adolf Loos, der in unserer Stadt als erster Fachmann in Toilettefragen gilt. Er warf einen prü-

fenden Blick auf meinen Hut und sagte: „Was hat er gekostet.“
„Sechzig Kronen“ erwiderte ich stolz.
„Ach so!“ sagte Loos. „Dann ists ja gut. Ich fürchtete nämlich schon, Du wärst hereingefallen. Für sechzig Kronen kann er ja nichts wert sein. Ein echter Panamahut kostet mindestens zweihundert Kronen. Du mußt nämlich wissen: sie werden unter Wasser geflochten . . .“ Er erklärte mir die Prozedur näher.
Aber ein anderer trat herzu und sagte: „Unsinn! Unter Wasser oder ober Wasser, – das ist gleichgültig. Die Hauptsache ist, daß er hübsch ist, und das ist er – das heißt, bis auf die Form. Die ist freilich furchtbar geschmacklos.“
Schon aber mischte sich ein anderer ein und sagte: „Lassen Sie sich nur nichts einreden. Die Form ist sehr gut, – sie paßt nur nicht zu ihrem Kopf.“ Und er fügte nachdenklich hinzu: „Vielleicht . . . haben Sie überhaupt keinen Kopf für Panamahüte . . .“
Inzwischen war auch jenes Wesen erschienen, demzuliebe ich mir eigentlich den Panamahut gekauft hatte. Sie sagte: „Ich weiß nicht, was ihr von ihm wollt. Ich finde den Hut einfach reizend. Das Stroh ist fein, die Form ist hübsch, und ich finde auch, daß er ihn ausgezeichnet kleidet. – Nur . . . eines hab ich dran auszusetzen, aber . . . das ist meine ganz persönliche Privatsache. Nämlich . . . Gott, es ist vielleicht eine Marotte von mir . . . aber ich kann eben Panamahüte überhaupt nicht leiden!“ – – – –
Infolgedessen schenkte ich meinen Panamahut einem befreundeten Droschkengaul, der ihn jetzt mit vielem Stolz als Sonnenschützer trägt. Mir selbst aber kaufte ich um zwei Kronen fünfzig einen Filzhut, dessen Form und Farbe niemand zu bestimmen vermag. Ich hatte nämlich die Erfahrung gemacht, daß schöne und wertvolle Dinge ein sehr lästiger und störender Besitz sind, weil sie die Kritik der Menschen heraus-

fordern, während man mit schlechten und billigen Sachen das ruhigste Leben von der Welt führen kann.

Die Bolette

Ich weiß nicht, ob es allgemein bekannt ist, daß ich ein Haus besitze. Es würde mich nicht wundern, wenn es einige nicht wüßten, da ich selbst nicht viel davon weiß. Zeitweise wird es mir nicht schwer, es ganz zu vergessen, da das Jahr für mich selten mehr als e i n Zinsquartal hat und auch dieses ziemlich dürftig ausfällt. Ob das nun an dem bißchen Wasser liegt, das sich bei unfreundlicher Witterung in den Wohnungen befindet oder an was sonst – kurz, das Häuschen erfreut sich nicht jener Frequenz, die man wünschen könnte.
Eines Tages aber faßte ich einen energischen Entschluß und schrieb an meinen Hausadministrator. Ich habe nämlich einen Hausadministrator, weil ich von diesen Dingen gar nichts verstehe. Er antwortete postwendend: „In höflicher Erwiderung Ihres Werten werde morgen vorsprechen und Bolette mitbringen." Ich dachte zunächst: „Bolette? Sollte er mich für die ungünstigen Vermietungen dadurch entschädigen wollen, daß er mir ein schönes Mädchen mitbringt?" Er kam jedoch allein. Ich sagte mit Entlassermiene: „Mein Lieber, so geht das nicht weiter. Sie werden mir jetzt genaue Rechnung legen und davon wird es abhängen, ob ich einen Personalwechsel eintreten lasse oder nicht. Denn die Zustände des Hauses sind mehr als bedauerliche."
Er kam aber gar nicht in Verlegenheit, sondern erwiderte sofort: „Wem sagen Sie das? Glauben Sie, ich sage das nicht? Erst gestern hab ich es zu meiner Frau gesagt! Aber ich werde Ihnen alles vorrechnen. B i t t e ! Bei mir gibt es keine Unordnung und keine Malversationen. Hier ist die Bolette. Also: Wohnung Nummer 1. Ja, das war eine schöne Geschichte.

Also wie ich den Saldo-Umtrag mach, bemerk ich, daß die Skonto-Überlage nicht stimmt. Ich seh in der Bolette nach – richtig: der Kommunal-Netto-Umschlag macht 209 Kronen 44 Heller! Also schreib ich gleich ins Steueramt: ‚Wie kommen Sie zu 209 Kronen 44 Heller? Die Kataster-Umlage geht doch per 43/28 Perzent.' Darauf haben die geantwortet: ‚Der Überbrutto ist doch per diskont!' Kaum sind aber die von der Kommunalüberlage nicht heruntergegangen, haben die vom Katasterumschlag gesagt: ‚wir haben doch Saldomatriken' und haben im Brutto-Transport aufrecht limitiert. Die Leute glauben nämlich immer, wir haben Eskompte-Boletten. Also hab ich wieder geschrieben: ‚Bitte, ich kann Ihnen aus den Kommissions-Tratten nachweisen, daß der Vortrag sub contocorrent ist.' Inzwischen hat sich auch herausgestellt, wie recht ich hab: nämlich sie haben die Skonto-Strazzen per comptant gerechnet. Da wär aber der Netto-Vorschlag im Saldo-Corrent per cassa ultimo übersolvent, und die Tratten-Rimessen wären in der Handfaktura unterkollationiert. Nämlich die Saldo-Brutto-Netto-Conto-Loco-Limit-Valuta-Bolette im Strazzen-Tratten-Akzept-Eskompt-Diskont-Kataster – –"

„Halt!" rief ich, „Ich habe mich nunmehr von Ihrer vollen Vertrauenswürdigkeit überzeugt. Tun Sie von nun an, was Sie wollen: vermieten Sie oder vermieten Sie nicht. Aber um eines flehe ich Sie an: betreten Sie nie wieder mein Zimmer!"

Ich habe ihn seither nicht wiedergesehen. Ich richte aber an alle Leser die höfliche Anfrage: Was ist eine Bolette?

PILATUS

Pilatus betrat sein Arbeitszimmer. Er fühlte sich gelangweilt und mißmutig. Die Ereignisse der letzten Tage lagen ihm noch in allen Gliedern. Es war immer derselbe Verdruß, der ihn erfaßte: die Enttäuschung über die Blindheit der Menschen. Sie alle *wollten* etwas. Gab es denn wirklich so wenig Weisheit in der Welt? Wohin er blickte, überall dasselbe demütigende Schauspiel.
Da waren seine Landsleute: alle erfüllt und gebläht von der Größe Roms. Ja, den Römern gehörte die Welt. Nun *hatten* sie sie, die Welt. Aber alle die Städte und Völker, die ihnen zu Füßen lagen, sie wiesen den Sieger nur immer wieder vom Siegerwerk auf sein eigenes Selbst zurück. Sie schienen höhnisch zu sagen: Was habt ihr vollbracht? Könnt ihr etwas besitzen, so lang ihr euch selbst nicht besitzt? Ihr seid stärker als *wir*, aber seid ihr auch stärker als eure Taten? Ihr sagt, ihr habt die Welt besiegt. Ja, aber – wenn man nur wüßte, was das heißt: die Welt besiegen!
Und dann: die Juden mit ihren Satzungen, diese selbstgefälligen Schriftgelehrten mit ihrem Wahrheitsdünkel, die da meinten, sie könnten das Welträtsel vergewaltigen wie der Pirat eine schöne Griechensklavin. Für sie war Wahrheit das, was die meisten glaubten.
Überall Helden und nirgends Weise. Alle wollten sie handeln, handeln und wußten nicht, daß nur der Gedanke gerecht ist, daß jede Tat eine Tollheit ist, daß jeder, der handelt, schon einen Schritt aus sich heraus, einen Schritt von sich weg tut.
Pilatus fühlte sich frei von allen diesen Irrtümern. Er haßte das Heldentum, denn er wußte: die Seele alles Heldentums ist Blindheit. Er war längst ein Wissender geworden, der nichts mehr wollte, denn er wußte: Wissen heißt die Tat wegwerfen und die Leidenschaft verleugnen. Die Welt war ihm längst gleichgültig geworden, mit ihren Zweifeln, die alle lösen, mit

ihren Gütern, die alle besitzen, mit ihren Leiden, die alle brechen wollten.

Da war er auf jenen sonderbaren Jüngling gestoßen, hinter dessen Reden ihm etwas Tieferes und Reineres zu schlummern schien, ein Stück von seiner eigenen Weisheit, die niemand verstehen wollte. Aber auch hier hatte er wieder diesselbe traurige Enttäuschung erlebt. Auch jener war nicht frei von der allgemeinen Verblendung, die alle Köpfe und Herzen wie ein Fieber gefangen hielt. Messias wollte er sein, König der Juden. Auch er hielt es also noch mit der Welt, er wollte Jünger und Freunde, die seine Worte über die ganze Erde trügen. Nun war er tot, ein Opfer unter vielen, wohl weiser als die anderen, aber doch zu wenig weise, um sich an seiner Weisheit für sich selbst genug sein zu lassen. Und Pilatus dachte: Schade! Ein gedachtes Leben ist voll Größe, aber ein gelebter Gedanke ist voll Erde.

Aulus, der Sekretär trat ein und erstattete einige Meldungen. Schließlich sagte er: „Ja . . . und Judas aus Kerioth hat sich erhängt."

Pilatus lächelte bitter. Das war auch einer von denen gewesen, die herrschen wollten. Er fragte: „Weiß man den Grund?"

„Ich glaube", sagte Aulus, „es war wegen jenes Zwischenfalles mit dem Nazarener Jeschua, der vor einigen Tagen gekreuzigt wurde."

„Von welchem Zwischenfall sprichst du?"

„Nun", erwiderte Aulus lächelnd, „ich dachte, du hättest schon davon gehört. Seine Jünger behaupten nämlich, er habe sein Grab verlassen und wandle am See."

Pilatus war nicht sonderlich erstaunt. Auferstehungsgerüchte waren in diesem Lande nichts Seltenes. Er fragte: „Und gab es einen Aufruhr?"

„Nicht im geringsten", sagte Aulus, „denn sonst hätte ich natürlich schon früher Meldung erstattet. Die Leute verhalten sich ganz ruhig. Sie singen und beten und preisen den Nazarener."

„Und rufen ihn zum Könige aus?"
„Nein. In diesem Falle hätte man vielleicht doch einschreiten müssen."
„Ich meine, daß sie ihn zum Messias ausrufen, wie sie es nennen", sagte Pilatus ungeduldig.
„Auch das tun sie nicht. Sie stoßen nur immer denselben sonderbaren Ruf aus: Hosiannah dem Gekreuzigten!"
Pilatus mußte sich plötzlich setzen. Er winkte Aulus heftig zu, und dieser verließ das Zimmer.
Es war wohl kein Zweifel: dieses Wort hatte nicht allzuviel zu bedeuten. Unter den Jüngern des toten Rabbi waren viele Fremde, die seinen Namen nicht aussprechen konnten. So nannten sie ihn denn ganz einfach: den Gekreuzigten. Aber dennoch befiel Pilatus eine sonderbare Unruhe.
Ihn fröstelte. Es war ein wundervoller Frühlingsmorgen, aber dennoch fuhr es wie ein kalter Hauch über seine Stirn. Er wußte nicht recht, warum. Warum fühlte er gerade heute zum ersten Male seit so vielen Jahren wieder etwas wie jene knabenhafte Unsicherheit, jene geheimnisvolle Angst vor dem Leben? Hatte er darum so grausam mit sich gekämpft und alle schönen Täuschungen in sich niedergerungen? Sollte ihm nicht einmal mehr die letzte Stütze bleiben, die ihn bisher gehalten hatte: der Zweifel an allem, die Gewißheit seiner Vergänglichkeit, der feste Glaube an das Nichts? Er war sich nicht klar darüber. Vielleicht war es nur die Erregung der letzten Nächte. Aber ein neuer Gedanke stieg langsam in ihm auf, ein Gedanke, der ihn quälte und verwirrte: Vielleicht läßt sich Heldentum und Weisheit vereinigen . . .
Aber wie? Dies zu begreifen, gelang ihm nicht. Er fühlte nur, daß es vielleicht jenem seltsamen Schwärmer gelungen sei. Und er erschrak bei diesem Gedanken: denn dann war ja auch *sein* Leben ein verlorenes gewesen . . .
Und Pilatus murmelte mit trockenen Lippen: Wie sonderbar! Höchst sonderbar! Daß es ein Drittes gibt!

Pilatus war kein Jüngling mehr, und er war ein Römer. Er war nicht der Mann, der so leicht sein Gleichgewicht verlor. Aber noch oft mußte er an jenes seltsame Erlebnis zurückdenken, und noch nach Jahren, als niemand mehr vom Nazarener sprach, sah man ihn mit fast träumerischen Augen abends im Garten sitzen . . .

DIE TODESNACHRICHT
Eine Wiener Milieustudie

Als Ulrich, der Erbonkel meines Freundes Meier, eines Morgens erwachen wollte, gelang es ihm nicht. Seine Umgebung schloß daraus, daß er tot sei, und ich erhielt den Auftrag, Meier mit dieser Tatsache möglichst schonend bekannt zu machen. Das war um acht Uhr früh. Ich dachte mir nun die Sache so: Ich werde Meier, der vor der Stadt wohnt, ganz nonchalant antelephonieren, ihn bitten, mich zu besuchen, und ihm dann die Sache vorsichtig einlöffeln.
Ich betrat zu diesem Zweck ein Caféhaus und bestellte pro forma eine Schale jenes Getränks, das man in Wien ‚Melange' nennt, von dem aber noch niemand herausgebracht hat, aus welchen Chemikalien es gemischt ist. Dann fragte ich nach dem Telephonzimmer. Ich erhielt folgende Antwort: „Glei am Schank links übri, dann biegens Ihna halbrechts, dann durch'n Gang, der Ihna entgegenschaut, dann schief gradaus, nacher drahns Ihna, und dann quer links über'n Hof." In der Tat gelang es mir denn auch, in kaum einer halben Stunde das Telephonzimmer zu finden. Ich läutete an. „Hallo!" „Bitte, Fräulein, Nummer eintausendsiebenhundertzweiunddreissig." „Wie bitte?" „Eintausendsiebenhundertzweiunddreissig." „Wie bitte?" „Eintausendsiebenhundertzweiunddreis-

sig.“ „Ich versteh’ kein Wort.“ „Eintausendsiebenhundertzweiunddreißig.“ „Eintausendachthundertneunundzwanzig?“ „Eintausendsiebenhundertzweiunddreißig.“ „Eintausendsiebenhundertzweiunddreißig?“„Jawohl.“ Nach einer Viertelstunde sagte etwas ins Telephon: „Was? Sie wollen Saldo-Rimessen? Seit wann hamm mir Saldo-Rimessen? Mir hamm doch aufrechten Trattenverkehr!“

Ich läutete ab. Ich läutete an. Ich läutete noch sehr oft an.

Ich rief den Pikkolo. Der Pikkolo läutete.

Ich rief den Marqueur. Der Marqueur läutete.

Ich rief die Kassiererin. Die Kassiererin läutete.

Ich rief den Wirt. Ich rief den Hausherrn. Ich rief den Redakteur Geyer vom ‚Fremdenblatt‘. Alle läuteten. Niemand meldete sich.

Infolgedessen beschloß ich, wegzugehen und es irgendwo anders zu versuchen. Zu diesem Zweck versuchte ich zu zahlen. Ein Kellner, den ich anrief, sagte gereizt: „Bitte, bin kein Zahlkellner.“ Ein zweiter Kellner, den ich anrief, sah mich erstaunt an und sagte in einem Ton, als ob er mich für geisteskrank hielte: „Ist nicht mein Rayon.“ Ein dritter Kellner, den ich anrief, nickte hastig mit dem Kopf, verschwand fluchtartig in der Küche und kam nie mehr wieder. Ich legte daher einen Gulden auf den Tisch und verließ das Lokal. Im Hinausgehen bemerkte ich noch, wie der Pikkolo den Gulden einsteckte und sich tief gegen mich verneigte.

Ich betrat ein zweites Caféhaus. Es gelang mir auch dort, die Telephonkammer zu finden, aber als ich sie öffnete, hatte ich den Eindruck einer Grubenkatastrophe. Mehrere Männer standen oder hockten in dem engen dunklen Raum und schwangen Windlichter, Spaten, Röhren und ähnliche Instrumente. Gleichzeitig schlug mir der Geruch einer scharfen Säure entgegen. Der Wirt, den ich um den Sinn dieser geheimnisvollen Gebärden befragte, erklärte mir, der Installatehr sei da.

Infolgedessen betrat ich ein drittes Caféhaus. Dieses Caféhaus hatte so wunderbare, geordnete Zustände, daß ich es anfangs für eine Luftspiegelung hielt. Ich fand nämlich sogleich das Telephonzimmer und konnte es sogleich benützen. Auch die Telephonistin schien ein höheres Wesen zu sein, denn sie verstand die Nummer sogleich richtig, und gleich darauf sagte die Stimme meines Freundes: „Hier Meier. Wer dort?" In diesem Augenblick erhielt ich jedoch einen furchtbaren elektrischen Schlag und stürzte bewußtlos zusammen. Als ich erwachte, war ich auf dem rechten Ohr taub, aber das linke war gänzlich intakt geblieben.

Infolgedessen beschloß ich, auf die ältere Erfindung der Telegraphie zurückzugreifen. Ich ging auf ein Postamt und fragte den Portier: „Bitte, wo kann man hier Telegramme aufgeben?" „Tellgramme? Dös gibts bei uns gar net." „Aber erlauben Sie, hier ist doch ein Postamt?"

„Ja, dös schon, aber Tellgramme, dös gibts da bei uns net."

„Aber, lieber Freund, es muß doch bei Tag ein Depeschendienst sein!"

„Ah, a Depetschen! Ja, warum ham S' denn dös net glei g'sagt? Ja, a Depetschen, dö können S' da glei links aufgeben."

Ich begab mich also nunmehr an einen Schalter, über dem seltsamerweise ‚Telegramm-Annahme' stand. Der diensttuende Beamte warf einen geringschätzigen Blick auf das Telegrammformular und ergriff eine neben ihm liegende Wurst, die er zu essen begann. Dazwischen tat er kurze, kräftige Schlucke aus einem Glase Bier. Endlich trat er an den Schalter und sagte:

„Was soll ich denn mit dem Wisch? Das ist ja ein Stadttelegramm. Das kann ich nicht annehmen."

„Wo werden denn Stadttelegramme angenommen?" „Nur in der Zentrale."

„Bitte, wo ist denn die Zentrale?" „In Floridsdorf. Übrigens ist hier kein Auskunftsbureau."

Indes hätte nur ein ganz lebensunkundiger Mensch hieraus die Konsequenz gezogen, auf die Zentrale zu gehen, denn nach Floridsdorf waren es drei Stunden, und zu meinem Freunde bloß zwei Stunden.
Infolgedessen sah ich ein, daß von dieser Erfindung auch kein nennenswerter Vorteil zu erhoffen sei, und bestieg die elektrische Straßenbahn, um zu meinem Freunde zu fahren, das heißt: ich wollte sie besteigen. Denn als ich an die Haltestelle kam, standen dort vierzehn Wagen, einer hinter dem andern. Viele berittene Schutzleute sprengten auf Pferden dazwischen umher und erteilten mit napoleonischen Gebärden allerlei geheimnisvolle Befehle.
Infolgedessen begab ich mich auf einen Autohalteplatz. Merkwürdiger Weise standen dort zwei Automobile, allerdings ohne Chauffeure. Auf mein lebhaftes Zurufen hin eilten diese jedoch aus dem gegenüberliegenden Gasthause diensteifrig herbei und befestigten jeder auf seinem Wagen die Tafel ‚Bestellt'.
Infolgedessen begab ich mich zum nächsten Stadtbahnhof. Das Studium des Fahrplans belehrte mich jedoch, daß der nächste Zug erstens in dreiundvierzig Minuten ging, und daß er zweitens einen angenehmen Bogen durch eine Reihe landschaftlich entzückend gelegener Punkte Niederösterreichs beschrieb, um dann wieder zu seinem Ausgangsort zurückzukehren. Daß er dabei fast lauter Ortschaften berührte, die schon im Nibelungenlied erwähnt werden, bot mir für meine Absichten keine nennenswerten Vorteile.
Infolgedessen erwachte in mir ein tiefes Mißtrauen gegen alle neumodischen Erfindungen, und ich bestieg einen mit schlichten Pferden bespannten Omnibus. Alsbald stieß dieser jedoch auf eine unabsehbare Menschenmenge. Der Kutscher sprang ab und zündete sich eine Virginia an. Die Passagiere drängten hastig aus dem Wagen und mischten sich unter die Menge. Es hatte sich nämlich das Gerücht verbreitet, daß in einer Stunde der Schah von Persien vorbeikommen wolle.

Infolgedessen begab ich mich auf einen Einspännerstandplatz. Die Herren Kutscher begannen mich sogleich zu umschwärmen und eifrig auf mich einzusprechen.
„Aber, Herr Baraun, ich kenn Ihna ja eh.“ „Was waßt denn du? I führ in Herrn Dokter scho zehn Jahr.“ „Fahren S' mit mir! I bin der beste Renner vo Wien!“
Ich entschied mich für einen wohlwollend aussehenden älteren Herrn. Nun entwickelte sich eine fieberhafte Tätigkeit. Viele Decken wurden von dem Pferde abgehoben und auf den Bock placiert, ein riesiger Trog mit Wasser zur Tränkung wurde herbeigetragen, die Räder des Wagens wurden gewaschen, dem Tier wurde ein Futtersack vorgebunden, und in wenigen Stunden war alles Nötige zur Fahrt vorbereitet. Der Kutscher nahm von seinen Freunden und Kollegen sowie von seinem nächsten Untergebenen, dem ‚Wasserer‘, Abschied, brachte seine Schulden beim Wirt und beim ‚Greißler‘ in Ordnung, traf noch einige letztwillige Verfügungen und fuhr ab. Wir fuhren und fuhren, bis wir endlich im lieblichen Donaugelände Halt machten.
Dort öffnete der Kutscher den Wagenschlag und sagte: „So, jetzt hätt' i a Fuhr.“ „Wieee?“
„Ja, i bin jetzt b'stellt. I kann Ihna nimmer führ'n. I hab net g'wußt, daß dees so weit is. I hab jetzt a andre Fuhr.“
Da er nicht umzustimmen war, sagte ich endlich: „Also scheren Sie sich zum Teufel. Was bekommen Sie?“ „Aber Euer Gnaden wissen ja eh.“
„Ich weiß es nicht. Was bekommen Sie?“ „No, was halt recht is.“
„Ja, das möchte ich eben von Ihnen erfahren. Was bekommen Sie?“ „No, was halt die Tax is.“
„Ja, was ist denn die Taxe?“ „No, Euer Gnaden, mir wer'n do kan Richter net brauchen.“
„Ich frage Sie, was Sie zu bekommen haben?“ „Aber, Euer Gnaden wer'n si do net herstell'n.“

Ich griff nun zu jenem Mittel, das ich in solchen Fällen immer anwende: ich gab ihm eine Summe, von der ich ganz bestimmt wußte, daß sie zu klein sei, worauf er mir seine Ansprüche unter unflätigen Beschimpfungen bekanntgab.
Es war jedoch inzwischen neun Uhr geworden, und die Sterne waren aufgegangen. Ich beauftragte daher einen Dienstmann, zu meinem Freunde Meier zu gehen und ihm zu sagen, er möge mich im Lauf des nächsten Vormittags besuchen. Der Dienstmann hörte mir aufmerksam und gespannt zu. Dann verließ er mich. Ich selbst begab mich erschöpft zu Bette. Um zwei Uhr nachts läutete es an meiner Wohnung. In der Tür stand der Dienstmann und sagte: „Alles in Ordnung. Ich hab' die Dame gleich mitgebracht."

OSCAR WILDE IN WIEN

Jemand schreibt mir: „Sie sagen, daß bis jetzt kein moderner Dramatiker sich in Wien dauernd behaupten konnte. Aber haben Sie niemals den Namen Oscar Wilde gehört? Ist das etwa kein moderner Dichter? In der letzten Saison sind allein vier Stücke von ihm herausgebracht worden, und alle vier hatten Erfolg!"
Nun, Oscar Wilde ist ohne Zweifel ein bedeutender moderner Dichter. Aber diese modernen Dramatiker haben eine höchst unangenehme Eigenschaft: sie sind nämlich keine einfachen, übersichtlichen Erscheinungen, durch die der zünftige Ästhetiker ein paar Achsen legen könnte, um sich sofort auszukennen, sondern sie sind höchst verwickelte, widerspruchsvolle Menschen mit vielerlei Gesichtern und ohne feste, starre Systeme. Sie sind Zyniker und Gemütsmenschen, Ironiker und Idealisten, sie zeigen sich niemals ganz, sondern sprechen im-

mer nur durch Masken, weil ihr innerster Grundzug die Schamhaftigkeit ist, und das ist nicht nur das Moderne an ihnen, sondern auch das eigentlich Künstlerische. Sie fühlen sich als Erzieher, und jeder Erzieher kennt das Mittel der Ironie und weiß es zu handhaben. Aus diesem Gefühl heraus schrieb Shaw seinen ‚Teufelsschüler', den plumpe Menschen für ein Kolportagestück halten, und seine ‚Candida', von der Leute ohne Differenzierungsvermögen glauben, sie sei sentimental.

Auch Oscar Wilde benutzt die rohen Formen des verlogenen Boulevardstücks und des geistreichelnden Konversationsschauspiels als Deckmantel und Entschuldigung, um eine ganze Menge von geistvollen und menschenkundigen Lebensbeobachtungen aufs Theater zu bringen, und seine Lords und Salonschlangen sind nur scheinbare Theaterpuppen. Es ist also der umgekehrte Vorgang wie etwa bei Sardou. Sardou macht tote Marionetten und will uns einreden, es seien Menschen, Wilde bringt unter dem Schutze des populären Marionettenstils Menschen auf die Bühne.

Ein plumper Blick wird sich jedoch nur an die eine Seite der Sache halten, ganz so wie für ein ungeübtes Auge auch die Mimikry des amerikanischen Blattschmetterlings nicht sichtbar ist. Aber darin, in dieser Ununterscheidbarkeit, besteht ja gerade der praktische Wert der Mimikry. Wildes Mimikry an Sardou war ein Mittel im Kampf ums Dasein, durch das er erreichte, daß seine Stücke überall in der Welt aufgeführt, beklatscht und belobt wurden. Dies ist besonders für Wien maßgebend gewesen. Theaterdirektoren, Schauspieler, Publikum: niemand ahnte, daß es sich um einen lebendigen Blattschmetterling handelte, sondern sie sahen nur ein totes Blatt. So wurde Wilde in Wien gespielt, und so wurde er vom wiener Publikum aufgenommen. Also mit der wiener Modernität war es auch hier wieder einmal Essig.

JULIUS CAESAR
Zur Aufführung des Wiener Burgtheaters

Wer war Julius Cäsar? Seine Geschichte enthält größere Wunder als die Odyssee. Die abenteuerlichen Fabeln Homers werden zu einfachen, übersichtlichen, rationalistischen Begebenheiten, wenn man sie neben die Taten und Leiden Cäsars hält. Er war der wahre Märchenheld des Altertums, nicht Achill oder Odysseus. Seine Schicksale sind unverständlich, und kein Dichter könnte sie erfinden. Sie sind unglaublich und unwahrscheinlich, weil sie vom Leben gedichtet wurden. Denn die Poeten mühen sich immer nur vergeblich damit ab, etwas Phantastisches auszudenken; ihre Anstrengungen sind jedoch erfolglos: es kommen immer nur ganz nüchterne plausible Sachen heraus, höchst verständige Konstruktionen einer ohnmächtigen Einbildungskraft. Inzwischen haben Natur und Leben längst Dinge und Ereignisse hervorgebracht, die viel unwahrscheinlicher, abenteuerlicher, romanhafter und romantischer sind.

Er beginnt als Catilinarier und endigt als König von Rom; inzwischen erobert er ein ungeheures Land, von dessen Terrainverhältnissen er so gut wie gar keine Ahnung hat; er trägt die römischen Adler nach der britannischen Insel, von der die Römer bis dahin nicht einmal gewußt hatten, ob sie wirklich existiere oder eine bloße Fiktion der Philosophen und Dichter sei; er bewegt sich mit absoluter Sicherheit mitten durch eine Anarchie, von der sich moderne Köpfe nicht einen annähernden Begriff machen können; er konstituiert die römische Weltmonarchie, ordnet die Finanzen, das Gerichtswesen, die Provinzialverwaltung, reorganisiert das Heer, entwirft die Pläne für den julianischen Kalender, die Tiberregulierung, die Kanalisation Roms, die Kodifikation der Gesetze, die Errichtung eines neues Rathauses, einer öffentlichen Bibliothek, eines Marstempels, und schreibt die Kommentarien zum gallischen Krieg, die schriftstellerisch eines der besten lateinischen Prosawerke, schauspielerisch eines der größten literarischen Meisterstücke sind. Er ist Jurist, Strateg, Demagog, Literat, Astronom, Condottiere, Dandy, Monarch, dabei von zu Hause aus ein schwerer Epileptiker; er kann alles, weiß alles, versteht alles, hat sämtliche menschlichen und unmenschlichen Eigenschaften, hat hundert Arme, Augen und Ohren. Er geht durch eine Welt des Irrsinns und Verbrechens mit dem tiefen Fatalismus des Genies, das weiß: ich bin der Sinn der Welt, und dabei doch immer von einem leichten Ekel erfaßt, von jener sublimen Indifferenz, die gerade den Genies der Tat eigen ist, weil nur sie die tiefe Sinnlosigkeit erkannt haben, die auf dem Grunde alles Handelns schlummert. Und darum sagte er bisweilen: „Ich habe schon zu lange gelebt."

Wer Julius Cäsar war, werden wir nie erfahren. Nicht etwa, weil seine Zeit für uns heute schon historisch, das heißt: unverständlich geworden ist. Sondern weil er ein Genie war. In Natur und Geschichte gibt es nur ein einziges wirkliches „Weltwunder": die Vernunft, den menschlichen Geist und seine märchenhaften Energien, und nur ein einziges wirkliches Paradoxon: das Genie mit seinen merkwürdigen Eigenschaften. Der geniale Mensch ist das große Absurdissimum. Er ist ein Absurdissimum wegen seiner Normalität. Er hat keine Zacken und Zinken, wie der Durchschnittsmensch, an denen man sich anhalten kann, und darum ist er so schwer zu verstehen. Er ist so, wie alle sein sollten: eine vollkommene Gleichung zwischen Zweck und Mittel, Aufgabe und Leistung. Er ist so paradox, etwas zu tun, was sonst niemand tut: er erfüllt seine Bestimmung. Er ist aber noch absurd aus einem zweiten Grunde. Er ist nämlich kein Spezialist. Er ist vorhanden und kann, was die gegebenen Umstände gerade von ihm fordern. Er hat sich auf nichts Bestimmtes „eingestellt", er ist nur auf „Leben" eingestellt. Darum kann er alles und hat alle Eigenschaften.

Deshalb werden wir nie erfahren, wer Julius Cäsar war. Er war, was jedes Genie ist: ein Polyhistor des Lebens. Mehr können wir nicht aussagen. Welche Seele besaß dieses hundertköpfige Ungeheuer? Welche psychische Triebkraft bewegte diese kolossale Maschine? War er der Vorauserschauer zweier Jahrtausende, der bewußte Schöpfer der modernen Welt, den Mommsen in ihm erblickt? Oder war er nur ein grandioser Zerstörer, bloß dazu bestimmt, gründlich Platz zu machen für neue Entwicklungen, wie sein neuster Historiograph, Guglielmo Ferrero, ausdrücklich behauptet, also im Grunde nur ein Aventurier unter Aventuriers, eine geniale Anpassungskraft, ein bloßer Virtuos, wie Ferrero zwar nicht ausdrücklich sagt, aber aus fast jeder Zeile durchblicken läßt? Oder war er einfach der vollkommenste Tyrann, wie die Alten ihn zu sehen liebten? Wir wissen es nicht.
So muß der Historiker sprechen. Der Dichter wird sich aber nicht damit zufrieden geben. Die ganze Welt ist für den Dichter geschaffen, um ihn zu befruchten, und durch ihn wieder die andern, und auch die ganze Weltgeschichte hat keinen andern Inhalt. Sie enthält Materialien für Dichter, Dichter der Tat oder des Worts: das ist ihr Sinn.

Drei Dichter haben bisher das Problem Julius Cäsar behandelt: Shakespeare, Mommsen und Shaw. Der Cäsar, den Mommsen konzipiert hat, ist uns heute der geläufigste, und wie er ihn hingestellt hat: als den schöpferischen Genius, den genialen Vorherwisser, das Gehirn der Antike, so steht er heute im Bewußtsein aller Gebildeten, auch jener, die niemals eine Zeile der ‚Römischen Geschichte‘ gelesen haben. Signor Ferrero will freilich die materialistischen Erzählungen über Cäsar jetzt wieder rekonstruieren: Gallien als Exerzierfeld für den Bürgerkrieg, die ganze Expedition nach dem Westen ein verzweifelter letzter Coup, um sich zu rangieren, und so weiter. Aber selbst wenn er Recht hätte (was wohl schwer festzustellen ist), würde sein Buch über Julius Cäsar ein schlechtes Buch sein; denn es kann uns heute ziemlich gleichgültig sein, was vor zweitausend Jahren passiert ist; es kann uns aber nicht gleichgültig sein, was mit dem Julius Cäsar geschieht, der heute noch lebt und der jetzt wieder die ganze Poesie verlieren soll, die ein großer Künstler – wenn man will: in ihn hineingetragen hat. Was man nach dem kurzatmig und schwunglos geschriebenen Buch Ferreros schließlich in der Hand behält, wäre bestenfalls ein genialer Probierer. Es gibt aber in der ganzen Weltgeschichte keinen Fall, der uns zeigen könnte, daß Probiererei welthistorische Folgen gehabt hat. Ein Probierer war Columbus: er fuhr in einer bestimmten Richtung los, probeweise, und fand Amerika, er probierte an einem Ei so lange herum, bis es stand, und beide Erfolge beweisen gleich viel für seine Genialität. Aber auf dem Gebiet des Geistes, wo es sich um zerebrale Dinge, um Vorauswissen handelt, gibt es keine Probierereien mit dauerndem Erfolg, und um sich vorzustellen, daß Cäsar durch tausend komplizierte Zufälligkeiten seine Ziele erreicht hat, dazu gehört mehr Ideologie und Phantasterei als zu der einfachen Annahme, daß er ein Genie des Kombinierens war.

Was Shaw betrifft, so hätte er wohl seinen Cäsar niemals ohne Mommsen schreiben können, aber er hat uns doch den Menschen im Genie durch eine Reihe neuer Züge auf wundervolle Weise nahegebracht. Daß das Genie nichts ist als der menschlichste Mensch, wird durch den Shawschen Cäsar sehr ins Licht gerückt. Sein Cäsar ist nicht etwa imposant durch die Riesenhaftigkeit seiner Dimensionen, sondern durch die Wohlproportioniertheit seiner Dimensionen, die außer ihm niemand hat. Und niemals hat Shaw die Ironie poetischer verkörpert als hier: in der Ironie des Genies, das die Welt durchschaut. „Tout comprendre c'est tout mépriser" korrigiert einmal Nietzsche; etwas von diesem „mépris" für alles hat dieser Julius Cäsar, aber dies macht ihn nicht etwa zum Menschenfeind, sondern gibt ihm einen Zug von unbeschreiblicher Liebenswürdigkeit. Vor ihm nivelliert sich die Menschheit, und so ist er gewissermaßen ein Christ: „vom andern Ende her". Shakespeare hatte nun freilich keinen Mommsen, aber er hatte den vorzüglichen Plutarch. Die alten Schriftsteller werden seit vielen Jahrhunderten dazu benützt, um die neuen totzuschlagen; aber in der Kunst, zugleich kompliziert und naiv, lebendig und einfach zu sein, waren sie uns wahrscheinlich über. Wenn das Wort „klassisch" einen vernünftigen Sinn hat, so paßt es jedenfalls am ehesten auf einen so vornehm diskreten Autor wie Plutarch. Dabei ist sein Instinkt für das psychologisch Interessante wiederum ganz erstaunlich modern. Bekanntlich hat ihn denn auch Shakespeare wörtlich abgeschrieben. Manche bedauern, daß dadurch ein häßlicher Fleck auf den großen Dichter fällt. Andre sind toleranter und sagen: Ein Shakespeare durfte sich dies erlauben! Beiden ist jedoch zu erwidern: wenn man von Shakespeare nichts andres wüßte als dies, so würde dies allein ihn schon als echten Dichter kennzeichnen. Es ist wahr: große Dichter sind oft originell, aber immer nur, wenn sie müssen. Sie haben nie den Willen zur Originalität: den haben die Literaten. Der Dichter ist ein Mensch, der sieht und sehen kann, weiter nichts. Und er freut sich, wenn er einmal ganz ohne Einschränkung seinem eigentlichen Beruf obliegen kann: dem des Abschreibens. Wenn Shakespeare den Plutarch abschrieb, so tat er es nicht, obgleich er ein Dichter war, sondern weil er ein Dichter war. Die Halbgenies, die Talente, die Spezialisten suchen sich und überall nur sich. Sie erblicken in allem: in Gott, Natur, Menschen, Ereignissen, Büchern nur eine Gelegenheit, sich in Szene zu setzen. Das Genie hat eine leidenschaftliche Liebe zum Guten, Wertvollen; es sucht nichts als dieses. Hat schon ein andrer die Wahrheit, zum Beispiel Plutarch, wozu sich auch nur um einen Schritt von ihm entfernen? Was könnte dabei herauskommen? Es besteht die Gefahr, eine Wahrheit, die minder groß und wahr wäre, an die Stelle der alten zu setzen, und diese Gefahr fürchtet das Genie mehr als den Verlust seiner „Originalität". Lieber schreibt es ab. Lieber ist es ein „Plagiator".

Was Shakespeare vor allem aus Plutarch herausgeholt hat, ist die poetische Stimmung, die in diesen wunderschönen Anekdotensammlungen begraben lag. Insofern kann man wohl sagen, daß er die ganze Zeit wieder lebendig gemacht hat: als poetische Vision. Keineswegs aber in dem Sinn, daß er eine naturgetreue römische Historie geliefert hat. Das bis zum Überdruß zitierte Wort Goethes von den Römern Shakespeares, die lauter „eingefleischte Engländer" seien, trifft daher im negativen Sinne völlig zu: sie sind keine Römer. Im positiven Sinne jedoch nicht so ganz, denn Shakespeare war in der Tat bemüht, historische Römer zu schildern, nur wurden es nicht die historischen, sondern eben nur Römer, wie man sie sich zur Zeit Shakespeares vorstellte: „klassische", „antike". Vielleicht hat es aber überhaupt niemals klassische Römer gegeben, und jene starren Bildsäulenmenschen, die man sich darunter vorstellt, waren vielleicht schon ein frommer Wunsch der Spätrömer selber, geboren aus dem Pessimismus der sinkenden Epigonen. Bestimmtes läßt sich nicht mehr entscheiden. Eines jedoch steht fest, daß nämlich die Römer zur Zeit Cäsars nichts Römisches im traditionellen Sinne mehr an sich hatten. Im Gegenteil, sie waren vermutlich viel „moderner" als wir selber: undisziplinierter, unübersichtlicher, neurasthenischer. Man kann daher sagen, daß Shakespeares ‚Julius Cäsar' eine doppelte Historie ist, eine historische Historie.

Im Burgtheater wird alles versucht, um dieser Historie ihre Lebendigkeit und ihre poetische Grundstimmung zu erhalten. Das beste ist die Forumszene. Durch einen ebenso glücklichen wie einfachen Gedanken wird das Problem in einer Weise gelöst, die für die Phantasie des modernen Theaterbesuchers eine Menge von störenden Atavismen entfernt. Die Bühne liegt um etwa einen Meter tiefer als die Rampe, so daß man von der Volksmenge nur die Oberkörper agieren sieht. Dadurch, daß hier dem Auge weniger gegeben wird als sonst, wird der Einbildungskraft mehr gegeben. Ein ähnlicher Gedanke liegt auch der Inszenierung der Schlachtenbilder zu Grunde. Man sieht die Krieger immer nur stückweise, wie sie einen Hügel hinunterkämpfen, dabei von Staubwolken verdeckt. In dieser Richtung liegt zweifellos die Entwicklung der modernen Theaterregie. Endlich beginnt man zu erkennen, daß die Phantasie auch des nüchternsten Zuschauers immer noch ein prunkvollerer Regisseur ist als alle Theatermeister der Welt. Es handelt sich nur darum, die Zuschauerphantasie in eine bestimmte Richtung zu zwingen; das andre macht sie dann schon von selber.

Der Cäsar ist gewiß nicht die Figur, die Shakespeare am meisten interessiert hat, aber gar so kurz, wie viele behaupten, ist er doch auch nicht weggekommen. So sagt zum Beispiel Oechelhäuser in seinen vorzüglichen ‚Einführungen in Shakespeares Bühnendramen', die speziell für Schauspieler geschrieben sind, der Darsteller müsse die Charakteristik Cäsars außerhalb des Dramas in der Geschichte suchen, und er führt einige Züge an, durch die Shakespeare diese Figur von der Größe des historischen Vorbildes entfernt haben soll: seine Überhebung, seinen Aberglauben, sein schroffes Benehmen gegen Metellus im Senat, den er eben vorher im Hause noch so cordial behandelt hat. Was dies letzte angeht, so glaube ich, daß gerade das Umgekehrte klein wäre, denn Persönliches von Beruflichem, Subjektives von Objektivem trennen zu können, ist die erste Grundlage einer bedeutenden Natur. Darum nennt man ja geniale Menschen so oft herzlos, weil sie frei sind von der Ammensentimentalität der übrigen Menschen und ihre Liebe zur Sache allemal zärtlicher ist als ihre Liebe zur Person. Und auch der Aberglaube ist durchaus keine ungeniale Eigenschaft.

Der konsequente Rationalismus ist nur etwas für mittlere Köpfe, er steht freilich viel höher als die kritiklose Dummheit, aber es gibt eine Höhe der Intelligenz, auf der er nicht mehr bestehen kann. Wenn die Vernunft einen gewissen mittlern Breitegrad überschritten hat, so erkennt sie ihre eigene Sinnlosigkeit; sie erkennt die Undeutbarkeit und Unberechenbarkeit des Daseins, und hier ist der Punkt, wo sie wieder zur Mystik zurückkehrt. Und was schließlich die Überhebung angeht, so kann man das tiefe Bewußtsein, das jedes Genie von sich selbst und seiner Bedeutung hat, gar nicht schöner und überzeugender schildern, als es Shakespeare getan hat. Cäsar ist ganz Cäsar, Weltauge, Weltgehirn, „Nordstern". Vom Menschen Cäsar erfahren wir durch Shaw mehr, aber die geniale Kräfte-Akkumulation, die ungeheure geistige Energie, die er verkörpert, und die ihn notwendig zu dem machen mußte, was er wurde, die spüren wir auch bei Shakespeare. Sie ging auch bei Herrn Devrient nicht verloren. Er hat etwas Standbildartiges in Miene und Gebärde, und indem er den Menschen, der sich hinter dieser Statue des Willens zur Macht verbirgt, nur von fernher erkennen läßt, sichert er ihm die Glaubhaftigkeit.

Daß Shakespeare den Brutus zum eigentlichen Helden des Dramas machte, mag zum Teil an Plutarch liegen, zum Teil liegt es auch in der Natur der Sache. Denn wenn auch Cäsar die größere Figur ist: die tragischere ist Brutus. Cäsar hat keinen Konflikt, kaum eine Katastrophe; er wächst organisch von einem Zweck zum andern, selbstverständlich, vegetativ, wie ein Naturprodukt; er hat die Entwicklungsgeschichte des Genies, in der es keine eigentlichen Konflikte und Tragödien gibt. Dagegen Brutus ist eine gespaltene Natur, erfüllt von Forderungen und Idealen, die längst nicht mehr zeitgemäß sind, nach innen gekehrt, ohne eigentlichen Zusammenhang mit dem Leben und doch von einem unbezwinglichen Drang getrieben, in diesem Leben zu wirken. Er war ein Ideolog im guten und im schlechten Sinn. Im guten: denn er war der einzige, der sich nur von der republikanischen Idee leiten ließ, ohne irgendwelche persönliche Rücksichten, ja selbst gegen solche; im schlechten: denn er hatte nicht den geringsten Blick für politische und historische Notwendigkeit und handelte, genau genommen, aus literarischen Motiven. Für den Neffen und Schwiegersohn des Cato, für den vielbelesenen Redner und Philosophen, der am Tage vor der Schlacht bei Pharsalus Polybius exzerpiert, war die Ermordung Cäsars ein logisches Postulat. Der Menschenkenner Cassius wußte, wie er einen solchen Mann zu nehmen hatte: eben mit einem literarischen Argument. Weil einmal ein Brutus Rom von der Königsherrschaft befreit hatte, mußte auch jetzt wieder ein Brutus die Freiheit retten. Im Grunde ist er bei all seinem teils echten, teils anempfundenen Lakonismus und all seiner kriegerischen Tüchtigkeit ein reiner Spiritualist. Herr Reimers brachte die Heldenfigur imposant zum Vorschein; aber die wichtigere Hälfte, den Spiritualisten, hat er völlig unterschlagen. Absolut vollkommen war dagegen Herr Kainz als Marc Anton. Dieser Künstler ist Schauspieler und nichts als Schauspieler, und hier, wo er einen Schauspieler zu spielen hat, stimmt die Rechnung aufs genaueste. Daß seine Leichenrede ein rhetorisches Meisterstück war, ist selbstverständlich; was sie aber erst zum wirklichen Meisterstück macht, ist der Anschein vollkommener Mühelosigkeit, den sie hat. Diese Selbstverständlichkeit der Technik hat von allen „Rhetorikern" der Bühne nur Kainz, und deshalb ist er eine Klasse für sich.

Die meisten Darsteller der übrigen Rollen machten sich ihre Sache so leicht, wie es eben allgemein üblich ist. Sie sprachen ihre Rollen mit passenden Gebärden. Was man auch aus einer ganz kleinen Rolle machen kann, zeigten Herr Hartmann als Casca und Herr Thimig als der Poet Cinna. Diese beiden hatten ihre Rollen wirklich zuendegedichtet. Darauf allein kommt es an, und nicht auf die Größe der Rolle. Was der

Dramatiker gibt, ist immer nur eine Brouillon von einem Menschen, eine Art Proposition. „Wie wäre es“, scheint der Dichter zu sagen, „wenn man einmal einen solchen Menschen, wie ich ihn hier angedeutet habe, wirklich dichtete?“ Alle Kunst ist Dichtkunst, auch die des Schauspielers. Die Skizze, die der Dichter hingeworfen hat, muß der Schauspieler zu Ende denken, und dazu gehört schöpferische Intelligenz. Es gibt keine Kunst ohne hochgespannte Zerebraltätigkeit.

ANNA KARENINA

Die ‚Anna Karenina‘ erschien vor etwa dreißig Jahren, 1877. Sie ist das letzte Werk, das Tolstoi vor dem „Umschwung“ geschrieben hat. Später wurde er bekanntlich Moralist. Das heißt: er hat es versucht, gelungen ist es ihm nie. Er schrieb eine ganze Bibliothek von absonderlichen Kapuzinaden gegen die Wissenschaft, die Kultur, die Kunst und vor allem gegen sich selbst. Denn sein ganzer tiefer Haß gegen alles Künstlertum rührte vor allem daher, daß er mit Schrecken erkennen mußte, daß er selbst zu den Künstlern gehörte. Dies ist die geheime Wurzel seiner Erbitterung, und man muß das begriffen haben, ehe man sich billige Scherze erlaubt oder überlegen von dementia senilis redet. Wenn er sich gegen Shakespeare wendet, so wendet er sich gegen den Shakespeare, der in ihm selbst steckt; wenn er Nietzsche haßt, so haßt er das Stück Nietzsche, das in ihm selbst denkt. Er hat niemals gegen jemand andern gepredigt als gegen sich selbst. Er schrieb eine Bannbulle nach der andern, aber es gelang ihm nicht, den Lew Nikolajewitsch Tolstoi, den großen Seher und Gestalter, aus seiner Seele zu exkommunizieren: der blieb und ließ sich nicht vertreiben. Er schrieb einen Tendenzroman nach dem andern, aber unter den Händen wurden ihm Kunstwerke daraus. Es nützte alles nichts. Seine Kunst war allemal stärker als er selber.

Diese Kunst ist in ‚Anna Karenina' schon zur höchsten Vollendung gelangt: zur Kunst der Kunstlosigkeit. Es findet sich im fünften Teil des Romans eine Stelle über den Maler Michailoff, die seltsam an Tolstois eigene Kunst erinnert: „Oft schon hatte er das Wort Technik gehört und durchaus nicht begriffen, was man eigentlich darunter verstünde. Er wußte, daß man mit diesem Worte die mechanische Fertigkeit des Malens und Zeichnens meinte, die vollständig unabhängig war von dem Inhaltlichen. Oft schon hatte er bemerkt, daß man die Technik dem innern Werte gegenüberstellte, gerade als ob es möglich wäre, das gut zu malen, was schlecht sei. Er wußte wohl, daß viel Aufmerksamkeit und Vorsicht erforderlich sei, um ein Gemälde nicht zu schädigen, wenn man von ihm die Hüllen abnahm, aber eine Kunst des Malens – eine Technik – die gab es dabei nicht. Hätte sich einem kleinen Kinde oder seiner Köchin das offenbart, was er sah, dann würden diese gleichfalls das herauszuschälen verstanden haben, was sie sahen. Aber selbst der erfahrenste und geschickteste Beherrscher der Maltechnik wäre allein mit der mechanischen Fertigkeit nicht imstande gewesen, etwas zu malen, wenn sich ihm nicht vorher die Grenzen des Inhaltlichen offenbart hätten. Dann aber wußte er auch, daß, wenn man nun einmal von der Technik sprach, er ihretwegen nicht gerühmt werden konnte."

Von dieser Art ist die Kunst Tolstois. Er nimmt die Hüllen ab und weiter nichts. Das Gemälde ist längst da, aber niemand kann es sehen. Der Künstler kommt und entschleiert es. Das ist alles, was er dazu tut. Seine ganze Leistung besteht darin, die Dinge so sehen zu lassen, wie sie niemand sieht, das heißt: so wie sie sind.

In ‚Anna Karenina' spürt man nirgends einen Menschen, der dahintersteht, einen Regisseur, eine fremde Hand, die das Ganze führt. Es ist, als ob das Leben selbst diesen Roman niedergeschrieben hätte. Wie der Sphygmograph jede leiseste Schwankung der Pulskurve aufzeichnet, so bucht Tolstoi den „Pulsschlag des Lebens“, geduldig und minutiös, unsubjektiv und fast mechanisch.

‚Anna Karenina‘ ist die einfache Geschichte einer Dame der hohen russischen Gesellschaft, die an einen ungeliebten Mann verheiratet ist, sich in einen andern verliebt, ihren Gatten verläßt und sich schließlich, den vielerlei Konflikten ihrer Lage nicht mehr gewachsen, unter die Räder eines Zuges wirft. Maupassant hätte daraus eine Studie von zwanzig Seiten gemacht, Altenberg eine Skizze von zwei Seiten. Tolstoi hat dreizehnhundert Seiten darüber geschrieben, und man hat den Eindruck, er hätte auch das Doppelte und Dreifache schreiben können. Es gibt Schilderer, die die Breite absolut nicht vertragen und sofort langweilig werden, wenn sie sich nur ein bißchen expandieren, und es gibt Seelenmaler, die überhaupt erst bei der Breite anfangen. Unter diese gehört Tolstoi. Er ist gar nicht geschwätzig, er sagt niemals etwas Entbehrliches, und er wiederholt sich nur dort, wo es ein Mangel an Realistik wäre, sich nicht zu wiederholen. Die Handlung, die er schildert, ist eigentlich ziemlich sekundär, und er hätte jede andre Fabel genausogut wählen können. Sein Roman ist ein ungeheures Magazin von Beobachtungen, die sich Selbstzweck sind. Er ist nicht etwa ein „Extrakt des Lebens“: – ganz im Gegenteil, er ist eine Erweiterung und genauere Ausführung des Lebens. Er ist viel breiter als das Leben selbst. Keine der Personen, die er schildert, hätte mit Bewußtsein soviel erlebt wie der Dichter, der bloß zusieht. Die Menschen leben viel schneller, als Tolstoi dichtet. Weil sie eben keine Dichter sind. Gerade das Allerunbemerkbarste und Verdeckteste fängt er auf. Dinge, die kein andrer Zuschauer beachten würde, Dinge, von denen die Personen, die er beschreibt, selber nichts wissen.

Die Schärfe und Genauigkeit der Beobachtung ist so groß,

daß sie bisweilen fast wie Ironie wirkt. Von Wronsky, dem spätern Liebhaber Annas, wird einmal gesagt: „Eine neue Empfindung von Rührung und Liebe ergriff ihn, das beseligende Gefühl einer Reinheit und Frische, zum Teil dadurch entstanden, daß er den ganzen Abend hindurch nicht geraucht hatte". Einmal kommen Wronsky Tränen. Dies wird so beschrieben: „Auch er empfand, daß sich etwas in seiner Kehle nach oben hob, und daß er ein eigentümliches Gefühl in der Nase hatte". Die erschütterndste Szene des ganzen Romans ist jene, in der Anna, von den Ärzten aufgegeben, ihren Gatten und ihren Liebhaber an ihr Bett ruft, um sie zu versöhnen. Es gelingt ihr, und alle drei empfinden, daß sie in diesem Augenblicke einer höhern Gemeinschaft angehören, in der alle Menschen durch das Band der verzeihenden Liebe geeinigt sind. Diese Szene schließt folgendermaßen. „Sie sagte: ‚Gott sei gedankt, Gott sei gedankt! Die Füße nur noch ein klein wenig mehr strecken. So, so ist es schön. Wie diese Blumen doch geschmacklos gemacht sind, so ganz unähnlich dem Veilchen', fuhr sie fort, auf die Tapete weisend. ‚Mein Gott, mein Gott, wann wird es vorüber sein.' "

Tolstoi hat sicher niemals daran gedacht, die Menschen und ihre Regungen in jenem Zwielicht zu zeigen, das Shaw, Wedekind und andre anwenden. Aber es ist belehrend, einmal zu sehen, daß dieses Zwielicht vollkommen unvermeidlich ist, sobald eine Kunst unter dem Prinzip der Wahrhaftigkeit steht.

„Belehrend" ist überhaupt vielleicht die passendste Bezeichnung für diesen Roman. Er lehrt uns eine Menge von Kenntnissen, die neu und fremd sind, und er unterweist uns gewissermaßen in den Elementen des mikroskopischen Sehens. Das ist der pädagogische Wert aller großen Kunstwerke.

Eine andre pädagogische Bedeutung hat die ‚Anna Karenina' aber nicht. Ich las einmal in einer Kritik: „Wo eine Frau in Versuchung steht, ihrem Mann untreu zu werden, sollte man ihr dies Buch in die Hände spielen.“ Und erst vor kurzem sah ich wieder eine Verlegeranpreisung: „Vollständige Ausgabe dieses berühmten Romans, in dem Tolstoi eine moderne Ehebruchsgeschichte – aber nicht im Sinne französischer Schriftsteller, sondern vom Standpunkte des strengen Moralisten – mit meisterhafter Realistik behandelt.“ Nun, um Ehefrauen vor Fehltritten zu schützen, dazu ist die ‚Anna Karenina‘ zu gut, und daß Tolstoi das Problem als strenger Moralist behandelt, ist einfach nicht wahr. Er sagt mit keinem einzigen Wort, daß Anna Karenina verdammungswürdig sei, ja, er sagt nicht einmal, daß sie unklug gehandelt habe, und daß sie etwa glücklicher geworden wäre, wenn sie ihre Pflicht erfüllt hätte. Er sagt bloß: Hier ist ein leidender Mensch. Wenn er etwas lehren will, so ist es nur die Unberechenbarkeit, Unfaßbarkeit, ja Sinnlosigkeit des Daseins. Durch den ganzen Roman geht die seltsame Figur Lewins, des Philosophen, Träumers und Tatsachenmenschen, der soviel von Tolstoi selbst hat, von dem ringenden, zweifelnden, mißtrauischen, sich von allen Seiten anbohrenden Tolstoi. Es ist kein Zweifel, daß diese Figur als eine Art Chorus aufzufassen ist. Und eben dieser Lewin ist nichts als ein großer Frager. Hier oder da findet er die oder jene Antwort, aber kurz darauf verwirft er immer wieder alle Antworten. Und ebenso ist der ganze Roman zu nehmen: als ein riesiges Arsenal von angstvollen Fragen. Nichts ist in diesem Roman „gezeigt“, nichts als eben das Leben. Und genau soviel ist gezeigt, als das Leben zeigt: ein paar Lichtstreifen, die da und dort aufleuchten, um alsbald wieder zu verflackern. Nein, für die Philister hat Tolstoi niemals geschrieben, und er wird nie für sie schreiben. Die hätten es freilich recht gern, wenn er sagte: Seht, so geht es, wenn man „so Eine“ ist! Aber Tolstoi besitzt leider nicht jene Portion Lebensunkenntnis und Dummheit, die unbedingt erforderlich ist, wenn man in Fragen der Seele ein festes Urteil fällen will.

Herr Edmond Guiraud ist ein echter Franzose. Das französische Volk besitzt nämlich die mysteriöse Fähigkeit, aus allem: Gott, Natur, Religion, Vaterland, Alltag ein Kolportagestück zu machen. In diesem Sinne hat denn auch Herr Guiraud die ‚Anna Karenina' dramatisiert. Unter „Dramatisieren" versteht man bekanntlich etwa folgendes. Erstens, man bringt „Handlung" in die Vorgänge, das heißt: man löst sie in ein wüstes Durcheinander von geschmacklosen Brutalitäten auf. Zweitens, man bringt „Klarheit" in die Psychologie des Ganzen, das heißt: man vereinfacht und vergröbert die seelischen Verwicklungen derart, daß sie nur noch an Diluvialmenschen glaubwürdig erscheinen könnten. Drittens, man „motiviert stärker", das heißt: man macht die Menschen aus überempfindlichen, unberechenbaren Nervenmaschinen zu langweiligen, toten Klötzen, die gewaltsam hin- und herbugsiert werden. Viertens, man bringt „Bühnenarchitektonik" in die Sache, das heißt: man entwickelt sie in einer rein mechanischen Abfolge, die nur auf den Souffleur und den Inspizienten Rücksicht nimmt und sich möglichst weit von den organischen Gesetzen des Lebens entfernt. Herr Guiraud hat noch ein fünftes getan: er hat die ‚Anna Karenina' in einer Weise vermoralisiert, die direkt unsittlich ist.

Im Burgtheater wird das Stück fast durchweg ganz vorzüglich gespielt. Es war hier wieder einmal eine Gelegenheit, zu erkennen, über welche Fülle von bedeutenden Schauspielern dieses Theater verfügt. Die Ensemblewirkung mag an andern Bühnen stärker und einheitlicher sein. Es gibt sicherlich anderswo auch einzelne modernere Schauspieler-Individualitäten. Aber an Umfang allererstrangigen Künstlermaterials kann auch heute noch keine andre Bühne sich mit dem Burgtheater messen. Frau Witt spielt die Anna Karenina in ihrer bekannten Manier, an der niemand etwas aussetzen kann, und die jedermann kalt läßt. Sie ist tadellos und vollendet; sie läßt nichts fallen, versagt nie und weiß alles auszudrücken. Jeder gibt ihr im Stillen die Note 1 A. Damit ist die Sache aber für jeden erledigt. Auch die übrigen Leistungen sind alle ausgezeichnet, aber es sind nur zwei darunter, die man nicht vergißt: Herr Hartmann, der aus der liebenswürdigen Nullität des Stiwa Oblonsky einen kleinen Hjalmar Ekdal macht, und Herr Devrient, der den Karenin mit einer eisigen, souveränen, gepanzerten Noblesse spielt, die weder russisch noch französisch ist, aber sicher das Poetischeste am ganzen Abend war. Die Regie ist vorzüglich. Daß man den Eisenbahnzug im letzten Bild nur hörte, aber nicht sah, ist ebenso erfreulich wie die Unsichtbarkeit der Schlachtenszenen im ‚Julius Cäsar'. Endlich scheint sich doch die Erkenntnis durchzusetzen, daß die moderne Bühne hinter der Szene liegt. Die moderne Kunst wirkt am liebsten durch ausgesparte Stellen; sie erblickt ihren höchsten Ehrgeiz nicht darin, selber zu dichten, sondern darin, möglichst viele Aufnehmende zum Dichten zu zwingen. Denn sie weiß: der wahre Dichter jedes Kunstwerks kann nur das Publikum selbst sein.

KINDERVORLESUNG

Otto Treßler liest jetzt im Theatersaal des wiener Kabaretts ‚Fledermaus' allerlei Sachen für Kinder: die ‚Lausbubengeschichten' von Thoma, Märchen von Grimm und Leandre, ‚Max und Moritz' und ähnliches. Das heißt: er liest gar nicht, sondern erlebt alle diese Dinge und läßt sie miterleben. Er ist eine Katze und pfaucht, zischt und bläst entsetzlich, er ist ein Leopard und schlägt ein ganz schreckerregendes Rad mit den Schößen seines langen Fracks, er ist ein Hühnerhof und macht ein gräßliches Getöse von Gekräh und Gegacker. Man sieht und hört alles. Man sieht die unglücklichen Hühner der Witwe

Bolte ihre letzten Eier legen, man sieht Meister Böck auf der Brücke zusammenkrachen, und in Schillers ‚Handschuh' sieht man sogar das weitgeöffnete Tor, das zwei Leoparde auf einmal hervorspeit.

Aus diesen Vorlesungen sollte man doch endlich einmal lernen, daß für die Kinder das Beste gerade gut genug ist. Bisher hat man es für richtig gehalten, die kindliche Phantasie entweder mit Unverdaulichkeiten oder mit Kitsch zu füttern. Die sogenannte Jugendlektüre ist nichts als eine systematische Erziehung zum falschen Sehen, weil sie nahezu ausnahmslos von untalentierten Schriftstellern bestritten wird. Man wende nur ja nicht ein, daß die großen Dichter für Kinder zu kompliziert oder zu unmoralisch seien. Ein echter Dichter ist niemals eigentlich „kompliziert", sondern kompliziert sind immer nur Journalisten und Literaten. Das gilt auch von vielen der allermodernsten Dichter. Warum sollte, zum Beispiel, ein Kind den ‚Tod des Tintagiles' oder die ‚Sieben Prinzessinnen' nicht verstehen? Dagegen finde ich mich in Karl May bis zum heutigen Tage noch nicht zurecht. Ebensowenig sind große Dichter unmoralisch. Es gibt nur eine einzige Form der Unmoral: die Lüge; und wenn man nach dem Charakteristikum suchen wollte, das den Dichter am allerschärfsten von allen übrigen Menschen unterscheidet, so wird man, glaube ich, kein andres finden als einen außergewöhnlichen, tiefgewurzelten, fast pathologischen Haß gegen die Lüge auf allen Gebieten.

Es ist ganz merkwürdig, wie stark die Menschen im Verfehlen des Richtigsten und Nächstliegenden sind. Es gibt eine Periode im Leben jedes Menschen, in der er ein absoluter Dichter ist: die Kindheit. Und gerade in dieser Altersperiode wird dem Menschen nichts ängstlicher vorenthalten als die einzige Nahrung, die ihm organisch ist: die Dichter. Gibt man dem Kind einmal einen Dichter, so ist er so zu Tode „bearbeitet", daß er ja keinen Wert mehr hat. Und die Leute, die Kindern

Märchen vorlesen, können in der Regel kaum lesen, geschweige denn vorlesen.

Es gibt keinen bessern Kindervorleser als Treßler. Seine Lust am Darstellen und Sichverstellen ist außerordentlich. Er ist einer der allerletzten von der großen schon fast ausgestorbenen Familie der wirklichen Schauspieler, der Komödianten und Gaukler im guten Sinne, der Feuerfresser, Messerschlucker und Saltimbanques. Er kann alles ausdrücken und weiß sich in alles zu verwandeln. Diese Fähigkeit, in jeden menschlichen Zustand hineinzukriechen, ist für einen modernen Zuschauer fast unverständlich. Die großen Schauspieler von heute: Sauer, Rittner, die Lehmann geben sich und sonst nichts. Sie sind Menschen wie wir auch, nur gesteigerte, reichere. Sie wiederholen „ihre" Persönlichkeit in ewigen Variationen. Aber wo der Mensch bei Treßler anfängt oder aufhört, weiß niemand zu sagen. Wenn er einen Nachtwächter spielt oder auch nur liest, so ist er ein Nachtwächter, restlos, ohne jeden persönlichen Bodensatz. Im gegebenen Fall wäre er auch ein Frosch oder ein Zinnsoldat ohne jeden Rest. Nur bei solchen echten Schauspielernaturen hätte man Gelegenheit, in das sehr verwickelte und wichtige Problem jener Seelenwanderung, die vielleicht das Grundproblem aller Kunst enthält, experimentell einzudringen. Ich bedaure es aber sehr lebhaft, daß ich von Schauspielerei nichts verstehe. [. . .]

DER HASS DES KÜNSTLERS

Der Grundinstinkt des Menschen ist Herrschsucht. Er will herrschen, herrschen um jeden Preis: dies ist sein tiefstes organisches Bedürfnis. Sein ewiger Kampf mit der Welt der Materie, seine Entdeckungs- und Erfindungssucht, seine immer

wieder erneuten Versuche, Luft, Wasser und Erde sich untertan zu machen: dies alles ist nur zur Hälfte in wirtschaftlichen Interessen begründet, zur andern Hälfte wurzelt es in seiner Herrschsucht. Er will herrschen über Lebendiges und Totes, über Körper und Seelen, Zukunft und Vergangenheit. Alle die vielfältigen Tätigkeiten, denen er sich hingibt, zielen dahin ab. Die Herrschsucht ist die geheime Kraft, die ihn über die Grenzen seiner tierischen Natur hinauswachsen ließ und ihn zum höchstorganisierten Bewohner seines Planeten machte. Dieser Leidenschaft verdankt er die zunehmende Vergeistigung aller seiner Lebenstriebe, und alle höhergerichteten, idealistischen Bestrebungen nahmen hier ihren Ursprung.
Aber Natur und Leben gehen ihren eigenen Weg nach außermenschlichen Gesetzen. Auf der einen Seite steht die stumpfe Materie mit ihren passiven und doch unüberwindlichen Widerständen, auf der andern Seite die Welt der Seele, unfaßbar und fremd und unergründlich verwickelt. Und über alledem das „Schicksal", jene den Ereignissen innewohnende Richtkraft, die niemals nach dem Menschen fragt. Alles entzieht sich ihm – er ist umgeben von Schatten und Rätseln. Körperwelt und Geisterwelt stehen unter demselben Gesetz der Undurchdringlichkeit.
Was tun? Herrschen muß er, denn das ist der Sinn und die Seele seiner Existenz. Herrschen ist seine wichtigste Lebensbedingung, und es liegt in der Natur jedes Organismus, daß er sich seine nötigen Bedingungen unter allen Umständen verschafft, mit Gewalt und, wenn diese versagt, mit List: die gesamte organische Natur ist voll von solchen Tricks, die die Lebewesen anwenden, um gegen alle Hemmungen dennoch ihren Willen durchzusetzen. Und so ersann sich auch der Mensch eine List, um seinen tiefsten Grundwillen zu befriedigen: er erfand die Kunst.
Die „Wirklichkeit" widerstand ihm. Die Welt der Körper war ihm zu hart und zu träge, zu real in ihrer massiven Unbeweg-

lichkeit, und die Welt der Seele wiederum war ihm zu luftig und wesenlos, zu irreal in ihrer problematischen Unfaßbarkeit. Darum erwachte in ihm der Ruf: weg aus der starren Wirklichkeit, weg aus der Welt des Gegebenen! Er kam auf den ingeniösen Gedanken, jene unduldsamen, eigenwilligen Realitäten fahren zu lassen und sich über dieser Welt eine neue eigene zu errichten. Diese neugeschaffene Welt war sein Eigentum, seine unbeschränkte Herrscherdomäne. Er konnte sie ganz nach freiem Willen formen und lenken. In diesem Reich, seiner eigenen, freien Schöpfung, durfte er hoffen, endlich einmal vollkommener Tyrann zu sein.

Fichte hat den Satz aufgestellt: Die Welt ist ein Produkt des Ich. Er meinte dies im philosophischen oder, in seiner Sprache zu reden, im transzendentalen Sinne. Das Ich vollzieht eine Reihe von Handlungen, und so entsteht das, was wir die Aussenwelt nennen. Aber diese Handlungen des Ich geschehen unbewußt. Wir wissen nichts von dieser schöpferischen Tätigkeit, die sich in uns begibt, ähnlich wie im Traum, wo uns gleichfalls Geschöpfe gegenübertreten, die uns als Realitäten, als vollkommen selbständige Wesen erscheinen, und die dennoch nichts andres sind als Produkte unsrer Geistestätigkeit. Diese unbewußte weltschöpferische Tätigkeit des Ich nennt Fichte „die bewußtlose Produktion", und das Vermögen, wodurch wir diese Tätigkeit vollziehen, findet er in der Einbildungskraft. Weil die Produktion bewußtlos ist, darum erscheint uns die Welt als etwas außer uns, als „Nicht-Ich", als Objekt, das heißt: als etwas, das unabhängig von unserm Subjekt besteht. Was wir aber für unser Objekt halten, das ist in Wahrheit unser Produkt. In diesen wenigen Sätzen ist der Kern der Fichteschen Philosophie enthalten. Sie ist – wenn man sie recht versteht – eine radikale Künstlerphilosophie, denn sie macht den Menschen zum Dichter der realen Welt. Und die Romantiker verstanden sie und machten Fichte zu ihrem Propheten.

Was Fichte gibt, ist jedoch theoretische Deduktion und handelt von einer Tatsache des Unterbewußtseins. Nun gibt es aber eine menschliche Geistestätigkeit, in der dieser dunkle Vorgang jedermann klar vor Augen liegt. Diese Tätigkeit ist die Kunst. Das Vermögen, wodurch die Kunst ihre Schöpfungen hervorbringt, ist gleichfalls die Einbildungskraft, und auch das Resultat, zu dem sie gelangt, ist dasselbe wie das der Fichteschen „Produktion“: wenn nämlich die Kunst ihre Tätigkeit vollendet hat, so stehen auch ihre Produkte als scheinbar selbständige Objekte da, als Realitäten, die vom Ich des Künstlers losgelöst erscheinen. Dennoch besteht ein bedeutender Unterschied. Was dort der Mensch bewußtlos vollbringt: die Schöpfung einer in sich zusammenhängenden Welt, das tut hier der Künstler mit völligem Bewußtsein. Hier wird die Theorie zur Wirklichkeit, und was jeder Mensch tut, ohne es zu wissen, in der Dunkelkammer des Unterbewußtseins, das vollzieht der Künstler als ein seiner selbst mächtiges Wesen im Tageslicht des Selbstbewußtseins. Darum hat auch Fichte gesagt: „Die Kunst macht den transzendentalen Gesichtspunkt zum gemeinen.“
Unter den vielerlei Lockmitteln, die der philosophische Idealismus zu bieten hat, war sicherlich dieses nicht das letzte: daß er der menschlichen Herrschsucht schmeichelte. Der Mensch als Schöpfer der Realität, die Welt nichts als ein Schattenwurf seines Geistes: dies hieß zum zweiten Mal – und mit gewichtigern Gründen – den Menschen zum Mittelpunkt der Schöpfung machen. Indes: dies ist und bleibt philosophische Theorie, und die tägliche Erfahrung sagt stündlich dazu Nein. Die Welt der Realität enttäuscht dennoch fortwährend die Herrschbegier des Menschen. Anders in der Kunst: hier macht der Mensch „den transzendentalen Gesichtspunkt zum gemeinen“; er wird gleichsam praktischer Fichteaner. Die Kunst ist die sublimste Form seines Willens zur Macht.
Alle die Tyrannen, von denen die Historie erzählt, die „Scheusale“ der Weltgeschichte: Caligula und Tiberius, Danton und

Robespierre, Cesare Borgia und Torquemada, was waren sie andres als in die Realität verschlagene Künstler? Und alle die Künstler und Gestalter: Shakespeare und Michelangelo, Dante und Poe, Nietzsche und Dostojewski, was waren sie andres als in die Kunst gerettete Menschenfresser? „Ich habe niemals von einem Verbrechen gehört, das ich nicht hätte begehen können," sagte Goethe. Er brauchte keine Verbrechen zu begehen, weil er sie künstlerisch gestalten konnte. Und Nero, der Kaiser mit der großen Künstlerambition, wäre kein „Bluthund" geworden, wenn er die Kraft der dichterischen Gestaltung besessen hätte. „Qualis artifex pereo" – vielleicht ist es erlaubt, zu übersetzen: „Was für eine merkwürdige Art Künstler stirbt in mir."

Aber nun ereignet sich bisweilen im Künstler etwas Sonderbares. Einen gibt es nämlich doch noch, der stärker ist als er: eben den Dichter in ihm, jene schöpferische Kraft, die dieses ganze Reich schuf und die es beherrscht. Sie ist über ihn gesetzt und jagt ihn nach freier Willkür hin und her. Seine Kunst ist mehr als er: er ist ein hilfloser Einzelorganismus, ein Mensch wie andre auch, sie aber ist eine furchtbare Naturkraft. Und er beginnt mit Schrecken zu erkennen: diese seltsame Fähigkeit des Gestaltens hat ihn nur noch abhängiger gemacht. Er wollte sich eine Welt nach Gutdünken schaffen und rief dazu den Dichter in sich zum Gehilfen an; aber der Gehilfe wurde zum Meister und schaltete nun nach seinen eigenen unabänderlichen Gesetzen. Der Mensch wollte sich in die Kunst flüchten. Aber wie er seiner selbstgeschaffenen Welt ins Auge blickt, erfaßt ihn Entsetzen. Seine Gestalten stehen da, losgelöst von seinem Willen. Es ergeht ihm wie dem Fichteschen Ich: seine Produkte muß er nun doch notgedrungen als Objekte anerkennen, die unabhängig von seinem Subjekt ihr eigenes Leben führen. Seine Kunst ist stärker als er.

Und er beginnt allmählich Mißtrauen und Haß gegen diese Kunst zu schöpfen und sie zu bekämpfen. Und wenn dann kluge Leute kommen und ihm sagen, das sei ja ein Widerspruch, denn mit der Kunst bekämpfe er ja sich selbst und den ganzen Sinn seines Lebens, so könnte er diesen erwidern: „Freilich hasse ich die Kunst, denn ich bin ja ein Künstler. Ihr andern dürft sie lieben und bewundern. Aber ich muß sie verwünschen. Für euch ist sie eine „Anregung", aber für mich ist sie ein Verhängnis. Ich wollte durch sie zu Herrschaft und Freiheit gelangen, aber gerade sie ist es, die mich völlig unfrei gemacht hat. Sie ist der Übertyrann in mir. Sie ist allmählich, ohne daß ich es merkte, über mich hinausgewachsen und zu einem übermächtigen und schrecklichen Wesen angeschwollen, das mir fremd und feindlich ist. Ich wollte Menschen schaffen und formen, nach meinen Wünschen und Idealen, nach meiner freien Herrscherlaune. Aber meine Kunst hat niemals nach meinen Launen und Wünschen gefragt. Die Wesen, die in meinen Dichtungen aus- und eingehen, sind nicht die Geschöpfe meines Willens. Ich wollte eine Welt der Schönheit schaffen, und vor mir wuchs eine Welt der Wahrheit. Ich wollte eine Welt des Glaubens aufbauen, und es erhob sich eine Welt des Zweifels. Meine Schöpfungen waren mir nicht untertan, sie waren niemals meine willfährigen Kreaturen. Sie standen da als beseelte Wesen, mit ihren eigenen Lebenskräften begabt, und sie erschreckten mich, denn so habe ich sie nicht gewollt.

Und darum schleudere ich meinen Fluch auf die Kunst! Sie ist der Erbfeind meines Lebens. Sie hat sich über mich gesetzt und mich beraubt, zerstört, in zwei Hälften gespalten. Sie ist der Unmensch in mir. Sie ist das Unmenschliche im Leben. Menschlich ist die Lüge, aber meine Kunst will Wahrheit und immer wieder die Wahrheit. Und die Wahrheit ist oft häßlich und trostlos. Menschlich ist der Glaube, aber meine Kunst bringt den Zweifel. Menschlich ist die Blindheit, aber meine Kunst steht über mir als die Kraft des Sehens und Gestaltens, die furchtbar ist. Ich habe nicht gewußt, daß die Gabe des Sehens etwas so Furchtbares ist.

Andre sollen ja die beneidenswerte Fähigkeit besitzen, auszuwählen und zu unterdrücken, gefällige Züge zu unterstreichen, häßliche zu vertuschen und das Leben in ihren Dichtungen wohlschmeckend und angenehm zu arrangieren wie einen Tortenaufsatz. Wenn ich dieses Talent besäße, wäre ich sehr glücklich mit meiner Kunst und ein ebenso begeisterter Freund der schönen Literatur wie irgendein liebenswürdiger Mäzen. Aber ich bin leider kein Porträtmaler, der schmeicheln kann. Ich bin ein photographischer Apparat. Ich fixiere das Bild, das in meine Kamera tritt. Mehr kann ich nicht tun. Alles, was ich kann, ist: Unruhe und Mißtrauen verbreiten.
Das Wesen des Künstlers ist Mißtrauen, Mißtrauen. Überall bohrt er Gänge, gräbt unterirdische Dinge ans Licht. An alles hämmert er mit seinen Zweifeln und Fragen. Im scheinbar Einfachen entdeckt er die unauflösliche Verwicklung, das Klarste entlarvt er als dunkles Problem, unter jeder Oberfläche erspäht er die unergründlichen Tiefen. Er fragt und fragt. Er fragt: Ist die Größe denn auch wirklich groß, ist die Güte denn auch wirklich gut? Ist das Schöne schön, das Wahre wahr? Warum hat er, nur er diese furchtbare Mission? Er ist schließlich ein Mensch wie die andern, mit dem Trieb zum Glauben, Glaubenwollen; wozu wurde ihm dieses schreckliche Amt des Sehens, Sehenmüssens? Ich kann nicht finden, daß der Künstler Grund hat, die Kunst zu lieben. Viel lieber wäre ich ein einfacher Bauer geworden, der alles gleich groß und gut, gleich wahr und schön findet. Ich will es noch schnell versuchen. Aber ich fürchte, es ist zu spät.
Meinen Haß aber behalte ich. Wer sonst wohl sollte die Kunst so tief hassen können, hassen müssen wie wir Künstler? Ihr Halbkünstler doch nicht? Ihr Liebhaber und Zufallskünstler? Ihr dürft sie lieben, denn ihr habt ja niemals an ihr gelitten. Aber darum gehört sie auch nicht zu euch. Denn nur die Dinge, an denen wir am tiefsten leiden – nur die gehören zu uns!“

PETER ALTENBERG
Zu seinem fünfzigsten Geburtstag
[am 8. März 1909]

Der Versuch, Peter Altenberg zu registrieren, wird immer mißlingen. Bisweilen möchte man glauben, er sei ein Lyriker; aber seine Dichtungen sind dennoch unendlich viel mehr als bloße Stimmungsbilder und Augenblicksimpressionen. Manche nennen ihn ganz einfach einen Novellisten; aber dann müßte man den Begriff der Novelle umdenken, denn mit dem, was man so für gewöhnlich darunter versteht, decken sich Peter Altenbergs kleine Skizzen und Porträts durchaus nicht. Die ihn am tiefsten verstehen, werden ihn einen Philosophen nennen, aber sie denken dabei gewiß nicht an den konventionellen Philosophentypus. Ja selbst ob man ihn einen Schriftsteller nennen dürfte, ist zweifelhaft, denn er betreibt die Schriftstellerei durchaus nicht als eine Kunst, nach bestimmten ästhetischen und technischen Regeln, sondern man könnte weit eher sagen, daß er ganz mechanisch arbeitet, gleich dem Schreibhebel eines telegraphischen Apparats, der einfach niederschreibt, was ein geheimnisvoller elektrischer Strom ihm zuträgt. Er ist kein Lyriker, kein Epiker und kein Philosoph, er ist ein Dichter; ein Dichter, und sonst nichts.

Ein echter Dichter ist deshalb so schwer in irgendeine Gruppe zu rangieren, weil das Dichten keine bestimmte Kunstfertigkeit ist, sondern eine reinmenschliche Betätigung. Man könnte ebensogut das Wort „Seher" anwenden, in seiner doppelten Bedeutung. Ein Dichter ist ein Seher, ein Seher gegenwärtiger und zukünftiger Dinge. Dies ist seine ganze Tätigkeit. Er geht durch das Leben und betrachtet. Er erblickt Dinge, die vor ihm noch niemand gesehen hat, aber kaum hat er sie erblickt, so können auf einmal auch alle anderen sie sehen: diese Gesichte sind plötzlich in das Reich der Wirklichkeit getreten. Darum sollte man auch keinen essentiellen Unterschied machen zwischen einem Dichter und irgendeinem andern Naturforscher, denn beide tun ganz dasselbe: sie entdecken neue Wirklichkeiten, die bisher verborgen waren, neue Kräfte und deren Verbindungsmöglichkeiten, und es ist im Grunde einerlei, ob es neue chemische oder neue seelische Affinitäten sind, die ein solcher Naturforscher ans Licht bringt.

Ein solcher Dichter ist Peter Altenberg, und darum kann man nicht weiter sagen, ob er in diese oder jene Kunstgattung rangiert, denn dies sind Fragen der Form, und die Form kommt hier ebenso wenig in Betracht, wie etwa das Format einer photographischen Platte für die Schärfe und Richtigkeit des Lichtbilds.

Weil aber Peter Altenberg ein Dichter ist, darum mußte er auch das Schicksal des Dichters haben: nämlich völlig mißverstanden zu werden. Über seine Gesamtpersönlichkeit sind die abenteuerlichsten Vermutungen im Umlauf. Die „Literaten" (die sogar behaupten, ihn zu verehren) sehen in ihm einen „genießerischen Ästheten", während er doch im Gegenteil ein Natürlichkeits- und Naturfanatiker ist wie wenige seiner Zeit; die Philister erblicken in ihm den Gipfelpunkt der „Moderne" (was bekanntlich bei einem Philister die furchtbarste Beschimpfung ist) und nennen ihn einen geistreichen Paradoxenjäger und Aphorismenjongleur, ohne zu ahnen, daß sie es mit einem leidenschaftlich herumirrenden Wahrheitssucher zu tun haben; und das dicke Gros des Publikums schließlich weiß von ihm nichts anderes zu sagen, als daß er den Typus des genialischen Großstadtbohémiens darstellt, obgleich er in Wahrheit eine reformatorische Persönlichkeit von fast religiösem Charakter ist.

Die Schwierigkeit des Verständnisses beginnt allerdings schon bei der Form. Wer Peter Altenbergs Skizzen zum ersten Male liest, der wird eine ähnliche Impression haben, wie einer, der zu spät zu einem öffentlichen Vortrag kommt, und nun, in eine entlegene Ecke des weiten überfüllten Saales gedrückt,

mit großer Anstrengung dem Redner zu folgen versucht. Anfangs vernimmt er nur undeutliche, abgerissene Worte und Sätze, bis er endlich, an die Akustik des Saales und das Organ des Redners gewöhnt, aus den einzelnen Bruchstücken einen Sinn zu bilden vermag. Aber über einen gewissen Atomismus wird es der Leser Peter Altenbergs zunächst nicht hinausbringen. Er wird glauben, in eine phantastische und fragmentarische Märchenwelt versetzt zu sein, in der alles viel freier und unverantwortlicher zugeht, losgelöst vom Gesetz der logischen und psychologischen Gesetzmäßigkeit, und er wird zu dem Schlußresultat kommen, daß hier ein Dichter gearbeitet habe, der zwar viel tiefe Menschenkenntnis und Beobachtungsgabe besitze, dem es aber nicht gegeben sei, die Dinge in ihren Zusammenhängen zu überblicken: ein Dichter gleichsam mit einem sehr kurzen Gedächtnis, der bei der zehnten Zeile schon völlig vergessen hat, was er in der dritten Zeile gesagt hat; ein poetischer Pointillist, der persönliche Impressionen hat, aber keine persönliche Welt; ein Zeichner, der Linien und Ornamente entwirft, aber keine Bilder.
Viele geben sich nicht die Mühe, über diesen ersten irrtümlichen Eindruck hinauszukommen. Er ist irrtümlich, weil das, was beim ersten Anblick den Eindruck von Zusammenhangslosigkeit, ja Gedankenflucht macht, nichts andres ist als außerordentliche Knappheit und Schnelligkeit des Denkens, die so und so viele Zwischenglieder überspringt, weil sie vom Leser eine zu gute Meinung hat.
Das ist das eminent Moderne an Peter Altenbergs Dichtungen. Nur im Zeitalter der Telegraphie, der Blitzzüge und der Automobildroschken konnte ein solcher Dichter erstehen, dessen leidenschaftlichster Wunsch es ist, immer nur das Allernötigste zu sagen. Für nichts hat ja unsre Zeit weniger Sinn als für jenes idyllische Ausruhen und epische Verweilen bei den Gegenständen, das früher gerade für poetisch galt, und nichts ist ihr verhaßter als Langsamkeit und Breite. Wir lassen uns nicht

mehr behaglich über den Dingen nieder. Unsre gesamte Zivilisation steht unter dem Grundsatze: Le minimum d'effort et le maximum d'effet! Schon in der Schule beginnt heutzutage die „Erziehung zum Extrakt". Wir empfangen Extrakte von Philologie, Extrakte von Weltgeschichte, Extrakte von Naturkunde: niemals die Wissenschaft selbst, immer nur den Extrakt. Die Photographie entwirft uns kondensierte Miniaturbilder der Welt. Wir reisen nicht mehr ausführlich in der Postkutsche, sondern im Schnellzug und empfangen hastige Schnellbilder der Gegenden, die wir passieren. Und ganz typisch ist es auch, daß die Postkarte unsern heutigen schriftlichen Verkehr beherrscht: sie vertritt den modernen Gedanken, daß für fast jede Mitteilung ein Oktavblatt ein genügend großer Raum ist. Und das Buch für den modernen Menschen darf daher nicht etwas Zeitraubendes sein, sondern es muß Zeit ersparen. Bücher sind für Menschen da, die wenig Zeit haben. Wer viel Zeit hat, ist so glücklich, sich all das selbst langsam erwerben zu dürfen, was ihm ein wertvolles Buch in wenigen Stunden gibt. Bücher sind Surrogate für Erlebnisse, Notbehelfe für Menschen, die keine Zeit haben. Daher ist Knappheit und Kürze die erste Forderung, die das moderne Buch erfüllen muß, aber nicht die dürftige oder die aphoristische Kürze, sondern die gehaltvolle, gedrängte Kürze, die gerade dem gedankenreichsten Schriftsteller ein stetes Bedürfnis ist.

Dies ist das Grundprinzip Peter Altenbergs. Er schreibt „Telegrammstil". Es kommt ihm niemals darauf an, etwas möglichst schön zu sagen, sondern es möglichst präzis und kurz zu sagen. Er will überhaupt nicht die Schönheit, sondern die Wahrheit, denn er ist überzeugt, daß die Wahrheit immer auch die Schönheit enthält. Bezeichnend für sein leidenschaftliches Bestreben nach Kürze sind seine „Fünfminutenszenen", eine Reihe von ganz kurzen dramatischen Skizzen. Es sind aber gar keine Fünfminutenszenen, sondern sie dauern höchstens zwei oder drei Minuten. Sie fixieren irgend einen dramatischen

Moment und überlassen das andre dem Leser. Es gelangt einen Augenblick lang Licht auf irgendeine gefährliche Situation der Seele, irgendeine fragwürdige Verwicklung, einen mysteriösen Konflikt, und dann fällt der Vorhang. Diesen Versuchen liegt der treffende Gedanke zugrunde, daß das Leben eben nur minutenlang dramatisch ist, und daß der dramatischste Dramatiker daher nur Minutenstücke schreiben dürfe, und fernerhin abermals die für den Leser so ehrende Annahme, daß es genüge, einen Impuls, eine Anregung zu geben, und daß sich jeder schon selber den Rest an Exposition, Aufbau, Nachgeschichte aus eigenem Phantasiekapital dazudichten könne. Man wird dabei an ein vorzügliches Wort erinnert, das Abbé Brotier in seiner Ausgabe des La Rochefoucauld sagt, und das Lichtenberg einmal zitiert: „Corneille, La Fontaine et La Rochefoucauld ont pensé et nous pensons avec eux, et nous ne cessons de penser, et tous les jours ils nous fournissent des pensées nouvelles; que nous lisons Racine, Neuville, Voltaire, ils ont beaucoup pensé, mais ils nous laissent peu à penser après eux". Dies ist vielleicht überhaupt der Hauptunterschied, der dem Schriftsteller seinen Rang anweist und entscheidet, ob er ein bloßer Talentmann oder ob er eine geniale Naturkraft ist: die einen denken bloß selber, aber die andern bringen auch die übrige Welt zum Selbstdenken.

Neben seiner Kürze ist Peter Altenberg auch durch seinen Impressionismus einer der charakteristischsten Vertreter seiner Zeit. Er ist der prägnanteste und subtilste Ausdruck dessen, was man mit dem sehr verrufenen Wort „Fin de siècle" bezeichnet hat. Er ist der Typus jener „Décadence" vom Ende des vorigen Jahrhunderts, die ziemlich kurzlebig war und in ihm allein heute noch fortlebt. Er überlebte sie, denn er hatte wohl dekadente Nerven, und er mußte sie haben, denn was sind schließlich dekadente Nerven andres als höchstimpressionable Nerven? Aber er hatte kein dekadentes Herz. Er übernahm von dieser ganzen Richtung nur den Feminismus, aber der Feminismus war bei ihm nicht Schwäche, sondern Stärke, nämlich eine erhöhte und bisher unerreichte Fähigkeit, sich in das Seelenleben der Frau zu versetzen. Hierin ist er eine vollkommen einzigartige literarhistorische Spezialität. Es hat nie vorher einen Dichter gegeben, der ihm hierin auch nur nahe gekommen wäre. Er ist der erste wirkliche Psycholog jener mysteriösen Geschöpfe, die unser Leben ununterbrochen begleiten und bestimmen, und die uns dennoch stets fremd und unfaßbar bleiben. Die anderen stellten sich zur Frau als mehr oder minder glückliche Deuter, aber Peter Altenberg ist kein Deuter der Frau, er erlebt die Frau in sich selbst in der vollkommensten Weise, und wenn er die Frau schildert, so liest er gar nicht in einer fremden Seele, sondern in seiner eigenen. Er verhält sich zu allen bisherigen Frauenpsychologen, wie der wissenschaftliche Naturforscher zum mythologischen Erklärer der Natur. Dieser steht unter dem Bann des Anthropomorphismus: er kann die Natur nie begreifen, denn er erklärt sie nicht von ihr aus, sondern von sich aus. Ebenso standen alle bisherigen Frauenpsychologen unter dem Bann des „Andromorphismus“: sie sahen die Frau vom Mann aus. Infolgedessen ist Peter Altenberg ein absolutes Novum. Er besitzt die Vorstellungs- und Gefühlswelt der Frau, verarbeitet sie aber mit der überlegenen Intelligenz des Mannes. Er besitzt, um es bildlich auszudrücken, ein Gehirn, das der Materie nach weiblich und der Struktur nach männlich ist.

Seine psychologische Methode ist die chemische. Er prüft jedes psychologische Phänomen an gewissen Reagentien und versucht so langsam und schrittweise den Charakter jeder seelischen Erscheinung zu bestimmen. Er geht immer ins Detail, aber er verliert sich nie darin. Seine Kunst, durch irgendein apartes Adjektiv plötzlich einen Menschen, eine Landschaft, ein Zimmer ganz plastisch vor den Leser hinzustellen, ist außerordentlich. Bisweilen verfällt er in ein überheiztes, sich überstürzendes, knatterndes Pathos, das aber ganz neu ist: er hat für lärmende Prunkreden eine ganz neue Tapisserie erfunden; er macht eine Art Pathos, zu dem sich das frühere Dichterpathos etwa verhält wie Posaunenstöße zu dem Lärm einer ungeheuren Dynamomaschine. Er geht dabei ganz skrupellos vor. Er behandelt die Sprache, als ob sie nie vorher von anderen gehandhabt worden wäre und er der erste wäre, der sie als dichterisches Instrument in die Hand bekommt.

Dieses: seine neue Extraktform, seine unerreichte Minutiosität der Schilderung, seine Frauenpsychologie und sein seltsames Maschinenpathos sind die schriftstellerischen Hauptverdienste Peter Altenbergs. Wir müssen jedoch noch weiter gehen. Wir müssen in ihm nicht nur den Schöpfer einer eigenen Kunstform erblicken, sondern auch den Schöpfer eines neuen künstlerischen Programms.

Die künstlerische Entdeckung, die Peter Altenberg gemacht hat, ist ebenso originell als einfach; sie ist so einfach, daß viele sich weigern werden, sie für originell zu halten. Aber gerade diese Verbindung von Originalität und Selbstverständlichkeit macht das Wesen jeder wirklich wertvollen Erkenntnis aus. Bloß originell sein ist nämlich gar keine Kunst: man braucht sich nur um Vernunft und Wahrheit nicht zu kümmern, und man ist schon originell. Die geniale Originalität besteht jedoch darin, daß man neue Gesetze und Beziehungen entdeckt, die zwar bisher unbekannt waren, aber dennoch die natürlichsten von der Welt sind, denn sie waren ja stets vorhanden. Kaum sind sie entdeckt, so sagt jeder: „Das habe ich längst gewußt“. Dieses „ich habe es längst gewußt“, das der Philister an jede Neuheit anhängt, die das Unglück hat, auch zugleich wahr zu sein, ist geradezu der Prüfstein für ihre Lebensfähigkeit.

Die höchst einfache künstlerische Erkenntnis Peter Altenbergs ist nun diese: daß das Leben das einzige wirklich märchenhafte Märchen ist, und daß wirkliche Poesie und Phantasie nur in der Realität zu finden sind. Darum hat er auch seine letzte

Skizzensammlung „Märchen des Lebens" genannt, aber er hat niemals etwas anderes geschrieben als Märchen des Lebens, und man könnte seine übrigen Bücher ebenso betiteln. Er ist, um es in einer kurzen Formel zu sagen, der erste naturalistische Romantiker.

Seit es Kunst und Künstler gibt, haben diese beiden Richtungen: Romantik und Naturalismus immer miteinander gekämpft, sich bisweilen in der Herrschaft ablösend, aber doch immer gleichzeitig vorhanden – als Ober- und Überströmung. (Den sogenannten „Klassizismus" können wir der Übersichtlichkeit halber aus dem Spiele lassen, denn er ist ja im Grunde nichts anderes als eine stilisierte Romantik.)

Indes: Poesie und Romantik sind gewissermaßen Wechselbegriffe, und jeder Dichter wird als Romantiker geboren; und gerade der Naturalismus hat uns ja gezeigt, daß eine rein naturalistische Kunst schon theoretisch eine Unmöglichkeit ist. Nun aber sind Natur und Romantik ebenfalls Wechselbegriffe, und in der Einigung dieser Trinität: Kunst, Natur, Romantik liegt Peter Altenbergs neues künstlerisches Programm.

Nämlich: wir nähern uns der Poesie genau in dem Maße, in dem wir uns der Natur nähern, und wir nähern uns der Romantik genau in dem Maße, in dem wir uns dem Leben nähern. Dies ist die Erkenntnis des romantischen Naturalismus. Die Romantiker alten Schlages waren mit der gegebenen Welt unzufrieden, denn sie schien ihnen nichts Poetisches zu enthalten. Darum bevölkerten sie sie mit allerlei Wesen und Ereignissen, die es nicht gibt. Der orthodoxe Naturalist dagegen brachte das Leben genau so, wie es ist, oder vielmehr scheinbar ist: er dichtete gleichsam mit der Lupe in der Hand. Aber das Leben ist für den naturalistischen oder, wie man ihn eigentlich nennen müßte, für den materialistischen Dichter nur zur Hälfte vorhanden, denn es ist voll von Wundern und Geheimnissen. Der „Naturalist" bringt das Leben, aber er unter-

schlägt das Märchen, das im Leben steckt. Der „Romantiker" dagegen bringt zwar das Märchen, aber auf Kosten des Lebens. Daher kann man sagen, daß beide, Naturalismus und Romantik, zwei gleich unwahre Kunstrichtungen waren.
Der romantische Naturalist nun hebt diese beiden Gegensätze auf, indem er sie vereinigt. Für ihn ist die Welt weder ein fiktiver Zauberwald, noch ein poesieloses Zellenagglomerat, sondern er zeigt, daß jener ausstudierte Apparat von Rittern, Elfen, Zauberern und Drachen im Leben wirklich vorhanden ist, nur viel phantastischer, mysteriöser und poesievoller. Er zeigt, daß jene alten sogenannten „Romantiker", die literarischen Romantiker, armselige Dilettanten waren, und zwar gerade in der Romantik; er zeigt, daß wir das alltägliche Leben des einfachsten Menschen nur ein einziges Mal so anzusehen brauchen, wie es sich wirklich abspielt, um plötzlich zu erkennen, daß jene erdichteten Märchen nichts sind als kindische, phantasiearme Geschichten, blasse und schwächliche Kopien jener wunderbaren, viel unwahrscheinlichern Märchen, die sich in jeder Minute überall ereignen. Die falschen Romantiker glauben die Wirklichkeit zu übertrumpfen und bleiben in Wahrheit weit hinter der Wirklichkeit zurück. Das Leben der menschlichen Seele ist das tiefste und wunderbarste Märchen. Die Hexen, Elfen, Zauberer und Drachen sind ja wirklich da, nur inkognito. Dornröschen ist angeblich ein Phantasiegebilde. Aber es schläft ja wirklich, vielleicht schon im nächsten Nachbarhause, und der Prinz fährt eben um die Ecke. Und Melusine existiert, aber vielleicht als Verkäuferin in einer Konditorei, und die Loreley existiert und der Zauberer Merlin, sie alle sind vorhanden: man muß sie nur zu finden wissen. Dazu ist eben der Dichter da.
In früherer Zeit freilich, da war ein Dichter ein sonderbares Geschöpf: er trug eine braune Sammetjoppe, ein blonder Vollbart umrahmte seine durchgeistigten Züge – und dann setzte er sich an den Schreibtisch und „dichtete", das heißt: er kom-

binierte allerlei mögliche und unmögliche Dinge, erfand Situationen und Konflikte und dachte sich eine Menge von Angelegenheiten aus, die nur in seinem Kopfe zusammengekommen waren. Aber der Dichter der Zukunft, der Dichter nach Peter Altenbergs Rezept, „dichtet" gar nicht, er dichtet sogar viel weniger als alle übrigen Menschen – aber gerade das macht ihn zum Dichter.

Peter Altenberg knüpft unmittelbar an die romantische Schule an, aber er macht den großen Schritt des Naturalisten über sie hinaus. Er lebt vollkommen im romantischen Ideen- und Vorstellungskreis: seine Frauenverehrung, sein entwicklungstheoretischer Idealismus, sein künstlerischer Aristokratismus, sein Eklektizismus, das sind alles romantische Elemente. Aber während jene ihre Ideale vom Himmel herabholten und nur hier und dort halb widerstrebend die Erde streiften, läßt Peter Altenberg seinen romantischen Idealismus aus der brutalen, nackten Wirklichkeit hervorwachsen. Man könnte ihn daher einen „induktiven Romantiker" nennen. Die alten Romantiker suchten die blaue Blume und fanden sie nicht, was ganz natürlich war, denn sie existierte nur in ihrem Gehirn. Aber Peter Altenberg, der Neuromantiker, hat sie gefunden: für ihn ist nämlich jede Kornblume eine romantische „blaue Blume" und jedes natürlichste, trivialste Erlebnis des Alltags das poetischste, phantastischste Märchen.

Dies sind die großen künstlerischen Entwicklungsmöglichkeiten, die in Peter Altenbergs Büchern stecken. Das Wort „Märchen des Lebens" wird einmal eine große Dichterparole werden wie seinerzeit jene „Blaue Blume". Ein einsamer verschneiter Baum, von einem Künstler photographiert, wird vielleicht einmal mehr gelten als das wunderbarste gemalte Stilleben. Der Wunschzettel eines kleinen Jungen vor Weihnachten, die trockene Gerichtssaalnotiz einer Tageszeitung, der sachliche Bericht eines Gelehrten über beobachtete Naturwunder, das dumme Tagebuch eines Backfisches, der unorthographische

Brief eines Dienstmädchens: diese und ähnliche Dinge, von einem Dichter festgehalten, werden vielleicht einmal als die einzigen echten Dichtungen gelten. Und wenn jemand einwenden sollte, daß nach dieser Auffassung die Dichter ja ganz überflüssig wären, denn alle diese Dinge seien ja schon da, so ist ihm zu erwidern: Im Gegenteil! Die Dichter werden nötiger und wichtiger sein als zuvor, nämlich als Entdecker dieser Dinge, für die nur sie Augen, Ohren und Nerven haben. Aber als Entdecker, nicht als Erfinder. Das armselige „Erfinden" werden sie den Hysterischen, den Blaustrümpfen und den Köchinnen überlassen.

SHAW ALS ERZIEHER

Shaws ‚Candida' hat bekanntlich einen merkwürdigen Schluß. Candida soll zwischen ihrem Gatten und dem jungen Dichter Marchbanks wählen. Und sie gibt dem Pastor Morell, dem verhätschelten, selbstsichern Liebling des Schicksales und der Frauen, den Vorzug vor dem armen, verlassenen Dichter, der noch niemals geliebt worden ist; nicht weil Morell der Stärkere, sondern weil er der Schwächere ist. Scheinbar resigniert scheidet der Dichter, und die Gatten sinken sich in die Arme. Shaw fügt jedoch hinzu: „Aber das Geheimnis im Herzen des Dichters kennen sie nicht."

Shaw hat inzwischen vor verschiednen Personen jedesmal an einer andern Ecke den Schleier von diesem Geheimnis ein wenig gelüftet, kein Mal freilich zugunsten der Ehe. So wird er auch weiterhin, wenn der Vorhang fällt, leise davongehen, mit einer Wahrheit im Herzen, die er allein kennt.

Das Publikum aber spaltet sich sofort in zwei Lager: die Snobs und die Philister. Die Snobs gebärden sich esoterisch, murmeln von allerlei Hintergründen, die sich nur dem Kenner enthüllten, und es gelingt ihnen auch meistens, den neuen Mann eine Zeitlang für weitere Kreise ungenießbar zu machen. Die Philister dagegen haben die bekannte bequeme Methode, daß sie jeden, der ihnen nicht sogleich in den Kopf geht, für einen Narren erklären und ihn links liegen lassen. So war es zum Beispiel mit Ibsen. Die einen schrieen: „Magus aus dem Norden!"; jedes seiner Worte war mystisch, vieldeutig und dunkel, hinter jeder Bemerkung steckte ein andrer Sinn als der, den der unbefangene Leser erwartet hätte. Der Dichter führte gleichsam ein gespenstisches Doppelleben: für die große Menge der Illiteraten und Böotier war er eine ganz einfache Erscheinung, aber sein Geist, sein „zweites Gesicht" zeigte sich nur den Eingeweihten. Dagegen erhob sich nun der Chor der Leute mit „gesundem Menschenverstand": diese fanden, es sei ein Skandal, daß ein solcher Mensch noch frei herumlaufen dürfe. Bei Maeterlinck hat sich dann etwas ganz Ähnliches wiederholt: seine Märchendichtungen wurden zu allegorischen Spitzfindigkeiten gestempelt, und das machte das Publikum natürlich kopfscheu; denn es konnte ihm kein Vergnügen machen, in jedem Versatzstück ein Symbol zu sehen. Und wenn einer mit Augurenmiene erklärt: „Diese Haustüre, die Sie hier auf der Bühne sehen, stellt das Leben vor," so ist es nicht jedermanns Sache, sich darüber zu freuen.

Es scheint, als sollte es jetzt auch mit Bernard Shaw so gehen. Jedenfalls ist schon ein gefährliches Etikett für ihn gefunden: man sagt nämlich, er sei ein Ironiker. Diese Bezeichnung ist insoweit sehr praktisch, als sie den Zwecken der Snobs und der Philister in gleicher Weise dient, denn die Snobs können sich jetzt wichtig machen und alles ironisch auslegen, und die Philister können empört sein. Für Shaw ist sie schon deshalb schädlich, weil es niemals gut ist, einem neuen Dichter in den Augen des Publikums einen solchen Generalnenner zu geben, denn es pflegt ihn dann nur noch auf diesen einen Zug hin anzusehen und alle seine Stücke wie Vexierbilder zu behandeln, unter denen die Frage steht: wo steckt die Ironie?

Indes: daß einer von Shaws dichterischen Grundzügen die Ironie ist, das ist trotzdem richtig, nur ist seine Ironie nichts Einfaches, sondern eine sehr komplexe Erscheinung. Sie hat mindestens drei Wurzeln.

Die eine Wurzel ist Shaws Schamgefühl. Es ist nämlich für einen modernen Menschen recht schwer geworden, ein Dichter zu sein, und zwar aus folgendem Grund. Was unsre Zeit kennzeichnet, ist ein Zurückgehen der äußeren Ausdrucksmittel. In dem Maße, als die Menschheit denkfähiger und geistiger wird, verlegt sich alles immer mehr ins Innere. Selbst die physiologischen Veränderungen, die die starke Überraschung hervorzurufen pflegt, müssen schließlich zurücktreten, denn der sehr hochstehende Mensch hat alle möglichen Konstellationen der Ereignisse und Empfindungen schon vorweggedacht, so daß ihn nichts mehr überraschen kann, so wenig es einen Spieler überraschen darf, wenn eine seiner hundert Kombinationen wirklich eintrifft. Hingegen sind ungebildete Menschen fast in einem permanenten Zustand der Überraschung und Aufregung; ja, selbst wenn sie es nicht sind, glauben sie es anstandshalber markieren zu müssen, weil sie fürchten, es könnte ihnen als Teilnahmslosigkeit ausgelegt werden. In ganz entgegengesetzter Richtung geht die moderne Kulturbewegung; sie macht es immer mehr zu einer Sache des Anstandes, auf alle Ausdrucksbewegungen zu verzichten. Es ist sehr wahrscheinlich, daß spätere Zeiten in der ganzen äußerlichen Gebarung, die heute noch den groben Durchschnitt beherrscht, und die in der Affektäußerung besteht, etwas ebenso Lächerliches und Rudimentäres sehen werden, wie uns heute schon das Benehmen wilder Völker grotesk und roh vorkommt. Und diese Entwicklung erstreckt sich ebenso auf die Wort- wie auf die Gebärdensprache. Affekte und Sentiments werden allmählich „mauvais goût“. Es gibt heute gewiß nicht weniger Herzensgüte als früher, aber sie äußert sich nicht mehr in Gefühlen. Auch die Menschen von heute sind Idealisten, aber geräuschlose Idealisten. Wir haben gar kein Bedürfnis mehr, uns nach außen zu projizieren.

Infolgedessen befindet sich heutzutage ein Dichter, wenn er zufällig das Unglück hat, ein moderner Mensch zu sein, in einem sonderbaren Konflikt. Denn die starken Affekte und Gefühle sind gewissermaßen sein Handwerkszeug; was ihn kennzeichnet, ist gerade das tiefste Bedürfnis und die vollkommenste Fähigkeit, sich nach außen zu offenbaren. Und vom Theaterdichter gilt das noch ganz besonders. Denn wie man für tausend Menschen lauter reden muß, so muß man auch für tausend Menschen lauter fühlen. Das Theater wirkt daher heute schon auf manche der Unsern als Archaismus, und hier vor allem wurzelte auch die Antipathie Nietzsches gegen Wagner.

Kann man geräuschlos, kann man als Gentleman dichten? Nein, das kann man leider nicht. In keiner Form. Der Dramatiker ist ein Volksredner, und ein solcher ist kein Gentleman. Der Romancier – nämlich der gute – ist ein Schnüffler, der die Seelenregungen und Privatangelegenheiten fremder Leute ausspioniert, und das tut kein Gentleman. Der Lyriker – nämlich der gute – ist ein Mensch, der sein Innerstes enthüllt auf den öffentlichen Präsentierteller legt, und das tut kein Gentleman.

Hieraus ergibt sich ein seltsamer Charakterzug Bernard Shaws: er ist ein Dichter und schämt sich dessen.

Bernard Shaw hat aber noch eine zweite Eigenschaft, deren er sich nicht nur als moderner Mensch, sondern überhaupt als Mann von Geschmack schämt: er ist ungemein geistreich.

Unter den modernen Völkergruppen scheinen nur die Germanen das Vorrecht zu besitzen, daß sie gegen alles geistreiche Wesen eine Art Mißtrauen haben, obgleich diese Geringschätzung gewiß nicht auf einen Mangel an Esprit zurückzuführen ist. Nehmen wir zum Beispiel aufs Geratewohl die drei größten deutschen Philosophen: Kant, Schopenhauer und Nietzsche, so sehen wir, daß alle drei überaus geistreiche Menschen waren, daß sie es aber zugleich verstanden haben, diese Eigenschaft mit großer Geschicklichkeit zu verbergen, jeder in seiner Art: Kant durch einen keineswegs schwerfälligen, sondern höchst kunstreich gebauten Schnecken- und Schraubenstil, Schopenhauer durch eine monumentale Grobheit und Nietzsche durch ein siedendes Temperament. Alle drei hatten nämlich genug künstlerischen Takt, um zu empfinden, daß Geistreichigkeit etwas Minderwertiges und Unfeines sei, eine Domestikentugend und Sache eines pöbelhaften Geschmackes; und zugleich erkannten sie, daß jedem Gedanken etwas Fremdes und Unorganisches beigemischt wird, wenn man ihm eine geistreiche Formulierung gibt. Denn ein roher Eichentisch drückt den Wald aus, dem er entstammt, aber ein polierter, kunstvoll eingelegter Tisch tut das nicht.

Nun ist aber Shaw voll von witzigen und geistreichen Wendungen; und so gern er sie auch verbergen möchte, sie drängen sich immer wieder hervor: er kann kein Zimmer, kein Kostüm, keine Verwandlung angeben, ohne irgendein Bonmot und eine Seitenbemerkung anzubringen. Er greift daher, da er sein Wesen nicht zu verändern vermag, zu dem letzten Mittel: zur Selbstironie.

Das wäre die zweite Wurzel. Die dritte ist sein Naturalismus. Denn Shaw will das Leben zeigen, wie es wirklich ist, in seiner Plastik, als ein mehrflächiges Gebilde. Auch ein Zeichner bringt ja eine Sache aufs Papier, so wie sie seinem perspektivischen Sehen erscheint. Dazu muß der Zeichner die Gegenstände studieren, genau und gründlich und von allen Seiten; und ebenso studiert Shaw die Menschen, aber nicht in ihrem körperlichen Umriß, sondern in ihren Seelenvorgängen. Er ist ein Psycholog, der den stereoskopischen Blick hat. Hierdurch entsteht aber dann leicht etwas, was wie Ironie aussieht.

Jede allseitige Betrachtung wirkt ironisch. Ihr Gegensatz ist die enthusiastische Betrachtung, die immer einseitig, oft gewollt einseitig ist. Größe ist schließlich auch nur ein Zug unter vielen. Wenn ich Goethe oder Bismarck von allen Seiten anschaue, so muß notwendig eine ironische Schilderung herauskommen.

Diese Kunstrichtung, die das größte Recht hätte, sich naturalistisch zu nennen, hat von Goethe ihren Anfang genommen, um in Kleist (zum Beispiel im ‚Prinzen von Homburg') zum erstenmal greifbare Gestalt anzunehmen. Hier ist bei der Charakteristik der Helden und Heldinnen das Prinzip der Naturgröße durchbrochen. Und man braucht bloß an ‚Hedda Gabler' oder an die ‚Wildente' zu denken, um zu sehen, daß auch Ibsen ein Drama, das bloß tragisch wirkt, für keine richtige Tragödie gehalten hätte. Ebenso verhält es sich mit Strindberg, ja sogar mit Maeterlinck, zum Beispiel in ‚Princesse Maleine', wo nach einer Nacht voll Mord und Grauen der alte König sagt: „Ich möchte gern ein bißchen Salat haben." Der Salat gehört eben genau so gut zum vollständigen Bilde des Menschen wie die großen tragischen Ereignisse.

Nach alledem könnte man aber immer noch glauben, die Ironie sei für Shaw Selbstzweck. Denn ob es sich nun um die Selbstironie des Mannes von Geschmack handelt oder um die Ironie, die sich aus jeder rein objektiven Betrachtung ergibt, – immer wird das Resultat ein mehr oder minder deutlicher Skeptizismus und Nihilismus sein. Und so wäre denn Shaw im Grunde nichts andres als der glänzendste und ideenreichste Vertreter jener literarischen Dekadenzbewegung, die – vermutlich von einem Parfümfabrikanten – „fin de siècle" genannt worden ist.

So verhält es sich jedoch mit Shaw nicht. Seine ganze Ironie ist ihm nur ein Mittel, und zwar ein Erziehungsmittel. Ein Künstler wird zum Erzieher, wenn er in seinen Gestalten ein bestimmtes Ideal der Lebensführung zu lehren versucht. Indes liegt bei Shaw die Sache lange nicht so einfach wie etwa bei Tolstoi und ähnlichen. Diese machten kurzerhand die Szene zum Tribunal, sie suchten keinen Augenblick lang zu verbergen, was sie wollten und wozu sie sich berufen fühlten. Im letzten Grunde ist auch dies nur eine Sache des gerade herrschenden Geschmackes. Shaw wäre aber kein moderner Denker, wenn sich bei ihm das Problem in die einfache Gleichung „Dichter gleich Erzieher“ auflösen ließe. Sondern er lehrt seine Wahrheiten auf indirektem Wege. Was er zeigen will, ist freilich immer dasselbe.

Die meisten Menschen tragen ihr ganzes Leben lang eine fremde Maske, und zwar nicht bloß vor den andern, sondern auch vor sich selbst. Eines Tages jedoch kommt die Schicksalsstunde, in der ihr wahres Wesen sich ihnen enthüllt. So ist es im ‚Teufelsschüler'. Da sind Richard Dudgeon, der zynische Abenteurer, und Anthrey Anderson, der sanfte und gütige Pastor. Aber es kommt ein Moment, wo es um Tod und Leben geht, – da plötzlich vertauschen sich die Rollen. Und es zeigt sich: Andersons Priestertalar war bloße Draperie, Richards Teufelsfratze war bloße Schminke. Ebenso ist es in der ‚Candida'. Es kommt der große entscheidende Moment, da Candida wählen soll. Und es zeigt sich: der Lebensmensch Morell ist der Schwache und Hilfsbedürftige, der Dichter Marchbanks, der mit dem realen Leben niemals fertig wird, ist der Selbstsichre und Starke. Ebenso ist es in den ‚Helden'. Der serbische Major Sergius Saranoff erscheint als der Typus des edlen Heldenjünglings, neben dem der trockene, prosaische Hauptmann Bluntschli verblaßt. Aber in Wahrheit ist es gerad umgekehrt: Bluntschli ist der Held, und Sergius hat vom Helden nichts als das Kostüm, die äußere Geste. Und ebenso überraschend wirkt die Erscheinung Cäsars in ‚Cäsar und Kleopatra'. Der große Cäsar ist der allereinfachste Mensch von allen. Das Geheimnis seiner Größe ist seine Natürlichkeit. Natürlichkeit: das will so viel sagen wie Übereinstimmung mit den Gesetzen des eignen Organismus. Er ist nicht der Mensch, der in den einzelnen Lebenslagen das Überraschende und Exzeptionelle vollbrächte, sondern im Gegenteil: der Mensch, der in allen Lebenslagen das Selbstverständliche und Angemessene tut. Und das ist eine sehr tiefe Wahrheit. Denn ein großer Mann verhält sich zu den übrigen Menschen nicht wie der Riese zu den Zwergen, sondern wie das Normalgebilde zu den Fratzen. Das Genie ist nichts Überlebensgroßes, Hypertrophisches, sondern im Gegenteil: das einzig Proportionierte und der natürliche Kanon. Daß es höchst selten vorkommt, ist kein Einwand gegen die Richtigkeit dieser Behauptung. Denn beim Menschen ist der Normaltypus nicht die Regel, sondern die Ausnahme. Der anatomische Kanon des Menschen findet sich ja auch nur einmal unter Tausenden.

Was also Shaw zeigen will, ist etwa dies: Jedes Tier, jede Pflanze lebt naturgemäß und organisch. Eine Eidechse, eine Wasserrose, eine Koralle will von Anbeginn nichts als ihre Eidechsen-, Wasserrosen- und Korallenbestimmung erfüllen. Der Mensch will fast immer etwas andres als das, wozu die Natur ihn geschaffen hat. Er steht nie an seinem Platz und schielt immer nach andern. Die Natur hat zum Beispiel seine gesamten Organe dazu bestimmt, Geschäftsverträge abzuschließen, Bücher zu führen, Waren zu vertreiben. Aber er ist nicht zufrieden damit und schämt sich dieser prosaischen Tätigkeit, weil andre eine andre Beschäftigung haben. Ein zweiter wieder hat von Natur aus die Werkzeuge erhalten, in stiller Abgeschiedenheit zu arbeiten, Beobachtungen an Beobachtungen zu reihen, Tatsachen zu verknüpfen und vorsichtige Schlüsse zu ziehen. Aber das paßt ihm nicht, sondern er blickt neidisch und ärgerlich auf Menschen, die mitten auf der Bühne der Welt stehen, ein reiches und buntes Dasein führen und aufregende Erlebnisse haben. Nun wären aber alle Menschen gleich wertvoll, wenn sie dem Naturgesetz gehorchten. Was daher den Rangunterschied der Menschen ausmacht, ist nicht die Art ihrer

Beschäftigung und der Umfang ihrer Begabung, sondern der Grad ihrer Natürlichkeit. Unverlogne Menschen sind immer groß.

Dies alles zeigt Shaw, aber er zeigt es nicht in Worten, sondern in Bildern und Gestalten. Und er zeigt es, ohne die gewichtige Pose des Moralpredigers anzunehmen. Er tut nicht ernsthaft, er donnert die Lüge nicht in den Pfuhl der Hölle hinab, sondern er zeigt, wie lächerlich jede Lüge ist. Er sagt nicht: „Jeder verlogne Mensch ist ein verwerfliches Wesen", er sagt etwas viel Schlimmeres, nämlich: „Jeder verlogne Mensch ist eine Karikatur." Das ist ein viel wirksameres Belehrungsmittel. Denn dort wird bloß an das menschliche Gewissen appelliert, hier aber an etwas weit Stärkeres: an die menschliche Eitelkeit.

Um jedoch das Publikum dazu zu bringen, daß es diese recht unangenehmen Sachen auch anhört, verwendet er einen pädagogischen Trick. Er tut seine moralischen Purgative in die süßschmeckende Hülle des Kolportagedramas, der Burleske oder des Rührstücks, wie ja auch die Tamarindenpastille in einem Schokoladenüberzug steckt. Aber das Publikum ist noch schlauer als Shaw. Es leckt die gute Schokolade ab und läßt die Tamarinde stehen. Weswegen Marchbanks Recht hat, wenn er sagt: „Die Dichter reden immer nur mit sich selbst."

Natürlich ist damit, daß man Shaw einen Erzieher nennt, sein dichterisches Wesen nicht umschrieben. Der Major Sergius in den ‚Helden' sagt einmal: „In meiner Seele gehen ein halbes Dutzend Sergiusse aus und ein." Und ebenso gibt es ein halbes Dutzend Shaws, die in seinen Stücken fortwährend aus und ein gehen, indem sie sich bald ablösen, bald unzertrennlich vereinigen. Aber einer von diesen Shaws ist ein Erzieher.

DER DICHTER

Die Geschäftsträger der Menschheit

Zu allen Zeiten hat es gewisse merkwürdige Geschöpfe gegeben, die uns wie ein Affront gegen die Naturgesetze erscheinen. Sie haben Eigenschaften, die paradox und gegen die Regel sind. Sie widerlegen durch ihre Existenz unsre peinlichsten und zugleich sichersten Erfahrungen.

Zum Beispiel: Jeder Mensch weiß ganz bestimmt, daß er auf der Welt allein ist. Wir leben alle im Exil. Die Natur ist stumm, aber die Menschen um uns sind es nicht minder. Fast niemals gelingt es, daß ein Mensch sich dem andern begreiflich macht. Wir mißverstehen uns alle. Unsre Reden sind schwerfällig, weitschweifig, gekünstelt und unzutreffend. Der Weg von Berlin nach New York ist kurz und leicht, aber der Weg von mir zu meinem Freunde, der neben mir sitzt, ist Millionen Meilen weit, und ich werde ihn nie zurücklegen. Wir haben das Grammophon erfunden, das jede Schwingung unsrer Stimme wiedergibt, aber dieser geheimnisvolle Apparat ist uns nur eine Quelle der Melancholie und Beschämung, denn wir müssen erkennen, daß wir selbst kein ebenso exaktes Instrument unsrer Seele sind, das die Schwingungen des Geistes und Gemütes genau wiederzugeben vermöchte. Wir sind niemandes Freund und niemandes Feind. Bisweilen machen wir einige krampfhafte Versuche zur Liebe oder zur Freundschaft, oder wir greifen in unsrer Ratlosigkeit zum Haß, indem wir glauben, er sei eine etwas handlichere Sache als die Liebe. Aber auch der Haß mißlingt uns. Wir bleiben allein. Und doch gibt es nichts, das unsrer Natur mehr zuwider wäre als die Einsamkeit.

Nun aber erscheinen von Zeit zu Zeit jene merkwürdigen Geschöpfe und machen sich zu unsern Wortführern und Geschäftsträgern. Sie zeigen die geheimen unsichtbaren Brücken, die nun dennoch die einzelnen Menschen untereinander verbinden, und sie errichten allgemeine geistige Verkehrsstatio-

nen, wo die ganze Menschheit zwanglos zusammenkommen kann. Sie enthüllen das große Allgemeine, das jedem von uns mit jedem andern gemeinsam ist, und das uns sogar zu Kameraden der Steine, Pflanzen und Tiere macht.
Denn sie sehen feinere Abstufungen und Übergänge. Es soll Tiere geben, die noch jenseits des Spektrums Farben wahrzunehmen vermögen; ebenso sehen auch diese sonderbaren Menschen ein Ultrarot und ein Ultraviolett, das andre Augen nicht sehen können, und sie haben noch dazu die Kraft, andern diese Farben zu beschreiben. Ihr Auge ist ein kompliziertes physikalisches Laboratorium. Es ist Teleskop, Mikroskop und Röntgenapparat. Vor allem aber verrichtet es die Funktionen eines Stereoskops. Der Mensch, dieser berufsmäßige Mißversteher, sieht jedes Ding nur von einer Seite. Es ist ihm unmöglich, anzunehmen, daß ein Ding noch andre Seiten haben könne als diejenige, die seinem Blick gerade zugekehrt ist. Er weiß nicht, daß es ein Vorn und Hinten, ein Rechts und Links, ein Oben und Unten gibt. Manche sind so begabt, daß sie einmal diese und ein andres Mal jene Seite desselben Dinges wahrnehmen können. Aber jene seltenen Geschöpfe, von denen wir sprechen, haben die Gnade, gleichzeitig alle Seiten zu sehen. Sie wissen, daß auf dieser Kugel alles rund ist und unendlich viele Seiten und Ecken hat. Sie sehen Körper, wo andre nur Linien und Flächen sehen. Sie sehen alles. Gleich den Engeln der Kabbala sind sie ganz mit Augen bedeckt. Daher beginnen sich die Menschen zu verstehen und zu lieben, wenn ein solcher Geist in die Welt tritt und es übernimmt, die Beziehungen zwischen ihnen herzustellen. Dies ist höchst paradox, denn es widerspricht der tiefsten und innerlichsten Erfahrung, die wir jemals gemacht haben: dem Gesetz von der Undurchdringlichkeit der Geister.

Wir haben längst erkannt, daß nichts Neues gedacht und empfunden wird. Ja, wir können uns nicht einmal denken, daß es jemals neue Gedanken und Empfindungen gegeben hat. Neu ist hier für uns eine ebenso unvollziehbare Vorstellung, wie: Endlichkeit von Raum und Zeit.
Aber die irdischen Dinge führen ein sonderbares Doppelleben. Sie haben gleichsam einen Januskopf. Mit der einen Hälfte ihres Doppelantlitzes blicken sie in die Welt der landläufigen Werte und Meinungen, die Welt der Schule und der Straße. Dieses Antlitz, das sie den meisten Menschen zukehren, trägt altersgraue, gelangweilte und alltägliche Züge. Es scheint jedem Denker zuzurufen: Wozu die Mühe? Alle Möglichkeiten waren schon durchgedacht, ehe deine Vorfahren zu denken anfingen, und der einzige Lohn, den deine fieberhafte Gehirnarbeit dir bringen kann, ist die beschämende Entdeckung, daß du ein unfreiwilliger Plagiator gewesen bist.
Aber daneben haben dieselben Dinge noch ein andres Antlitz, das dem gewöhnlichen Leben abgekehrt ist und vergeistigtere Züge trägt. Wer in diese Hälfte des Januskopfes blickt, der erkennt, daß es auch im Gedankenleben etwas wie ein zweites Gesicht gibt. Er liest dieselben uralten Hieroglyphen, er formt dieselben uralten Gedanken, aber jedes Wort, das er spricht, hat nun seine neue Tiefe. Kein Satz ist so vulgär, banal und abgebraucht, daß er nicht in einem solchen Munde zu einer neuen, überraschenden Erleuchtung würde. Ein solcher Mensch spricht unbekümmert alles aus, was er empfindet, und denkt nicht einen Augenblick darüber nach, ob es schon vor ihm gesagt wurde, ja er scheut nicht einmal vor einem wissentlichen Diebstahl zurück. Er weiß, daß er nichts Altes sagen kann, weil die ältesten Worte auf seinen Lippen neu und jung werden. Er sieht mit verjüngenden und verjüngten Blicken auf die alten Dinge, und indem er uns lehrt, ebenso zu sehen, erweckt

er in uns die optische Täuschung, als sei eine neue Entdeckung gemacht.
Wahrscheinlich hat jedermann die mehr oder minder dunkle Empfindung, daß alle Dinge in solcher Weise doppelseitig sind, indem sie teils generelle Züge tragen, die alle kennen, und teils individuelle Züge, die stets nur einem einzigen bekannt sind. Vielleicht hat jeder Mensch sein eigenes, persönliches, durchaus singuläres Bild von jedem kleinsten Ding. Aber nur bei jenen seltsamen Geschöpfen, von denen wir reden, reicht diese Erkenntnis bis in die Sphäre der sichtbaren Zeichen. Wie sie es zuwegebringen, diese durchaus einzigartigen Beobachtungen ungefährdet in das abstrakteste, unpersönlichste und toteste Medium: das Wort hinüberzuleiten, das weiß niemand, und sie selbst am allerwenigsten.
Kurz: was sie tun, ist durch und durch paradox. Sie sind irrationale Größen. Sie sind wahre Arsenale von Absonderlichkeiten. Man könnte fast sagen: sie stehen zu allen Kräften und Erscheinungen in einem völlig widernatürlichen Verhältnis. Zum Beispiel: sie haben eine leidenschaftliche Liebe zur Wahrheit, und zwar zur Wahrheit um ihrer selbst willen. Es gibt sehr viele Menschen, die die Wahrheit lieben und schätzen. Es ist klar, daß jeder kluge Mensch der Wahrheit unbedingt den Vorzug geben wird, denn er hat erfahren, daß sie das bequemste, billigste und sicherste Verkehrsmittel ist. Andre reden die Wahrheit aus Stolz, weil ihnen keiner wert scheint, angelogen zu werden. Wieder andre lieben die Wahrheit aus Eitelkeit: sie haben die instinktive, dunkle Empfindung, daß jeder verlogene Mensch eine Art Karikatur ist. Viele dienen der Wahrheit aus Gehorsam gegen bestimmte religiöse oder ethische Gebote. Aber jene merkwürdigen Geschöpfe suchen die Wahrheit, weil sie sie an sich für das Höchste halten, das allem andern in der Rangordnung unbedingt vorauszugehen hat, ja das allem andern erst seinen Rang zuweist.
Aber trotz allen ihren Absurditäten erscheinen uns diese Men-

schen selbstverständlicher und positiver als alles andre, ja als wir selbst. Sie arbeiten mit Kräften und Tatsachen, die für die konkrete Empirie scheinbar ohne Bedeutung sind, und dennoch können wir uns gar nicht vorstellen, wie wir ohne sie auskommen könnten.
Man nennt sie Dichter.

Der ethische Dualismus

Nach alledem könnte es nun scheinen, als ob der Dichter eine Art übermenschliches Wesen sei, eine besondere Organisationsform, eine höhere Spezies. Diese Annahme wäre aber doch nicht richtig, denn die Dichter sind, wie wir später sehen werden, nichts andres als die Spitzen einer großen Gemeinde, die über die ganze Welt verstreut ist und einen ansehnlichen Bruchteil der gesamten Menschheit ausmacht.
Wir müssen dabei von der Überzeugung ausgehen, daß es gute und böse Menschen gibt, und daß beide dies von Natur aus sind und daher in Ewigkeit wie Öl und Wasser von einander geschieden bleiben müssen und nie zusammenkommen können. Diese Kategorien sind uralt. Zu allen Zeiten hat der weitaus größte Teil der Menschheit in irgend einer Form an Himmel und Hölle, an Geister des Lichts und Geister der Finsternis, an gute und böse Kräfte geglaubt. Wir müssen uns schon aus diesem Grunde fragen, ob hinter diesen mehr oder weniger groben und sinnbildlichen Vorstellungen nicht irgend eine positive Erkenntnis steht. Denn man kann nicht gut annehmen, daß Bildern, die fast allen Menschen mit größerer oder geringerer Deutlichkeit vorschweben, die also zweifellos in unsrer Naturanlage organisch begründet sind, keine bestimmte Wahrheit entspricht. Es handelt sich hier nicht nur um Fragen nach Jenseits und Unsterblichkeit. Diese Fragen sind sekundär. Die Frage, die ihnen vorangehen muß, und von der

allein sie ihr Licht empfangen können, lautet: Wie lebt die Seele in dieser Welt? Und dies ist gleichbedeutend mit der Frage: Gibt es gute und böse Götter, die uns regieren, und gute und böse Menschen?

Eine solche Fragestellung gilt seit einiger Zeit in manchen Kreisen als vorurteilsvoll und kindisch. Viele halten das ganze Problem für überwunden. Sie sagen: die moderne Psychologie und Physiologie hat längst mit diesen Kategorien aufgeräumt, denn sie sind lebensfremd und abstrakt. Jeder Mensch ist teils gut, teils böse. „Gut" und „böse" sind zwei begriffliche Extreme, zwischen denen die Wirklichkeit liegt. Die Natur zeigt nirgends Sprünge. Es gibt bestenfalls nur Übergänge, Grade und Differenzen. Nach dieser Theorie handelt es sich also bei Gut und Böse nur um psychologische Integrale, und der ganze Dualismus fällt in sich zusammen.

Aber so plausibel diese Darlegungen auch klingen: sie sind doch nichts andres als spirituelle Verirrungen. Wir hören sie, und hören sie doch auch nicht. Es gibt auf dem Grunde unsers Denkens ein Wissen, das positiver und ursprünglicher ist als alle gelehrten Erkenntnisse, seien sie nun logischer oder empirischer Natur. Gerade dieses Wissen, obgleich es uns auf die einfachste und müheloseste Weise schon bei unsrer Geburt zugefallen ist, leitet uns einzig und allein, und es leitet uns am besten und sichersten. Dieses einfältige, gesunde und gradlinige Wissen, das dem gemeinen Manne ebenso eigen ist, wie dem echten Gelehrten, schiebt diese psychologischen Deduktionen von sich und verharrt beim Dualismus.

Indes, man muß auch theoretisch einwenden: Übergänge zeigt die Natur freilich allenthalben, aber diese Übergänge sind ihr nicht das Wichtige. Sie sind meist nur Versuchsreihen, rudimentäre Formen, die nicht recht lebensfähig sind. Die Natur kann freilich keine Sprünge machen, und daher muß sie durch diese Übergangsformen hindurch; aber sie benützt sie nur als Hilfslinien und Notbrücken, um zu ihrem eigentlichen Ziel zu gelangen: den scharf gegliederten Gruppen und Reihen. Was sie will, sind die Unterschiede, und nicht die verwaschenen Übergänge.

Der Grundtrieb der Natur ist: Gegenpole zu schaffen. Keine fruchtbare Welterkenntnis hat das jemals verkannt, und es ist vielleicht das einzige, worin alle großen Denker stets einig waren. Eine Philosophie ist in dem Maße tief und belehrend, als sie den Gedanken der Dualität erkennt, und sie ist in dem Maße flach, als sie den Gedanken der Dualität zu verwischen und aufzuheben sucht. Der moderne Monismus lehrt die Einheit von Geist und Materie, Seele und Körper und nennt alle entgegengesetzten Theorien ideologisch und wirklichkeitsfremd. Das Gegenteil ist richtig: Es gibt nichts Ideologischeres als diese Versuche, eine künstliche Einheit herzustellen, die sich nur im Begriff vollziehen läßt; und es gibt nichts Wirklichkeitsfremderes als diese Bemühungen, zwei offenkundige Realitäten zu leugnen und ein irreales Mittel- und Zwischending an ihre Stelle zu setzen.

Vielleicht ist die Vorstellung der Dualität, die alle unsre Gedanken und Bilder beherrscht, eine Beschränktheit unsers Sehvermögens. Aber es ist sicher, daß wir ohne diese Vorstellung jede Balance verlieren würden. Und dies gilt ganz besonders auf dem Gebiet der Ethik. Es ist notwendig, daß wir an die Existenz guter Menschen glauben, um überhaupt leben zu können; aber es ist ebenso notwendig, daß wir an die Existenz böser Menschen glauben, um nicht in einen unfruchtbaren ethischen Nihilismus zu versinken. Man zeige mir einen ethisch hochstehenden Menschen, der nicht andre Menschen, ja ganze Menschengruppen gehaßt hätte. Selbst Jesus hat nicht alle Menschen geliebt.

Wir sagten vorhin, die Dichter seien nichts andres als die Spitzen einer großen Gemeinde, die über die ganze Erde verbreitet ist. Diese Gemeinde sind die Guten. Denn jeder Mensch ist genau in dem Maße gut, in dem er ein Dichter ist. So kann man denn diese Gemeinde der Guten die latenten oder potentiellen Dichter nennen, oder, um ein Bild zu gebrauchen, die encystierten Dichter. Denn diese Menschen sind von einer zähen Hülle umgeben, die sie nicht zu sprengen vermögen. In dieser Hülle aber steckt ein Dichterembryo. Sie sind Genies, die nie zur Entwicklung gelangen. Die Dichter sind nur in actu, was diese andern in potentia sind.
Jeder Mensch, dem irgend etwas wichtiger ist als er selbst, ist eine Art Dichter. Der Förster und sein Wald, die Mutter und ihr Kind, der Künstler und sein Vorwurf, der Forscher und sein Gegenstand, Cato und Rom, Bismarck und Deutschland, Jesus und die Menschheit – das alles sind nur Grade.
Jeder Mensch bleibt eine Zeitlang im Stofflichen befangen. Aber sein Schicksal und sein Rang entscheidet sich dadurch, ob jemals die schwerwiegende Frage an ihn herantritt, die eigentliche Genie-Frage: Wie kann ich die Menschen ein Stückchen weiterbringen? Ob er dieses Ziel erreicht, ist ja sehr zweifelhaft. Vielleicht erreicht es niemand. Vielleicht gibt es wirklich nur „Veränderung". Trotzdem ist in dieser bloßen Fragestellung schon ein Funken Genialität. Jeder Mensch, dessen Entwicklung von dieser Frage beherrscht und geleitet wird, ist ein kleines Genie. Der amerikanische Wanderprediger, der, erfüllt von seinen einseitigen Weltverbesserungsideen, von einem schmutzigen Dorf zum andern zieht, ist ein kleines Genie. Der hysterische Mönch, der sein ganzes Leben dem selbstquälerischen Gottesdienst gewidmet hat und von seinen Gebeten die Rettung der übrigen Menschheit erhofft, ist ein kleines Genie. Der Volksaufwiegler, der den Massenstreik or-

ganisiert, ist ein kleines Genie. Der Religionsstifter, der Revolutionsheld, der Erfinder, der Dramatiker – sie sind Genienaturen einer Art, wenn auch verschiedenen Grades, sofern sie unter diesem Prinzip stehen. Welche Mittel sie bei ihrer Arbeit verwenden, und welche Geschicklichkeit sie in der Anwendung ihrer Mittel besitzen, ist Sache ihres persönlichen Talents. Aber ihre Genialität besteht darin, daß sie diese Mittel bestimmten idealen Werten dienstbar machen.

In jeder Matrosenschenke, in jedem Gebirgsdorf kann man einen solchen stummen Dichter finden. Man erkennt ihn leicht an der wohlwollenden und mitleidigen Geringschätzung, mit der ihn die andern behandeln. Am relativ seltensten wird man ihn in der sogenannten Mittelklasse finden.

Diese Menschen sind keine eigentlichen Dichter, aber sie wirken fast immer poetisch. Poetisch ist ja im Grunde nichts als ein andrer Ausdruck für vergeistigt. Darum hat dieser Begriff keine sichtbaren Grenzen und keine Gebiete, auf die er sich ausschließlich anwenden ließe. Man kann ihn nicht willkürlich auf eine bestimmte menschliche Ausdrucksform beschränken, die ihrer Natur nach nicht tiefer und wertvoller zu sein braucht als jede andre.

Frauen und Kinder wirken zumeist poetisch. Das kommt daher, daß sie sich einer Sache – und sei sie noch so kindisch und unbedeutend – viel unmittelbarer und vollkommener hingeben können, als viele Männer. Auch ein Tier und eine Pflanze erscheint uns viel leichter poetisch als ein Mensch. Wälder und Wiesen, Ströme und Gebirge haben nie ein unpoetisches Antlitz. Das liegt daran, daß diese Dinge niemals bloß für sich selbst da sind, sondern immer noch außerdem im Dienste irgend einer uns unbekannten größeren Kraft stehen.

Die ganze Natur ist durch und durch idealistisch, und sie gestattet nicht, daß irgend jemand ohne Schaden sich dem widersetzt. Sie hat das – vielleicht grausame – Gesetz, daß sie nur idealistischen Bestrebungen dauernden Erfolg verleiht.

Sie ist darin ganz unerbittlich. Der Idealist – ich nehme das Wort hier nicht in seiner philosophischen, sondern in seiner populären Bedeutung – der Idealist also bringt scheinbar lauter Opfer, und scheinbar lauter überflüssige, während flache und rohe Lebensmenschen eine Zeitlang auf seine Kosten leben. Vielleicht leidet er auch in der Summe weit mehr, als er genießt. Aber er ist der Lebensfähigste. Die andern gehen früher oder später am Leben zugrunde: eben weil sie es um jeden Preis beherrschen wollten und daher unmerklich in seine strudelnden Kreise gerieten, während der Idealist an seinen Idealen, diesen scheinbaren Blendern und Schädigern, einen lebenserhaltenden Motor hat. Seine Ideale lassen ihn nicht sterben. Sie sind sein Lebensgeist, sein Pneuma.

Fast alle Idealisten sind langlebig. Sterben sie vor der Zeit, so ist das ein Zufall, eine Monstrosität, wie sie ja in der Natur zuweilen vorkommt. Jeder Mensch lebt so lange, als er etwas zu tun hat. Wir können uns nicht denken, daß Bismarck vor dem Jahre 1871 hätte sterben können. Aber das gilt nicht bloß von den Großen, es gilt auch von den Kleinen. Was für Bismarck die Idee der deutschen Einheit ist, das kann für einen andern ein Blumengarten, ein geliebter Mensch oder eine Taubstummenschule sein. Ideale sind bessere Lebenselixiere als alle Tinkturen, Kurorte und Professorenkonzilien der Welt.

Idealismus ist das Geheimnis der Macht über die Dinge, denn nur durch Idealismus sind wir imstande, in das Innere der Dinge einzudringen. Der nüchterne Eigennutz hat keinerlei Zugänge zu den Mysterien der umgebenden Welt. Daher ist es bei begabten Naturen der instinktive Selbsterhaltungstrieb, der sie dem Idealismus zuführt.

Idealismus ist eine präformierte Charakteranlage, und daher im letzten und höchsten Sinne Wille. Wie jeder Wille ist er eine bestimmte Geistesform, die sich weder künstlich erzeugen noch anlernen läßt. Idealist ist man, oder man ist es nicht:

der Idealist wird geboren. Daher also können die Bösen und die Guten niemals zusammenkommen, denn sie sind in der Wurzel geschieden.

Idealisten und Realisten

Idealismus ist Wille, und zwar Wille in der gebieterischsten Form. Nun hat sich ja allerdings die merkwürdige Ansicht Geltung verschafft, der Idealist – und insonderheit seine Haupttypen: der Dichter, Künstler, Gelehrte – sei ein Träumer. Der „Gedankenheld" weiß nichts vom Leben und ist in allen Fragen des Tages ein hilfloses Kind, eine Beute der „praktischen" Naturen. Diese Idee gehört in die Gruppe jener vollendeten Unwahrheiten, die so lange in gedankenlosen Köpfen kursiert haben, bis man sie für wahr genommen hat. Sie dürfte durch zweierlei entstanden sein: erstens durch die verlogenen Lebensbeschreibungen, verlogenen Wandbilder, verlogenen Gedichte, die das Leben des Philisters umgeben, und zweitens durch die Eitelkeit eben desselben Philisters, der doch wenigstens etwas vor den „Geistern der Nation" voraushaben möchte und daher eine saubere und genaue Teilung vorgenommen hat: Im Reich des Geistes bist du der Herr; im Praktischen, im wirklichen Leben bin ich dir über. Nicht ohne einen verächtlichen kleinen Seitenblick, der ungefähr soviel besagen will wie: Deine Dichterei ist ja ganz hübsch, aber was nützt sie dir? Auf diese Art hat man sich daran gewöhnt, im Dichter eine Art Idioten besserer Kategorie zu sehen, der eigentlich eine sehr jämmerliche und lächerliche Figur wäre, wenn er nicht zufällig ein paar Bücher geschrieben hätte, die der Hundertste liest und der Tausendste versteht.
Zu alledem kann man nur sagen: wenn ein Idealist ein Geschöpf ist, das blind und stumpf durchs Leben geht, dann müßten nicht die Dichter, sondern die dümmsten und ordinärsten

Menschen die größten Idealisten sein; und wenn Idealismus den Mangel an Umsicht und praktischer Weltklugheit in sich schließt, dann waren weder Goethe noch Schiller, weder Kant noch Schopenhauer und überhaupt die wenigsten bedeutenden Menschen Idealisten.

Wenn jemand in seinen häuslichen und ökonomischen Verhältnissen ungeordnet ist, so ist das unter allen Umständen ein persönlicher Defekt, vielleicht ein verzeihlicher, aber keinesfalls etwa deshalb verzeihlich, weil dieser Jemand ein Dichter ist. Wenn es auch allerdings selten vorgekommen ist, daß Dichter und Deuter sich große Vermögen erwarben oder sehr hohe Staatsstellungen bekleideten, so muß man doch hierbei sehr wohl zwischen Nichtwollen und Nichtkönnen unterscheiden. Es ist freilich nicht gut möglich, daß jemand gleichzeitig Tragödien schreibt und Fabriken leitet, Philosophie treibt und Staatsaktionen durchführt, wenn er nämlich beides gründlich nehmen will. Aber man darf daraus noch lange nicht folgern, daß es sich hier um Fähigkeiten handelt, die einander ausschließen. Es ist überhaupt mit allen diesen Fächerungen etwas sehr Mißliches: sie nehmen sich auf dem Papier sehr gut aus und dienen dem allgemeinen menschlichen Generalisationstrieb, der sehr oft nichts weiter ist, als Denkfaulheit; aber die Wirklichkeit geht meistens andre Wege.

Thales inszenierte einmal mit Erfolg eine Art Öltrust: er tat dies nicht aus Gewinnsucht, sondern um zu beweisen, daß der Philosoph sehr gut die kaufmännischen Dinge beherrschen könne, während das Umgekehrte nicht der Fall sei. Friedrich der Große war einer der feinsten Schriftsteller seiner Zeit. Schiller war ein Finanzgenie. Als eine Bank, bei der Schopenhauer hohe Depots hatte, fallierte, war Schopenhauer der einzige, der durch ein höchst geschicktes Manöver seine ganze Einlage rettete. Kant, der von Bettlern abstammte und sein Leben lang von Büchern und Kollegien ein Bettelhonorar bezog, brachte es dennoch durch kluge Transaktionen zuwege, daß er bei seinem Tode ein ansehnliches Vermögen hinterlassen konnte. Bacon, Locke, Leibniz hatten verantwortungsvolle Staatsposten inne. Thoreau hatte eine Bleistiftfabrik. Shakespeare war Bodenspekulant. Tizian war ein gerissener Holzhändler. Und so weiter.

Es wäre auch ganz absurd, wenn es anders wäre. Warum sollte ein bestimmtes Maß an organisatorischer Kraft und psychologischem Scharfblick, das gewöhnlich für Dramatik oder Vernunftkritik verwendet wird, plötzlich versagen, wenn es auf Handel oder Politik angewendet werden soll? Der Feldherr, der Dramatiker und der Kaufmann haben im Grunde dasselbe Thema. Es hat keinen Sinn, zwischen der Tätigkeit eines Napoleon und eines Shakespeare einen essentiellen Unterschied zu machen.

Aber lassen wir die Heroen und wenden wir uns zu den kleinen Wirkungskreisen. Es ist klar, daß auch hier Idealismus etwas Aktives ist. Ein Schwätzer oder Träumer ist niemals ein Idealist, sondern ein Schwächling und Schwachkopf. Es ist ein gleich niedriges Schauspiel, wenn geistlose und ordinäre Menschen mit ihrem „Realismus" großtun, und wenn unfähige und schlappe Naturen sich als „Idealisten" aufspielen. Und es ist nur gerecht, wenn ein solcher Realist der Verachtung und ein solcher Idealist der Lächerlichkeit verfällt.

Der echte Idealismus ist nichts Weltfremdes und Abstraktes; er blickt nicht verächtlich und selbstgefällig aus unnahbaren Gedankenhöhen auf die gemeine Welt der Wirklichkeiten, sondern er hat einen unwiderstehlichen Zug zum Wirken und Handeln. Der echte Idealist hat einen wahren Paroxysmus, seine Ideen durchzusetzen. Nur der falsche Idealismus des Verkümmerten rächt sich an der Realität, mit der er nicht fertig wurde, durch dunkle und geringschätzige Reden. Einen einzigen Fall allerdings müssen wir gerechterweise ausnehmen. Es gibt in der Tat einige wenige Menschen, die wirklich mit dem realen Leben nichts anzufangen wissen, weil sie inbezug auf Reinheit, Schönheit und Vornehmheit gewissermaßen hyperästhetisch sind. Jedoch diese Menschen sind viel seltener, als man glaubt, und man würde gut tun, immer erst sehr genau und lange nachzuprüfen, ehe man einen Menschen in diese Ehrenklasse einreiht.

Überhaupt: wenn man die Begriffe Realist und Idealist richtig faßt, so decken sie sich; wenn man sie falsch faßt, so fallen sie auseinander und können im Munde eines vernünftigen Menschen nur Schimpfworte bedeuten. Die Menschheit ist niemals realistisch oder idealistisch: sie ist immer beides zugleich. Bisweilen scheint es, als habe die eine Richtung die andre dauernd verdrängt; aber als geheime Unterströmung besteht jene doch fort. Der Realismus ist die Kraft, die das Leben auf eine höhere Stufe hebt und ihm einen tiefern Sinn gibt. Der Realismus macht das Leben möglich, der Idealismus macht das Leben erträglich. Und die Natur hat die merkwürdige und wunderbare Fähigkeit, diese beiden Kräfte im steten Gleichgewicht zu halten und immer die eine gegen die andre auszuspielen. Vor etwa hundert Jahren befand sich das deutsche Geistesleben in einer eigenartigen Krise. Das öffentliche Leben konnte den geistigen Potenzen keine Nahrung und kein Arbeitsfeld bieten. Die Folge war bei den hervorragenden geistigen Kapazitäten eine lebhafte und bewußte Abkehr von der Außenwelt und eine liebevolle und tiefe Versenkung in das Innenleben: dies wurde die Parole des Zeitalters. So kam es, daß in dieser Zeit Deutschland einen außerordentlichen politischen Tiefstand und zugleich den Höhepunkt seines geistigen Lebens erreichte. Aber hier lag auch eine große Gefahr. Alles drohte sich zu vergeistigen und in reine Begriffe und Ideen zu sublimieren. Die Welt war im Grunde nichts mehr als ein bloßer Schattenwurf des Geistes, eine Realität zweiter Ordnung, eine Illusion. Aber in demselben Augenblick erschienen Männer wie Napoleon, Goethe und Humboldt und lenkten die Blicke wieder auf die konkrete Welt. Und umgekehrt: wenn die menschliche Gesellschaft sich in eine große Fabrik oder Aktiengesellschaft zu verwandeln droht, so schickt die Natur immer wieder einige auserlesene Männer, die der Welt der Dividende den Krieg erklären und mit der Kraft ihres Herzens alle geltenden Werte ins Schwanken bringen. Nirgends hatte der Materialismus gefahrdrohendere Dimensionen angenommen als in Amerika, aber auch nirgends sind so begeisterte Dichter und Denker als Vorkämpfer der idealistischen Weltanschauung erschienen wie dort.

Die Bösen

Wir müßten nun wohl auch ein Wort über die Bösen reden. Aber diese sind schwer zu charakterisieren, denn sie haben eigentlich nur negative Eigenschaften. Sie sind die Ungenialen, die Menschen ohne Dichterkeim, die Nichtidealisten, die Unpoetischen. Sie sind unsicher. Sie haben stets ein heimliches, tastendes Wesen, als ob sie etwas zu verbergen und zu vertuschen hätten. Sie sind von der Natur abgefallen, und da sie dies dunkel fühlen, so haben sie fortwährend ein schlechtes Gewissen. Sie sind fortwährend in Fechterstellung. Das kleinste Geräusch erschreckt sie. Sie suchen zwar zumeist ihre ängstliche Unsicherheit durch ein besonders dreistes und aggressives Wesen zu verhüllen, aber ihre Dreistigkeit ist die eines Schauspielers, der aus Lampenfieber übertrieben lebhafte Bewegungen macht.
Sie sind häßlich. Schon ihre Gesichter haben einen sonderbar gespannten, verzerrten Ausdruck. Sie sind unglücklich. Weil sie sich keiner Stunde voll hingeben können, darum gehört auch keine Stunde ihnen. Sie sind krank. Sie sind Mißbildungen, Freaks, pathologische Probleme. Sie sind lächerlich. Sie sind verzeichnet, krumm, Karikaturen der Natur. Sie sind unbedeutend. Sie sagen und denken nie etwas von Belang, weil sie selbst nicht von Belang sind.

Weil sie nicht unter der Herrschaft einer Idee stehen, darum sind sie ohne Balance und innere Selbstregulierung. Sie haben sich ganz auf sich selbst und die ohnmächtigen Kräfte ihres kleinen Einzelorganismus gestellt, statt die gesamten Kräfte des Weltalls zu Hilfe zu rufen, was jeder Idealist tut. Daher kann man sagen: Sie sind vor allem dumm. Sie sind Lebensanalphabeten. Sie sind Dilettanten. Sie sind ihr ganzes Dasein lang in irgendwelchen plumpen Versuchen befangen, die sie Macht oder Reichtum nennen, und daher Zeit ihres Lebens grenzenlos borniert, und sie sterben, ohne den Sinn des Lebens erkannt zu haben. Sie verstehen die Menschen nicht, denn sie haben keine Brücken zu ihnen. Sie verstehen die Natur nicht, denn sie wissen nicht, daß die Natur idealistisch ist.

In der Tat besteht ein bestimmtes Wechselverhältnis zwischen Güte und Intelligenz. Dies zeigt sich schon im Tierreich. Die intelligentesten Tiere – Elefanten und Hunde – sind auch die gutmütigsten, und die Bosheit des Affen ist mehr sprichwörtlich als wahr, denn sie ist nichts andres als Spieltrieb und Humor, eine Eigenschaft, die stets Güte voraussetzt. Und was die Menschen betrifft, so gibt es sicher eine bestimmte Stufe der Intelligenz, auf der es schlechthin nicht mehr möglich ist, anders als gut zu sein. Dabei darf man freilich nicht an Sentimentalität denken. Sentimentalität und Güte sind Gegensätze. Das hat niemand deutlicher bewiesen als Nietzsche.

Ebenso wie Intelligenz und Güte sind auch Dummheit und Bösartigkeit bis zu einem gewissen Grade korrespondierende Erscheinungen. Die sprichwörtliche Doppeleigenschaft „dumm und gutmütig" ist in der Empirie selten. Ausgesprochen dumme Menschen sind niemals wirklich gutmütig. Wie wäre das auch möglich? Sie sehen viel zu wenig Beziehungen, als daß sie liebevoll und gütig sein könnten. Sie sind zu blind und beschränkt, um das Recht im Unrecht zu erkennen und daher andern Menschen Geltung einzuräumen. Auch sind sie viel zu sehr damit beschäftigt, ihre eigene Dummheit möglichst ungefährdet durchs Leben zu lotsen, als daß sie die Zeit fänden, sich um andre zu bekümmern.

Die Dichter

Aber kehren wir zu den Dichtern zurück. Wir sagten vorhin, daß sie in der Gruppe der Guten eine Sonderstellung einnehmen. Und zwar tun sie das durch zweierlei. Zunächst: sie haben die Gabe des Realisierens. In den übrigen Menschen ihres Schlages schlafen die Dichtungen einen tiefen, ewigen Schlaf, den kein noch so lauter Weckruf von draußen erwecken kann. Auch die andern sind Dichter, aber stumme, hilflose Dichter, Dichter ohne Organe. Diese wenigen Ausnahmenaturen aber haben die erstaunliche, ja paradoxe Fähigkeit, Dichtungen in Taten umzusetzen, Phantasien zu Körpern zu verdichten. Sie sind die großen Verwirklicher und Umsetzer. Sie sind vielleicht die einzigen positiven Größen in einer Welt, in der alles vorgestellt und relativ ist. Sie sind eine Art Zauberer. Auch sind die Vorstellungen bei ihnen keineswegs so vage wie bei den andern. Sie erleben, was die andern träumen. Worin sonst sollte wohl der Unterschied liegen? Die Welt war zu allen Zeiten voll von Heilanden, und doch gibt es nur einen Heiland, weil es nur einen gab, der diese Dinge nicht träumte, sondern erlebte.

Sodann: die Fähigkeit der Assoziation ist bei ihnen weit höher entwickelt. Sie sehen mehr Verbindungsmöglichkeiten als die andern. Die Phantasie des Dichters ist nichts andres als eine unter vervielfachtem Hochdruck arbeitende Gehirntätigkeit. Phantasie, die anders arbeitet, ist leer. Um es physiologisch auszudrücken: der Dichter exzelliert durch die Fähigkeit, auf einen empfangenen Reiz komplizierter, reichhaltiger und intensiver zu reagieren. Seine Apperzeption arbeitet fleißiger und beziehungsvoller. Mit einem Wort: er hat mehr innere

Selbsttätigkeit. Dies ist das Gemeinsame eines Kant, Shakespeare, Bismarck und Helmholtz.

Daher die viel bestaunte Gabe der Dichter, allerlei zu erraten, aus Rudimenten Totalitäten zu machen. Daher ihre prophetischen Kräfte. Daher ihre Fähigkeit, sich in die Vergangenheit zu versetzen. Sie beweisen uns durch all dies, daß die menschliche Seele keine tabula rasa ist, wie Locke behauptet hat, sondern daß sie sich ähnlich verhält wie die Abziehbilder der Kinder, die, entsprechend angefeuchtet, allmählich zum Vorschein kommen. In uns steckt eine kolossale Summe von Vorerlebnissen, und diese können durch entsprechende Reize aus uns herausgelockt werden.

Ihr Hauptmerkmal aber ist dies: Ihr Idealismus hat ein größeres Objekt. Sie sind gewissermaßen abstrakter als die andern Idealisten. Wir Alltagsmenschen haben ein Privatherz für die Base, den Bruder, die Braut, den Kanarienvogel. Aber das wahre Genie mag nichts von diesen Privatdingen wissen. Es kennt nur einen Gegenstand zärtlicher Neigung: die Evolution der Menschheit.

Daher kommt es, daß kurzsichtige Menschen immer wieder behaupten können, zwischen den Biographien der großen Genies und dem, was diese Genies gelehrt haben, bestehe kein Einklang. Sie sagen: Diese sogenannten großen Männer waren im Grunde die größten Egoisten; sie haben ein paar schöne Kunstwerke geschaffen oder ein paar große Schlachten geschlagen, aber gute Menschen waren sie nicht.

Diese Leute gehen von der Ansicht aus: um ein guter Mensch zu sein, müsse man alle seine Schulden bezahlt und alle seine Geliebten geheiratet haben. Sie weisen darauf hin, daß Bacon als Beamter bestechlich war, daß Goethe die Friederike sitzen ließ, daß Hegel seinen Kollegen Beneke hinausgebissen hat, daß Schopenhauer ein Aufwarteweib die Treppe hinunterwarf, und daß Ibsen ein Grobian war.

Aber darauf läßt sich mancherlei erwidern. Zunächst: jedes

Leben setzt sich aus Handlungen zusammen, und Handlungen sind eine unsichere und zweideutige Sache. Man müßte alle Triebfedern kennen, und man kennt niemals alle Triebfedern. Zudem gehören diese Handlungen einer Vergangenheit an, die es nicht mehr gibt. Aber die Werke, die diese Männer geschaffen haben, gehören der Gegenwart und leben.

Sodann kommt auch alles auf die Beurteilungsart an. Sie waren Alkoholiker, aber vielleicht nur aus Zorn über gewisse häßliche Realitäten; sie waren treulose Liebhaber, aber vielleicht nur, weil das Weib die höchsten Anforderungen, die ihr Idealismus an den Menschen stellte, nicht befriedigte; ja sie waren sogar bisweilen Neurastheniker, aber vielleicht befähigte gerade dies sie zu feinerer Nachempfindung und unmittelbarerer Erkenntnis fremder Leiden.

Und schließlich sind alle diese biographischen Fragen sekundär und äußerlich. Vielleicht hatten sie wirklich keine Zeit für die landläufige Güte. Vielleicht hatten alle diese Standpunkte einer vulgären Ethik in ihrem ethischen System keinen Platz. Überhaupt ist diese ganze Problemstellung falsch. Wenn wir Bacons Werke lesen, so sind wir nicht berechtigt zu sagen: Dieser Mann war in seiner Amtsführung nicht einwandfrei, folglich können seine Bücher keinen ethischen Wert haben. Wohl aber dürfen wir den umgekehrten Schluß ziehen, indem wir sagen: Wer die Gabe besaß, so tief in das Wesen und die Geheimnisse der Natur einzudringen, der kann kein verwerflicher Charakter gewesen sein, denn unsaubere Gesellen pflegt die Natur nicht zu ihren Vertrauten zu machen. Niemals noch hat man gehört, daß ein boshafter, geiziger, verlogener oder hochmütiger Mensch ein großer Naturforscher war. Und ebensowenig können wir uns vorstellen, daß ein Mensch, der sich durch eine solche Kühnheit und Unabhängigkeit des Denkens auszeichnete, eine gemeine Seele gehabt haben soll. Wir hören, daß Ibsen ein grober, unzugänglicher und rücksichtsloser Mensch war. Aber was soll uns dieser Klatsch?

Hier sind seine Werke. Wer Ibsens Herz kennen will, der frage die kleine Hedwig Ekdal, den unglücklichen Ulrik Brendel, den Doktor Stockmann, den Kaiser Julian. Diese Gestalten sind ein größerer Beweis von Herz als liebenswürdige Reden und freundliches Benehmen.

Dem Genie ist die Menschheit wichtiger als die Menschen. Kein Einzelwesen vermag seine Liebe auszufüllen. Was kann ihm eine Gattin oder ein Sohn bedeuten? Aber gerade dadurch zeigt es, daß sein Idealismus dem aller andern Menschen ungeheuer überlegen ist. Welchen andern Sinn könnte das Wort Jesu haben: „So jemand zu mir kommt und hasset nicht seinen Vater, Mutter, Weib, Kinder, Brüder, Schwestern, auch dazu sein eigenes Leben, der kann nicht mein Jünger sein." Das ist nicht Askese und Weltflucht: das ist ein Wort der höchsten, der tätigsten Nächstenliebe, die nicht beim Nachbarhaus Halt macht, sondern den Planeten umspannt.

Die Wurzel der Genialität

Und damit kommen wir endlich zur Wurzel der Genialität. Die geheimnisvolle Kraft, die dem Genie und nur dem Genie eigen ist, erklärt sich aus einer einfachen Tatsache. Es hat nämlich das größte Herz. Es hat mehr Herz als alle andern Menschen zusammengenommen. Darum haben seine Worte die Wirkung eines Orakels. Darum weiß es auch an jedem Ding eine neue Eigenschaft zu erblicken. Denn die Dinge pflegen sich vor einem allzustrengen Blick zurückzuziehen und zu verschließen, gleich den Schulkindern, aus denen auch mit Kälte und Schärfe selten etwas herauszubekommen ist. Das Genie folgt in seiner Methode der Natur, die ihre harten Mittel nur verwendet, wenn sie vernichten will, und alle Entwicklung durch Güte fördert: durch erfrischenden Regen, saftiges

Erdreich und Sonnenlicht. Der Wärme des Dichters öffnen sich alle Dinge.
Ein Dichter ist ein Mensch, der überall Vortrefflichkeiten sieht. Er hat die Gabe, im Schlechten das Gute zu finden. Entweder entdeckt er es unter einem Überzug von Lüge, Unfähigkeit und Beschränktheit, oder er trägt es ganz einfach in die Menschen und Dinge hinein. Andre machen Abstriche und Reduktionen. Aber der Dichter setzt hinzu und vermehrt, und wenn die Dinge durch seinen Kopf und sein Herz hindurchgegangen sind, so kommen sie reicher wieder ans Tageslicht, als sie jemals vorher gewesen sind. Daher sind die Dichter die großen Entdecker und Umwerter. Ihr Blick verwandelt.
Unsre Gehirntätigkeit macht uns nicht zu Individuen; im Gegenteil: sie ist es, die uns zu Gattungswesen macht. Wir werden noch ein paar neue Fortbewegungsarten erfinden und eine Reihe von technischen Verbesserungen an unsrer Lebensmaschine anbringen; aber das wird unsern Vorstellungskreis wohl kaum erweitern. Der fliegende Mensch wird vermutlich keine andern Gedanken haben als der Mensch vor dreitausend Jahren. Unser Gehirn ist eine uralte Sache; wir können uns gar nicht vorstellen, daß es jemals jung war. Dagegen unser Herz ist eine Sache, die sich immer erneuert und niemals wiederholt. Nur die Taten und Augenblicke der Liebe machen uns zu Individuen: in allem andern sind wir Gattung. Die Taten und Augenblicke der Liebe sind bei allen Menschen gleich und bei allen Menschen verschieden. Ihre Geschichte ist unsre Geschichte. Das Herz ist die Quelle der Originalität.
Auch die Einfachheit und Selbstverständlichkeit, die allen Genies eigen ist, kommt daher, daß sie ihre Gedanken nicht aus dem Kopf holen, sondern aus dem Herzen: denn das Herz kennt keine Irrtümer, keine Unsicherheiten, keine Widersprüche. Nur dadurch erhebt sich das Genie weit über das Talent: denn das Talent macht ein Kunstwerk, aber das Genie ist ein Kunstwerk.

Diese Hypertrophie des Herzens ist die Grundeigenschaft des Genies, an der man es leicht erkennen kann, und durch die es sich mit allen andern Genies auf einen Boden stellt. Alle genialen Menschen stehen miteinander in einer Art Kryptogamie. Goethe und Napoleon verstanden sich sofort. Wir legen gewöhnlich ein zu großes Gewicht auf die sekundären Merkmale, die solche Geister trennten: auf die zeitlichen, lokalen, nationalen und sozialen Gegensätze, auf die Verschiedenheit der Wirkungskreise. Aber wenn wir näher zusehen, so bemerken wir, daß sie sich im Grunde alle sehr ähnlich waren, wie etwa Angehörige derselben Familie, die bei allen persönlichen Differenzen doch schließlich dasselbe fühlen und wollen. Zwischen zwei genialen Menschen ist kein so großer Unterschied wie zwischen Hinz und Kunz.

L'art pour l'art

Aus alledem ist hoffentlich zur Genüge hervorgegangen, daß der Begriff „Dichter" sich keineswegs bloß auf jene wenigen bezieht, die sich mit Dramen, Novellen und Gedichten beschäftigen. Anderseits aber verdienen auch viele von denen, die gemeinhin so genannt werden, diesen Namen nicht. Nicht alle Berufsdichter sind Dichter. Sie schreiben schöne Verse und spannende Dramen, aber oft lassen ihre Verse und Dramen uns kalt. Wir erteilen ihren Arbeiten die Note „sehr gut" und schieben sie fort. Der Grund hierfür liegt immer darin, daß ihre Dichtungen nur sich selbst ausdrücken. Hinter diesen Dichtungen aber steht nichts.

Nun gibt es allerdings eine allbekannte Theorie, die behauptet: die echte Kunst müsse ihren Zweck in sich selbst finden; sie sei nur für sich da, und es genüge, wenn sie als Form, als Gestalt, als Stimmung, als Bild, oder wie man es sonst nennen will, kurz, als einheitliche und eigenartige Impression gelungen und vollkommen sei. Der Dichter setzt sich hin und ‚gestaltet'. Er denkt dabei nicht viel darüber nach, wo das etwa hinauswolle, sondern er schwelgt in der Freude am Formen. „Ich singe, wie der Vogel singt, der in den Zweigen wohnet", sagt er. Ein solch merkwürdiger Mensch ist der Dichter.

Ich möchte mir nun erlauben, diese Ansicht als völlig falsch zu bezeichnen. Ja, sie erscheint mir so falsch, daß ich das Gegenteil für richtig halte. Wenn die Kunst nur für sich da wäre, wenn sie keinen andern Zweck hätte als den, irgendetwas treffend und eigenartig wiederzugeben, so könnten wir auf sie ohne weiteres verzichten. Dann wäre sie nichts Unentbehrliches in unserm Leben. Denn formen und gestalten können wir ja alle. Dazu brauchen wir die Dichter nicht. Wie wäre denn jemals das entstanden, was wir Natur nennen, wenn nicht schon der erste Mensch ein solcher Dichter gewesen wäre? Wie könnte denn irgendein Mensch etwas Zusammenhängendes denken und empfinden, wenn er nicht ein solcher Dichter wäre? Und man zeige mir einen Dichter, der so schön, originell und packend gestalten kann wie der nächtliche Traum des gemeinsten Handwerkers. Wozu also diese armseligen Berufsdichter? Wenn sie nur zum „Gestalten" da sind, so sind sie überflüssige Müßiggänger.

Man könnte nun allerdings einwenden: Ja! „Gestalten" können vielleicht alle Menschen, aber diese Dichter sind vor allem auch Meister der sprachlichen Form. Nun ja: diesen Vorzug will ich ihnen gern einräumen, aber ich räume ihn auch jedem begabten Kunstschlosser, jedem geschickten Ziseleur und Stukkaturenmacher ein. Zwischen einem guten Goldschmied und einem guten Reimschmied ist kein essentieller Unterschied.

Vor allem aber: die Kunst, so aufgefaßt, müßte dann eine einzigdastehende Anomalie in der gesamten Naturordnung sein. Denn nirgend sonstwo findet man irgendetwas, das Selbstzweck wäre. Gerade die Natur kann hier als Vorbild dienen, denn sie macht keines ihrer Kunstwerke bloß zum Vergnügen, bloß um zu gestalten, sondern jedes hat einen bestimmten Zweck, der schon in der Keimanlage präformiert ist. Die Blumen sind schön. Aber Farbe und Geruch sind bei ihnen nicht Selbstzweck, sondern dazu da, um die Insekten anzulocken und die Befruchtung herbeizuführen. Die Schönheit der menschlichen Gestalt ist das Lieblingsthema des bildenden Künstlers. Aber die menschliche Figur hat ihren geraden, kräftigen und ebenmäßigen Bau nicht, um bloß schön zu sein, sondern dieser Bau ist vor allem ein nach den feinsten Gesetzen der Mechanik konstruierter Komplex von Hebeln und Maschinen, von chemischen und physikalischen Laboratorien. Das Auge, das Schönste am Menschen, ist zugleich der vollendetste optische Apparat.

Im Grunde ist aber diese Unterscheidung zwischen Schön und Zweckmäßig ganz unpassend. Das sehen wir gerade am Auge. Gerade weil das Auge in so außerordentlicher Weise dazu geeignet ist, eine ganze Welt in sich aufzunehmen, gerade weil es das zweckmäßigste technische Instrument ist, das wir kennen, liegt auch ein so schöner und tiefer Ausdruck darin. Ähnlich ist es mit der Hand. Die Hand ist schön, weil sie eine so wunderbar schöne Arbeit verrichten kann. Jedes Organ ist in dem Maße schön, in dem seine Funktion tief und bedeutend ist.

Und eine Dichtung ist in dem Maße schön, in dem sie ein bedeutsames und wertvolles Instrument unsrer Welterkenntnis ist. Sie ist schön in dem Maße, in dem sie Auge ist, um die Welt zu durchschauen, Hand, um die Dinge zu erfassen. Ein Glasauge ist häßlich, eine Wachshand ist abscheulich. Eine Dichtung, die bloß die Form der Dichtung besitzt, ist weder schön noch überhaupt etwas Lebendiges. Nicht in ihrer Gestalt, sondern in ihrer Funktion liegt ihre Schönheit.

Mit einer echten Dichtung muß man irgendetwas anfangen können. Es genügt nicht, daß sie träge und majestätisch vor unserm Auge sich ausbreitet und behauptet, schön zu sein.

Sie muß über sich hinausweisen auf Schlösser, die sie zu erschließen, Leichen, die sie zu beleben, Träume, die sie zu enträtseln vermag. Sie muß eine Deuterin des Lebens sein. Man muß sie in jeder Lebenslage ans Ohr halten und befragen dürfen. Sie muß immer gegenwärtig sein, auch wenn man ihre Verse nicht hört, ihre Figuren nicht sieht. Diese Verse, diese Bilder sind das Kostüm, in dem sie auftritt. Die wirkliche Dichtung fängt dort an, wo die sichtbare und hörbare Dichtung aufhört.

Jede echte Dichtung hat eine „Tendenz". Ja, hierin besteht sogar ihr Hauptwert. Sie hat eine Tendenz, oder mit andern Worten: Hinter ihr steht ein Mensch. Ein Mensch, der Fragen und Antworten, Gedanken und Leidenschaften hat.

Kunst als Selbstzweck ist ein mehr oder weniger hübscher Zeitvertreib, wie der Ankersteinbaukasten, die Perlenstickerei oder die Spritzmalerei. Gegen diese Art Kunst läßt sich nichts einwenden, aber es ist gleichgültig, ob sie Vertreter findet oder nicht. Denn sie läßt sich entweder bis zu einem gewissen Grade von jedermann erlernen, oder aber sie beruht auf irgend einer angeborenen Geschicklichkeit, auf der Hypertrophie irgend eines Nebenorgans, wie das Zentnerstemmen oder die Gedächtniskunst. Die sogenannten „Artisten", die sie betreiben, mögen ja in ihren Künsten und Kunstfertigkeiten erste Fachleute sein, aber als Dichter sind sie unter allen Umständen hoffnungslose Dilettanten.

Der Dichter wird zum unentbehrlichen Teil der menschlichen Kultur weder durch seine Fähigkeit, gut zu photographieren, noch durch seine Fähigkeit, schöne Worte und Sätze zurechtzupolieren, sondern dadurch, daß er der Evolution dient, daß er Wahrheiten auffindet. Er hat kein Privileg. Wenn seine Leistungen durch keinen idealen Zweck organisiert sind, so sind sie eine ebenso nutzlose und zerbrechliche Spielerei, wie die Spielereien auf irgendeinem andern Gebiet. Die Kunst um der Kunst willen mag eine hübsche und amüsante Sache sein, aber

sie ist eine unbedeutende Fachsimpelei. Die Kultur geht langsam und unbeirrt vorwärts und sieht sie gar nicht an. Sie hat keine Zeit für Dinge, die um ihrer selbst willen da sind.
Und überhaupt: bloßes Talent ist uninteressant. Diese Varietékünste: schöne Sprache, geistreicher Dialog, brillante Technik, subtile Stimmung fangen an, uns zu langweilen. Das sind tote Masken und Draperien. Außerdem: Talent ist selbstverständlich. Aber es ist nicht mehr als ein Vehikel, das erst durch eine treibende Kraft und einen regierenden Geist Leben und Zweck bekommt. Wir haben jetzt genug schöne und glänzende Formen gesehen: wir wollen Menschen und Herzen und lebenskräftige Gedanken, die alle Formen sprengen. Wir wissen jetzt zur Genüge, wie geschickt der Mensch sein kann, und daß er das akkomodabelste, vielseitigste, dressurfähigste Tier des Planeten ist. Wir wollen keine Reckkünstler, Knockabouts und Brillantfeuerwerker, keine Taschenspieler, Spiritisten und Schlaftänzer, keine Naturwunder mit zwölf Fingern und zwei Köpfen. Das ist Barnum-Kultur. Wir wollen Dichter. Was aber ein Dichter ist, das wissen wir sehr gut, wenn wir es auch bisweilen gern vergessen. Die meisten Schriftsteller schreiben, um zu zeigen, daß sie Schriftsteller sind. Sie betrachten die Schriftstellerei als ein Ventil für ihre besondern Fähigkeiten und Geschicklichkeiten. Ihre Bücher sind ihnen wichtiger als alles andre. Ein Dichter aber ist kein Talentmann, sondern etwas viel Einfacheres, Besseres und Unbegreiflicheres. Er ist kein Organ seines persönlichen Talents, sondern ein Organ der ganzen fühlenden Welt, die ihn umgibt. Ein Dichter ist ein Mensch, der den Herzschlag jedes Geschöpfes, jeder Seele, jedes Ereignisses in seinem eigenen Herzen spürt, der in jedem Augenblick seines Daseins das Leben in seinem ganzen Reichtum und seiner ganzen Tiefe umfaßt. Ein Dichter ist ein Mensch, der ohne Mühe und Gewolltheit, ohne ‚Kunst' schafft, weil er aus innerer Not schafft: diese Not ist seine höchste Tugend, seine Dichtertugend. Ein Dichter ist ein Mensch, des-

sen Haupttalent das seltene, schwierige und beschwerliche Talent zur Wahrheit ist; er ist ein geistiger Organismus, ein Wesen, das alles, ohne Ausnahme, organisch aus seiner Natur entwickelt: denn nichts andres kann man unter Wahrheit bei einem Menschen verstehen. Ein Dichter ist ein Mensch, der mit der größten Freiheit und Unbefangenheit jeder Stimmung seiner Seele Ausdruck verleiht, der alles sagt, was er denkt, und es genau so sagt, wie er es denkt. Jeder Mensch kann eigene Wahrheiten finden; aber die meisten haben ein Mißtrauen gegen alles, was ihnen allein gehört. Sie halten ihre Gedanken für falsch, wenn sie nicht allen andern als richtig erscheinen, und sie halten ihre Gedanken für dumm, wenn sie sie nicht schon von jemand anderm gehört haben. Wir rühmen die Originalität der Dichter. Aber sie waren wahrscheinlich nicht origineller, als wir alle von Natur aus sind, sondern sie hatten nur mehr Mut, mehr Mut zu ihrer Originalität. Indes: es ist bekannt, daß der Mut eine übertragbare Eigenschaft ist, und daher haben solche Dichter den unschätzbaren Wert, daß sie auch die übrigen Menschen zu selbständigem Denken und eigener Beobachtung anregen. Ohne diese Männer würden wir nie zu einem innern Gleichgewicht, nie zu uns selber kommen.

Daher darf das Publikum nur von solchen Dichtern eine wirkliche Förderung erwarten, denn nur solche besitzen die Gabe, Geister zu befreien. Sie wirken wie ungeheure Motoren und Elektromagneten. Sie ziehen an und stoßen vorwärts. Sie sind wie Dynamomaschinen. An ihrer eigenen Begeisterung begeistern sie sich immer wieder von neuem. Sie tragen Dinge in ihrem Herzen, die gebieterisch nach außen drängen, die sie tragen müssen, von denen sie leidenschaftlich wünschen, jeder möge sie auch denken, die sie, wenn es in ihrer Macht stünde, in jedes Fenster rufen, über jeden Türpfosten schreiben, an jeder Litfaßsäule plakatieren würden. Sie reden nicht „objektiv" und unter Vorbehalten, sondern laut und rechthaberisch. Sie können nur in Majuskeln schreiben. Ihre Art ist pathetisch,

hyperbolisch und gewalttätig. Aber sie haben ein Recht dazu, denn sie wissen etwas, was die andern nicht wissen. Sie haben Augen, die tiefer sehen, schärfer sehen, mehr sehen als die Augen der Welt. Man sagt deshalb bisweilen: Sie blicken in die Zukunft. Aber eigentlich blicken sie nur in die tiefere, reichere und wahrere Gegenwart. Sie haben schon der Gegenwart gegenüber die historische Vogelschau. Daher wirken sie wie Anachronismen. Ihre Wahrheiten, ihr ganzes Sein wird erst langsam mehr. Es braucht immer eine gewisse Zeit, bis ihre Tiefe heraufsteigt, nach oben kommt und sichtbar, das heißt: oberflächlich wird.
Dies ist schließlich das Schicksal aller Wahrheiten. Die Menschen von gestern halten sie für absurd, und die Menschen von morgen halten sie für banal. Wahrheiten sind nichts Bleibendes. Etwas Bleibendes sind aber die Dichter, die sie fanden. Denn die fortdauernde Kraft dieser Menschen liegt nicht in der Neuheit, sondern in der Größe ihres Denkens. Ihr Ton und ihre Haltung machten sie zu dem, was sie sind. Nicht was sie sprachen, ist wertvoll, sondern wie sie sprachen.

KAINZ

Kainz war der künstlerische Gestalter des seelischen Übergangszeitalters, das das letzte Viertel des vorigen Jahrhunderts ausgefüllt hat – dies ist seine bleibende Bedeutung. Er hat als Erster und Größter den impressionistischen Menschen auf die Bühne gestellt, mit seiner neuen Differenziertheit, seiner überwiegenden Intellektualität, seinem Zwiespalt zwischen peripherischem und zentralem Nervensystem. In ihm hat sich der Vorläufermensch, der Dekadent aus Überfülle neuer Seelenkräfte, der Maléquilibré des ausgehenden neunzehnten Jahrhunderts seinen schauspielerischen Ausdruck geschaffen. Die Zeit der „Naturkünstler" war vorbei: man konnte nicht mehr Theater spielen, wie der Indianer reitet oder der Seehund schwimmt, infolge einer natürlichen, physiologischen Begabung, wie es der Schauspieler der vorhergehenden Ära tat. Es war eine Zeit des Suchens, in der der alte Mensch tot und der neue noch nicht geboren war, und, wie immer in solchen Zeitaltern, half man sich mit Surrogaten: mit Intelligenz, Fleiß, Wissen. Kainz hat das Moment der Arbeit in seine Kunst eingeführt, das ihr bis dahin fremd war. Er arbeitete unter einem ungeheuren Hochdruck von Selbstzucht, Übung, Geistesschärfe, Gedächtnis. Seine Mittel waren denen vieler andrer keineswegs von Natur überlegen; aber sie waren mit einer bis dahin unerhörten Kraft ausgebildet, verfeinert und beherrscht. Im Zeitalter der Maschine hat er aus seinem eigenen Körper – seiner Stimme, seinen Gliedmaßen, seinem Antlitz – die subtilste, willigste und leistungsfähigste Präzisionsmaschine gemacht. Ferner brach er mit dem Vorurteil, daß ein Schauspieler nur seine Rolle kennen müsse, oder bestenfalls das Stück: in seinen Gestalten war die gesamte Bildungssphäre unsers Zeitalters, und das war das Geheimnis seiner Wirkung. Er war nicht eine Einzelerscheinung, hineingestellt in die Kultur seiner Zeit, um deren Bedürfnisse nach Unterhaltung und Poesie zu befriedigen, sondern in ihm vibrierte dieser ganze vielfältige Inhalt und sprach zu den Hörern.

Obgleich er hierdurch die Schauspielkunst zweifellos auf ein höheres Niveau gehoben hat, so fehlte ihm doch anderseits etwas, was die Früheren – zum Beispiel die Künstler des alten Burgtheaters – besaßen, nämlich das, was man das physiologische Mysterium nennen könnte. Er wirkte niemals als etwas Unerklärliches. Man konnte ihm seine Wirkung zwar nicht nachmachen, wohl aber nachrechnen. Wenn Sonnenthal oder die Wolter auf die Bühne traten, so trennte den jüngern Zeitgenossen eine riesige Kluft von dieser vorzeitlichen Kunst, aber dennoch konnte sich niemand dem magischen Einfluß, den sie ausübte, entziehen. Diese Künstler wirkten gewissermaßen als organische Besonderheiten, rein physiologisch, durch ihr Dasein, wie Pflanzen oder Tiere. In der Komik Meixners war etwas von der Komik irgend eines possierlichen Naturwesens, und wenn Lewinsky im ‚Hannele' den Dorfschneider spielte, so spielte er ihn gar nicht, sondern ließ von sich eine unerklärliche Atmosphäre ausstrahlen, die an Träume und Visionen erinnerte.

Unsre Zeit bringt solche Künstler nicht mehr hervor; dazu ist sie zu wach, zu bewußt geworden. Und der Schauspieler der Zukunft wird die Synthese darstellen aus dem überlegenen Gehirnkünstler des fin de siècle und dem geheimnisvollen Naturmenschen der guten alten Zeit. Unser ganzer Weg geht dahin; und wir sind in der Lage, uns dies nicht bloß abstrakt zu konstruieren, sondern auch an konkreten Beispielen vorzustellen, mit Hilfe nämlich von Anachronismen, von verfrühten Einzelnen, die inzwischen schon aufgetreten sind. Der neue Mensch hat sich bereits auf zwei Gebieten gezeigt: in der Literatur als Friedrich Nietzsche, in der Schauspielkunst als Friedrich Mitterwurzer.

Auf diesem Wege war Kainz nur eine Etappe, die überwunden werden wird. Aber eine unerläßliche Etappe.

DER „ZYNISCHE MÖRDER"

Die Lektüre von Gerichtssaalberichten hat für jeden heutigen Psychologen etwas unendlich Deprimierendes. Es ist das Schauspiel des Kampfes zweier Hilflosigkeiten. Auf der einen Seite stehen Richter, Ärzte, Anwälte, Geschworne: Vertreter der unkomplizierten Verständigkeit und Anständigkeit, die aber völlig außerstande sind, das Leben mit Facettenaugen anzusehen, mit jenem Dichterblick für seine Vielfältigkeit, Farbigkeit und Gebrochenheit, den es unbedingt von uns verlangt. Auf der anderen Seite stehen die sogenannten Verbrecher, in einer großen Zahl der Fälle höchst abstruse, gewissermaßen teratologische Bildungen, mit außergewöhnlichen, meinetwegen verwerflichen, aber immerhin außergewöhnlichen Anlagen, aber ohne jede Verständigkeit und ohne jede sittliche Routine. Und nun entsteht der klägliche, aussichtslose Versuch dieser beiden Parteien, miteinander zu verhandeln. Sie sind beide völlig hilflos: die einen in ihrer plumpen, gutmütigen, leicht entrüsteten Unfähigkeit, Außertägliches zu begreifen, und die anderen in ihrer Unfähigkeit, sich selbst zu begreifen.

Da ist zum Beispiel ein neunzehnjähriger Mensch, der Shakespeare gelesen hat. Mehr kann man nämlich beim besten Willen nicht von ihm aussagen. Er hat irgendwelche Dinge von großen Verbrechern vernommen – vielleicht auch gar nicht aus Shakespeare, vielleicht aus dritter, vierter, fünfter Hand: aus Sherlock Holmes, aus Karl May, aus einem Fünf-Kreuzer-Roman, der in der Küche liegt – und benimmt sich jetzt so. Auf der Geschwornenbank sitzen aber einige Menschen, die in den Büchern das Gegenteil gelesen haben: daß man sich nicht so benehmen darf. Ein Problem ist die Sache weder für die eine noch für die andere Partei.

Zunächst ist zu sagen, daß jeder ungewöhnliche Mensch bis zu seinem zwanzigsten Jahre und darüber Anarchist ist. Er erblickt um sich lauter Menschen, die auf ihn unbedingt den Eindruck der Inferiorität machen. Er ist natürlich weit davon entfernt, sich zu jener wirklichen Superiorität zu erheben, die es versteht, daß ältere Leute anders sein müssen als jüngere und unbegabte anders als begabtere. Er verzweifelt daher am ganzen System, das Leben an sich scheint ihm keinerlei Berechtigung zu haben. Jene ihm vorgesetzten Leute tun nun keineswegs das, was im gegebenen Fall das einzig Richtige wäre: daß sie nämlich versuchen, auf Grund ihrer größeren Besonnenheit und umfangreicheren Erfahrung ihm seinen Standpunkt zurechtzurücken, sondern sie verneinen seine Existenz überhaupt, indem sie ihn einen „Verworfenen" nennen und gar nicht mehr ernst nehmen, was offenkundig falsch ist und ihn in seinem Fanatismus nur bestärkt. Es ist daher ganz klar, daß alle verbrecherisch, das heißt nicht gewöhnlich veranlagten jungen Menschen von der Gesellschaft früher oder später vernichtet werden müssen, wenn sie nicht eine ganz ungewöhnliche Lebenskraft und Geistesschärfe besitzen, das heißt Genies sind.

Dies muß man sich einmal klarmachen, wenn es auch nicht sehr angenehm ist. Hebbel schrieb einmal in sein Tagebuch: „Daß Shakespeare Mörder schuf, war seine Rettung, daß er nicht selbst Mörder zu werden brauchte." Dies war zugleich ein tiefes Selbstbekenntnis; denn wenn man Hebbels Tagebücher weiter durchblättert, so findet man auf Schritt und Tritt eine höchst sonderbare Freude an Mordgeschichten jeder Art: wo er von einer hört, zeichnet er sie auf, psychologisiert sie und dreht sie hin und her mit einem Interesse, das zur Sache in keinem Verhältnis steht. Sein Heilmittel war: Gestaltung und Reflexion.

Dasselbe haben wir mit Goethe, welcher sagte: „Ich habe niemals von einem Verbrechen gehört, das ich nicht hätte begehen können." Er brauchte keine Verbrechen zu begehen, weil er sie künstlerisch gestalten konnte. Und Nero, der Kaiser mit der großen Künstlerambition, wäre kein „Bluthund" geworden, wenn er die Kraft der dichterischen Gestaltung besessen hätte. „Qualis artifex pereo" – vielleicht wäre es erlaubt zu übersetzen: „Was für eine merkwürdige Art Künstler stirbt in mir!"

Alle die Tyrannen, von denen die Historie erzählt, die „Scheusale" der Weltgeschichte: Caligula und Tiberius, Danton und

Robespierre, Cesare Borgia und Torquemada, was waren sie anderes als in die Realität verschlagene Künstler? Und alle die Künstler und Gestalter: Shakespeare und Michelangelo, Dante und Poe, Nietzsche und Dostojewski, was waren sie anderes als in die Kunst gerettete Menschenfresser?

Dies also ist die Definition des typischen „jugendlichen Verbrechers", über den man sich immer so sehr entrüstet: es ist ein Talent, das im Leben stecken geblieben ist.

Wenn hier nicht der Fall einer „Psychose" vorliegt, dann liegt er nirgends vor. Die Psychiater aber, die stets bereit sind, einen genialen Künstler wegen seiner neuen Ausdrucksmittel, die sie nicht perzipieren können, für verrückt zu erklären, werden auf einmal furchtbar weichherzig und konstatieren regelmäßig, daß der Angeklagte zwar „geistig minderwertig", aber doch zurechnungsfähig sei. Sie müßten im Gegenteil erklären, der Angeklagte sei nichts weniger als minderwertig, aber vollkommen unzurechnungsfähig.

Was sollen nun nach solchen Aussagen hochgebildeter Fachmänner die Geschwornen aussagen, Menschen, die ihr ganzes Leben zwischen Uhrmachen, Hosenmachen, Miedermachen, Rauchen und Schnarchen verbracht haben; die niemals Fühlung zu den Zuständen des Temperaments, der Phantasie, der sexuellen Neurose genommen haben? Vom Richter ist ebensowenig zu verlangen, daß er sich mit diesen Dingen befaßt. Wenn ein Mensch zwanzig Jahre lang alle vier Wochen mit einem Mordprozeß zu tun hat, so wird er sich allmählich an diese Angelegenheiten gewöhnen und nichts Besonderes mehr daran erblicken, so wenig wie einem vielbeschäftigten Operateur eine tödliche Wunde noch irgendeinen Eindruck macht. Die einen stehen also vor etwas so Seltenem, daß es ihnen ganz unfaßlich bleibt, und die anderen vor etwas so wenig Seltenem, daß es ihnen als ohne weiteres faßlich erscheint; und beide verstehen es nicht.

Es ist in diesem ganzen Prozeß nicht eine einzige Frage gestellt worden, die darauf schließen ließe, daß hier ein Problem gesehen wird. Sondern man begnügt sich, aus den Prämissen, daß es nicht erlaubt ist, auf einen Menschen zu schießen, und daß der Angeklagte auf einen Menschen geschossen hat, eine Schlußfigur zu bilden. Auch hieran wäre noch gar nichts auszusetzen; aber dann bleibe man auch bei der nackten, brutalen Logik der Tatsache, daß nichtschießende Menschen eine sehr berechtigte Aversion gegen schießende besitzen. Schüsse in menschliche Körper sind nicht nur für den höchst unangenehm, den sie treffen, sondern auch für alle anderen beunruhigend. Man muß daher solche Menschen am Weiterschiessen verhindern.

Man lasse jedoch die ekelhafte Verzuckerung mit Moral beiseite, und spreche nicht außerdem noch von „Zynismus", „Roheit" usw., denn damit begibt man sich auf ein Gebiet, das man nicht mehr beherrscht.

Solange unwissende und seelenunkundige Menschen jeden Verbrecher einfach als „Unsozialen" behandeln, als Störung im gesellschaftlichen Gleichgewicht, sind sie noch vollkommen im Recht. Das Mittelalter war sogar darin noch viel logischer. Es behandelte auch alle Leprakranken, alle Irrsinnigen, alle Hysterischen („Hexen") genau so wie Verbrecher: es stieß sie aus, als „unsozial". Aber man rede dann nicht von Versuchen der Gesellschaft, zu „bessern". Es gäbe nur eine Möglichkeit, einen Verbrecher zu „bessern": indem man ihm beweist, daß er unrecht hat. Dies kann aber keineswegs dadurch erreicht werden, daß man sich gegen ihn ganz ähnlich benimmt wie er: brutal, rücksichtslos, hinterlistig und lebensgefährlich. Denn alles dieses tut der Staat.

Der Mensch wurde von Gott gedacht als besonnene Bestie. Daß er die Fähigkeit zur Besonnenheit besitzt, ist sein höchstes Privileg; aber daß er ein animalisches Wesen, eine Bestie mit Lebenskräften und Lebenswillen ist, das ist seine innerste Natur. Und bloß verständig sein, weil man einfach keine Möglichkeiten hat zur Tierheit, zur lebensvollen Bestialität, weil man sie nicht versteht, also verständig aus Unverständigkeit – das ist noch gar kein Verdienst. Und wenn man mich fragen würde, für wen ich denn eigentlich bin: für den achtbaren Geschwornen oder die angeklagte Bestie, so müßte ich antworten: ich bin ganz gleichmäßig gegen beide.

DER KRITIKER

Ästhetik und Naturwissenschaft

Jemand, der gutmütig genug war, meinen Aufsatz ‚Der Dichter und seine Zeit' (in der ‚Schaubühne' vom 22. und vom 29. Dezember 1910) von Anfang bis zu Ende durchzulesen und sich sogar einige Gedanken darüber zu machen, schrieb mir dieses: „Sie haben gesagt, welche Aufgabe der Dichter hat, und welche Aufgabe das Publikum hat. Wo aber bleibt da noch Platz für den Kritiker? Welche Aufgabe hat dieser? Oder hat er am Ende gar keine?"

Nun, in der Tat, man muß sagen: die meisten Kritiker von heutzutage sind ja wirklich nicht viel mehr als lästige Nebenschößlinge der Kunst, müßige Volontäre ohne rechten Zweck. Aber vielleicht müssen sie gar nicht so sein, wie sie sind. Mit einem Wort: wir können die Frage nur in der Form beantworten, daß wir diesen Begriff „Kritiker" ein wenig revidieren.

Wenn es wahr ist, daß wir in einem Zeitalter der Naturwissenschaft leben, so kann dies keineswegs bloß in der äußern Physiognomie der Gegenwart seinen Ausdruck finden: in elektrischen Trambahnen und bakteriologischen Kliniken, Schnellpressen und Aëroplanen, und wie alle diese neuen und nützlichen Dinge heißen; auch nicht in irgendwelchen Fortschritten und Entdeckungen auf Spezialgebieten der Naturkunde; alles dieses ist nur das oberflächliche Mienenspiel unsrer Zeit. Es muß sich vor allem bekunden in der Gesamtmethodik unsres Geisteslebens, in unsrer szientifischen Praktik. Eine Wissenschaft ist Methodik und sonst nichts. Eine Wissenschaft herrscht, wenn ihre Methode die führende ist.

Dann darf es also mit unsrem Geschmack und unsrem Gewissen nicht mehr vereinbar sein, zur ganzen Welt, zum Menschen sowohl wie zur Natur, eine andre Stellung einzunehmen als die naturwissenschaftliche. Wir experimentieren, beobachten, ziehen Schlüsse aus Experimenten und Beobachtungen und forschen weiter. Wir beschreiben. Wir erklären. Wenn eine Sache vollständig beschrieben ist, ist sie erklärt.

Es handelt sich um die Gleichung von Ästhetik und Naturforschung. Jede Gleichung hat zwei Seiten, die umkehrbar sind. Die Naturwissenschaft hat Ästhetik zu werden; ihre Aufgabe ist, ein Magazin der Naturschönheit zu bilden. Die Ästhetik hat Naturwissenschaft zu werden; sie hat nichts zu sein als ein Repertorium von Formen und eine Aufzählung von Merkmalen. In dem Maße, als die Naturwissenschaft zu einer fast spirituellen, schöngeistigen Untersuchungsmethode gelangen wird, zu einer Art Belletristik der Natur (freilich nicht in der abgeschmackten, anthropomorphisierenden Art der beliebten Wochenblättchenplaudereien), in demselben Maße wird die Ästhetik zu einer immer trockenern, realistischern, unpersönlichern Wissenschaft werden. Eine solche Austrocknung dieses total versumpften Gebietes wird wohl kein Verständiger bedauern; denn nichts hat den Fortschritt der Kunst, das Emporkommen der neuen Werte mehr verlangsamt, nichts hat das Absterben unsrer Klassiker, den Verfall der alten Werte mehr beschleunigt als der bisherige Betrieb der offiziellen Ästhetik, der sich auf Professoren und Journalisten verteilt. So grundverschieden beide auch äußerlich sein mögen: die Germanisten in ihrer Tinte und die Ästheten in ihrem Fett – sie sind darin einander verwandt, daß ihnen jede Sachlichkeit abgeht. Beide haben zu wenig Ehrfurcht vor ihrem Objekt; indem sie es beide beschwatzen, statt es zu beobachten. Sie meinen, mehr zu tun, und tun weniger; sie würden einem Objekt der Kunst viel mehr Ehre erweisen, wenn sie es trocken sachlich auf seine Biologie hin erforschen wollten wie ein Objekt der Natur. Eine komplette Beschreibung einer Sache ist an sich schon der klarste und deutlichste Kommentar dieser Sache. Einen andern gibt es nicht. Die „Literar-Historiker" aber beschreiben zumeist sich anstatt die Dinge.

Hier könnten die Lehrer der „Geisteswissenschaften", die noch immer so geringschätzig auf die empirischen Disziplinen herabsehen, von den Naturwissenschaften manches lernen. Denn diese sind nicht nur viel geistvoller, sondern auch viel humanistischer und historischer. Denn was heißt humanistisch denken? Eine Sache in ihren innerlichsten Zusammenhängen sehen; eine Sache aus ihrem eigenen Geist heraus begreifen und darstellen. Der Naturhistoriker ist ein wirklicher „Historiker". Er fragt nach den Bedingungen. Er fragt nach den Leistungen; aber diese sind für ihn nichts als Summen von Bedingungen, die er berechnet. Er fragt nach den Energieverhältnissen. Er fragt nach dem Zweck. Aber Zweck heißt für ihn nur: Energien anhäufen und weitergeben.

Tritt eine neue Varietät auf, so fühlt und erfüllt er vor allem die Verpflichtung, sie zu beschreiben, möglichst genau und möglichst vollständig. Hat diese Pflanze Steinboden, Sumpfboden, Wasserboden? Ist sie hängend, kletternd, sitzend? Ist sie eine Kalipflanze, eine Kieselpflanze, eine Kalkpflanze? Wie nimmt sie Licht auf, wie erzeugt sie Wärme?

Nun, jeder neue Dichter ist auch eine neue Varietät. In welchem Klima, in welcher Luft- und Bodenschicht lebt er, wie sieht sein Zeitalter aus? Was ist sein „Standort", seine Lokalität, sein Boden? Wie nimmt er Licht auf, wie erzeugt er Wärme? Wie sind die Verhältnisse seiner Stoffaufnahme und Stoffleitung? Wie sind seine Befruchtungsvorgänge, seine Biologie? Welchen linearen Aufbau hat sein morphologischer Grundriß? Welche Stellung hat er im „System“: in der Literatur- und Kunstgeschichte seiner Zeit? Und welchen Zweck hat er: welche Energien macht er frei?

Die Moral des Naturforschers

Eine Erscheinung naturwissenschaftlich betrachten heißt aber noch ein Zweites. Die Sache hat noch eine Rückseite, die man die moralische Seite nennen könnte. Die Moral des Naturforschers ist seine Objektivität. Objektivität: darunter versteht er, sich auf jeden Fall und von vornherein mit seinem Objekt einverstanden erklären. Es ist da, als diese bestimmte Bildungsform, als diese Erscheinung gewisser ihm zum Teil unbekannter Naturkräfte, mit diesen und diesen Organen, diesen und diesen morphologischen Bestandteilen, diesen und diesen Stoffwechselprodukten. Er fragt nicht: Hat diese Pflanze das Recht darauf, ihre Wurzel schraubenförmig zu bewegen, Galle abzusondern, Zucker zu bilden? Ist es am Platze, daß sie Warzen besitzt? Ist es vernünftig, daß sie des Nachts sich nicht schließt? Ist diese Funktion überflüssig, jene notwendig? Er fragt nur: Ist dieses Beobachtungsobjekt eine Pflanze, ein Lebewesen oder nicht? Wenn es nämlich keines ist, sagt er, dann geht es mich als Botaniker, als Biologen nichts an; ich beschäftige mich nämlich nur mit Organismen. Hat er sich aber einmal diese Frage beantwortet, dann fragt er nur noch nach der Erklärung. Und wenn er eine Funktion vorfindet, die er sich nicht erklären kann, so nimmt er als ganz selbstverständlich an, daß sie sehr vernünftig und sehr zu diesem Geschöpfe passend ist und sagt bloß: Allerdings verstehe ich sie nicht.
Ebenso hat sich der Kritiker zum Künstler und zu dessen geistigen Stoffwechselprodukten, den Kunstwerken, zu verhalten. Er hat lediglich zu fragen: Habe ich es hier überhaupt mit

etwas Lebendigem zu tun, ja oder nein? Wenn ja, dann habe ich es hinzunehmen als eine sich nach bestimmten inneren und äußeren Bedingungen entwickelnde Naturerscheinung, und ich habe diese Bedingungen zu ergründen, und von denen, die ich nicht ergründen kann, habe ich anzunehmen, daß ich sie nicht verstehe, und zu hoffen, daß ein andrer sie besser verstehen wird. Handelt es sich aber gar nicht um ein lebendiges Wesen, mit produktiven Kräften und Energiematerial, dann geht es mich überhaupt nichts an, und ich beschäftige mich gar nicht mit ihm. Mein Amt ist, festzustellen, ob dieses Objekt in mein Ressort gehört oder nicht. Man kann nun natürlich nicht verlangen, daß der Kunstkritiker auf diesem Wege immer das Richtige trifft. Aber den guten Willen kann man von ihm verlangen oder mit einem andern Wort: die richtige Optik.

Die prinzipiell panegyrische Kritik

Der Naturforscher geht von dem Gesichtspunkt aus, daß alles Organische vollkommen ist. Und daher zensiert er die Leistungen der Natur nicht, sondern er kritisiert sie. Aber eine Sache kritisieren heißt nichts andres, als ihre Entwicklungs- und Entstehungsgeschichte vollständig und lückenlos begreifen und darstellen. Kritik hat gar nichts „Zersetzendes", denn sie löst ihr Objekt nur auf, um es dann umso lebendiger und einleuchtender vor den Augen des Betrachters wieder entstehen zu lassen. So ist der Begriff seit Kant in das Bewußtsein der Gebildeten übergegangen. Er und seine Schüler haben den verschiedenen Wissenschaften erst ihr festes Fundament gegeben. Seine Kritik der Vernunft hat die menschliche Vernunft erst vernünftig und die menschliche Erkenntnis erst erkennbar gemacht. Und ganz dasselbe heißt auch kritische Geschichtsforschung, kritische Naturwissenschaft, kritische Ästhetik.

Kritik in diesem wissenschaftlichen Sinne ist das Gegenteil von Destruktion. Man kann daher ganz wohl sagen: erst der Kritiker schafft sein Objekt; insofern er es erst in seiner ganzen organischen Gesetzmäßigkeit widerspiegelt, so wie man auch sagen kann: der Mensch hat die Natur geschaffen, erst seit es Menschen gibt, gibt es eine Natur. Denn so lange noch kein Bewußtsein da war, in dem sie sich spiegeln konnte, war sie noch nicht richtig vorhanden.

Die Art, wie die Naturwissenschaft ihre Gegenstände beschreibt, ist gerade durch ihre Sachlichkeit allemal auch eine Verherrlichung dieser Gegenstände. Und nach dieser Analogie erwächst auch für die Geisteswissenschaften die Aufgabe der prinzipiell panegyrischen Kritik. Der Kritiker hat den Künstler auf seinen Höhepunkten aufzusuchen und ihn nur nach diesen zu werten. Wir sind nur in den wenigsten Augenblicken ganz wir selbst, unsre eigenste innerste Kraft und Natur; wir füllen den größten Teil unsres Lebens mit Versuchen aus, mit Vorbereitungen auf diese wenigen Momente, die die einzigen sind, in denen wir wirklich leben. Und es ist klar, daß man nur von diesen wenigen Hochblicken aus eine Individualität verstehen und beleuchten kann. Zu diesem Verständnis gelangt man jedoch nur durch den guten Willen zur Anerkennung, zum Jasagen von vornherein und aus Prinzip, ja noch mehr: zur Überschätzung.

Der Kritiker hält sich an das Positive des Kunstwerks, an das Plus, an das, was darin anders ist. In seinen Mängeln und Impotenzen deckt sich nämlich der Künstler mit allen übrigen Menschen: hierüber zu reden ist also völlig uninteressant und überflüssig. Kritiker, die sich vorwiegend auf diese Seite der Mängel und Fehler verlegen, sind eben deshalb immer so langweilig und belanglos. Was einer nicht kann, das wissen wir schon von alleine: im Nichtskönnen sind wir ja selber erste Fachleute.

Die „parteiische", „subjektive" Kritik ist die objektivste, sie ist die einzige objektive. Die Forderung, „unparteiisch" zu sein, ist gleich der Forderung, sich für eine Sache nicht zu interessieren. Der einzige Zugang zu einer Sache ist aber eben gerade das „vorurteilsvolle“ Interesse. Denn nur dem voreingenommenen „Liebhaber“ erschließt sich das Wesen der Dinge. Das Mittelalter hatte keine blasse Ahnung von der Antike, weil es sich über die Antike stellte und in den Griechen und Römern „blinde Heroen“ sah. Aber als mit der Renaissance die rückhaltlose, fanatische, fast pathologische Begeisterung für das Altertum begann, in dem Augenblick begann auch das Verständnis des Altertums. Auch Goethe und Winckelmann haben zweifellos die griechische Kunst überschätzt, indem sie sie für den Kanon aller Kunst hielten, aber sie haben eben deshalb am weitaus meisten unter allen ihren Zeitgenossen von griechischer Kunst verstanden. Hundert Jahre später erschien Nietzsche und fand wiederum, von ganz anderen Wegen herkommend, die Vorsokratiker seien die Idealgriechen gewesen; und in einer gewissen Zeit wird man zweifellos wiederum erkennen, daß er übertrieben, gefälscht, verschoben hat, daß er mit seiner Auffassung völlig in die Irre ging, und trotzdem hat er bis jetzt die Griechen dieses Zeitalters am weitaus tiefsten und klarsten erkannt, und durch ihn haben wir überhaupt erst etwas über die Hellenen vor Sokrates erfahren. Ja selbst die höchst fadenscheinige und herausgeputzte Kultur Ludwigs des Vierzehnten hat auf Deutschland außerordentlich befruchtend gewirkt durch den Enthusiasmus, den sie hervorrief: sie hat in Deutschland Größeres und Dauerhafteres geschaffen als in ihrem eigenen Mutterlande, infolge jener skrupellosen, weit übers Ziel hinausschießenden Anerkennung. Nein: man wird nicht behaupten können, daß Überschätzung und Übertreibung eine Hemmung der Kritik seien.

Der Kritiker ist gar nicht dazu da, als eine Art beeidigter Schätzmeister mißtrauisch die Kunst zu beschnuppern, einen großen Korrektur-Rand zu machen, alle ganzen und halben Fehler anzustreichen, „Einflüsse aufzuzeigen“, vor Überschätzung zu warnen und schließlich zu erreichen, daß uns nichts mehr recht gefällt. Seine Aufgabe ist genau das Gegenteil: er hat den Bestand an Talenten direkt zu vermehren, indem er sie entdeckt, dazu stempelt, meinetwegen sogar erfindet. Er hat zu zeigen, daß die Alten es vielleicht ganz gut gekonnt haben, daß wir es aber jedenfalls anders machen müssen, und daß aus der Verpflichtung, es besser zu können, auch notwendig die Fähigkeit dazu sich eines Tages organisch entwickeln wird.

Es gibt nur ein paar Laster, und die sind überall gleich, aber es gibt unzählige Tugenden, und täglich entstehen neue, und es sind sicher noch lange nicht alle gefunden und betätigt. Daher wird ein Mensch, ein Buch ganz anders klar, wenn man seine Vorzüge ins Licht stellt, als wenn man seine Fehler zeigt. Auch ist zu beobachten, daß selbst der dümmste Leser immer noch genug Bosheit und Dünkel besitzt, um die Schwächen der zeitgenössischen Autoren auszufinden, während er von ihren Schönheiten erst eine blasse Ahnung bekommt, wenn man ihn mehrmals mit dem Kopf darauf stößt.

Eine Sache heruntermachen ist das müheloseste und zugleich dankbarste Geschäft, dem ein Mensch sich hingeben kann; er hat es leicht, auf diesem Gebiet Erfolge zu erzielen, denn er findet in der unsrer Spezies nun einmal eigentümlichen Obtrektationssucht einen stets hilfreichen Bundesgenossen. Wie schnell ist uns auch vom mittelmäßigsten Kopf der Geschmack an einer Sache benommen, die uns soeben noch entzückt hat! Und wir sind ihm noch erkenntlich für diese Erleichterung. Denn dunkel und instinktiv fühlen wir, daß neue Werke, neue geistige Kräfte dadurch, daß sie uns zuströmen, auch Gegenbewegungen fordern; daß sie keineswegs ein bloß einseitiges Geschäft darstellen, sondern daß sie auch von uns gewisse Leistungen verlangen, daß sie verpflichten. Der Mensch ist aber nicht gern verpflichtet, wenn er nicht absolut muß; und so wirken menschliche Mißgunst und menschliche Faulheit zusammen, um in einem derartigen Verschlechterer und Verhäßlicher des Lebens nicht, wie billig, den Erbfeind, die bösartige, giftige, in aller ihrer Winzigkeit lebenszerstörende Tuberkel zu erblicken, sondern den willkommenen Erlöser von neuen Pflichten und neuen Bewegungen. Es gibt eine ganze Gilde von Burschen, die es als ihre Lebensaufgabe zu betrachten scheinen, alle besseren menschlichen Regungen zu ‚entlarven' und überhaupt das ganze Leben: Natur und Kunst, Wissenschaft und Politik, die gesamte Menschheitsgeschichte seit Adam durch sogenannte „naturalistische" oder „rationalistische" Erklärungsweise auf ein ganz ordinäres, unpoetisches und – wenigstens für jeden feineren Geschmack – tief uninteressantes Niveau herunterzunivellieren. Sie würden gegebenenfalls von Dante nachweisen, daß er die Beatrice besungen hat, weil er von ihr eine Lebensrente bezog, und von Jesus, daß er das Christentum gegründet hat, um sich eine wirksame Zeitungsreklame zu verschaffen, und von Gott, daß er die Welt geschaffen hat, um damit ein lukratives Geschäft zu machen. Sie wissen immer genau, „warum" ein Mensch diese oder jene scheinbar idealistische Handlung begangen hat. Solche „scharfe, kritische Köpfe", denen man „nichts vormachen kann", sind wohl die schädlichsten Patrone, die es überhaupt auf diesem Planeten gibt. Denn unter allen Umständen sind ihre „Enthüllungen" nur dazu angetan, das Leben zu verarmen. Sie sind sehr wohl imstande, wenn sie in genügenden Massen auftreten, ganze Zeitalter zu infizieren, zu zersetzen. Und man muß oft einen sehr immunen geistigen Organismus besitzen, um ihnen zu widerstehen, denn die Paradoxie – auch die falsche und gesuchte – hat immer einen gewissen Glanz für sich, und wenn jemand die Dinge auf den Kopf stellt, so hat er zumeist darauf zu rechnen, daß er mit dieser wirksamen Varieténummer Zulauf findet.

Man nennt solche Menschen kritisch, obgleich sie genau das Gegenteil davon sind. Im allgemeinen gilt ein Mensch um gerade so viel gescheiter, als er mehr an den Dingen auszusetzen weiß. In Wirklichkeit ist eben das der Beweis seiner Dummheit. Man findet sein Verfahren scharfsinnig, aber es ist im eigentlichsten Sinne des Wortes stumpfsinnig. Stumpfheit der Sinne, Mangel an Hellhörigkeit, Gesicht, Feinfühligkeit ist die erste Voraussetzung absprechender Kritik. Es gibt keine „Einwände"; nur beschränkte Menschen haben Einwände. Und was die „Mängel" betrifft, so gehen sie uns nichts an. Sie sind Müll, Abfall, Hobelspäne; wertlose Arbeitsüberschüsse, die für niemand charakteristisch sind.

Neue Kunst erschreckt

Der Künstler ist zu allen Zeiten eine sehr unhandliche, chokante, mißverständliche Sache gewesen. Als Schiller noch kein Klassiker war, war er ein ebensolcher outsider wie alle andern. Seine Dramen waren ebenso Ekrasit für seine Zeit wie heute die Petarden, die Nietzsche oder Ibsen in die moderne Gesellschaft geworfen haben. Heute ist ein Klassiker ein höchst harmloses, putziges und ungefährliches Tier. Aber eben nur deshalb, weil er nicht mehr zeitgemäß ist. Und man möge doch nicht vergessen, wie erschrecklich den Philistern immer noch Shakespeare sein müßte, wenn er nicht schon seit zweihundert Jahren registriert wäre; Shakespeare mit der Überlebensgröße seiner Figuren und Affekte, der Schilderer der „Nachtseiten des Lebens", der „Poet des Häßlichen" (man denke einmal an ‚Maß für Maß'), der Vermittler raffinierter Nervenkitzel, maßlos, übertrieben, ungeordnet, ohne künstliche Harmonie – – ja, ist er denn das nicht alles? Sittlichen Halt hat er auch keinen gehabt, er wühlt im Grausigen, und das Dasein verklärt er so gut wie gar nicht. Wenn man ihm glauben wollte, so müßte die Welt zu zwei Dritteln ein Irrenhaus, ein Spital oder eine Verbrecherkolonie sein. Er ist voll Schwulst und fällt furchtbar leicht von einer Stimmung in die entgegengesetzte, was ein wichtiges Stilgesetz verletzt. Auch von Flüchtigkeiten und Ungeschicklichkeiten, von allerlei Schlampereien und Eselsbrücken sind seine Arbeiten nicht freizusprechen, die wie gesagt, ein starkes, aber auf Abwege geratenes Talent offenbaren.

Manet malte einen Bund Spargel. Sogleich erhob sich eine Springflut von Beschimpfungen, Drohungen, Verwünschungen. Geben wir zu, daß es ein ganz miserabler Spargel war. Aber sind die Explosionen von Haß, Wut und Verachtung, die er hervorrief, damit erklärt? Welches der heiligsten Güter der Menschheit ist dadurch verletzt, daß einer nicht imstande ist, Gemüse zu malen? Mit Ibsens Stücken war es dasselbe, sie waren sogar zum Teil verboten. Warum? Wird in ihnen die Hostie verhöhnt, die freie Liebe gepredigt, das Gottesgnadentum geleugnet? Nichts von alledem; es sind exzessiv bürgerliche Stücke. Sie sind nicht einmal kraß, das bißchen Paralyse in den ‚Gespenstern' etwa ausgenommen. Aber was ist das gegen die Roheiten bei Schiller, Dante, Homer? Hat man vergessen, daß im ‚Lear' dem Gloster auf offener Bühne die Augen ausgetreten werden? Und so wenig nett wie Franz Moor benimmt sich kein einziger Mensch bei Ibsen.

Die Sache läßt sich nur so erklären, daß diese Kunstwerke erschreckten, weil sie neu waren. Und es zeigt sich hier die geheimnisvolle Wirkung, die das Werk des Genies auf jedermann ausübt. Auf jedermann; die einen zieht es an, die andern stößt es ab, aber beide mit der gleichen magischen Kraft. Die Philister waren von der neuen Kunst geradeso fasziniert wie die „Modernen", sie fühlten instinktiv, daß hier die Entwicklung einen neuen gewaltigen Anstoß bekommen habe, aber sie spürten nur den Stoß und taumelten betäubt und erbittert zurück. Wären die neuen impressionistischen Bilder wirklich nur rohe und häßliche Farbenpatzen gewesen, wie die Gegner behaupteten, dann hätten sie sie einfach übersehen, statt mit Regenschirmen darauf loszugehen, und wäre Ibsen ein Revolutionär vom Schlage Sudermanns gewesen, dann hätte er sich alles erlauben können, und sie hätten ihm ebenso augenblicklich zugejubelt wie diesem.

Der „Entwickler“

In diesen prekären Situationen bedarf es eines Unterhändlers, Agenten, Vermittlers. Das sind die Kritiker; sie sind die Geschäftsträger der Dichter; Plänkler und Parlamentäre zwischen Künstler und Publikum. Jedes Zeitalter hat die Aufgabe, seine Dichter zu resorbieren, zu verdauen. Aber dieser Assimilationsvorgang, so unvermeidlich er sich mit naturgesetzlicher Sicherheit vollzieht, geschieht doch nur schrittweise und allmählich. Ihm hat ein vorbereitender Prozeß voranzugehen, die Überführung des Materials in einen verdaulichen Zustand, die Aufschließung der neuen geistigen Nahrung. Zunächst sind diese Werke da als provisorische Entwürfe für die Vervollkommnung unsres psychischen Apparats, als subtile, schwierige und unscheinbare Modelle für kommende technische Werkzeuge des menschlichen Geistes, und es kann daher leicht geschehen, daß man geflissentlich an ihnen vorbeigeht, weil sie zu neu und zu verwickelt sind, oder daß man sie nicht ernst nimmt, denn sie sind ja zunächst nur kleine Modelle, die leicht mit einem bloßen Spielzeug verwechselt werden können. Es entsteht daher zunächst die Aufgabe, sie zu studieren, zu beschreiben und zu erklären. Jeder Dichter hat etwas hinter seinen Worten, das gesucht, gefunden, veröffentlicht werden will. Seine Bücher erscheinen zunächst inkognito; was sie eigentlich sind, enthüllt sich erst allmählich, durch Berührung mit der Öffentlichkeit. Ihr Entwicklungsgang ist mit ihrem Druck keineswegs beendigt, er beginnt erst damit. Das Buch des Dichters ist ein Angebot an das Publikum, nichts weiter. Ein Anerbieten, daraus eine Dichtung oder eine Lebenskunst zu machen.

In jedem Dichter ist viel mehr, als er selber weiß. Wäre das nicht der Fall, so wäre er gar kein Dichter. Er eröffnet eine neue Entwicklung, er legt gleichsam nur Schienen, auf denen man beliebig fahren kann. Ein Dichter ist ein Mensch, der über sich hinausweist. Nur dadurch unterscheidet er sich von den übrigen Menschen. Diese stellen in den nicht übermäßig zahlreichen wohlgeratenen Exemplaren sich selbst dar, diesen bestimmten, ihnen von der Natur vorgezeichneten Bauplan, den sie erfüllen; während die Majorität der Menschen nicht einmal das tut, sondern fortwährend ihren Ehrgeiz darein setzt, etwas andres zu sein, als sie ist. Aber der Dichter weist auf neue Baupläne, die noch im Begriffe sind, entworfen zu werden. Er ist eben darum ein so zerbrechliches, überempfindliches Geschöpf, weil er ein Experiment der Natur ist, die fortgesetzte Versuche anstellt, um zu neuen Formen und neuen Zweckmäßigkeiten zu gelangen. Die Natur macht es nicht wie die bureaukratischen Verwaltungen, die nach dem Prinzip vorgehen: was sich bisher bewährt hat, ist das Beste; sondern sie sagt sich: wenn sich dieses gut bewährt hat, liegt darin nicht eine Garantie dafür, daß es etwas noch Besseres gibt? Das Gute ist fast schon ein Beweis des Besseren! Sie sagt nicht: die Dinge sind ja soweit in Ordnung, also wozu Experimente? Nein, ganz im Gegenteil, sagt die Natur, alles Bestehende ist wert, zugrundezugehen, ist zu nichts anderm nütze als dazu, Neuem eine gesicherte Unterlage, ein breites Operationsfeld zu bieten. Diese absonderlichen, tastenden, unsichern, gefahrvollen Essays der Natur sind die Dichter. Sie sind komplizierte, kostbare und schwerverständliche Versuchsmaschinen der Evolution.

Ihre Werke sind Anstöße, Auslöser von Bewegungen, nicht mehr. Da sie aber nichts sind als Anreger und Andeuter, so müssen ihre Andeutungen zunächst ausgeführt werden, mit einem Wort: ihr Wesen muß „entwickelt“ werden, etwa in der Art, wie man eine photographische Platte entwickelt, auf die wohl die Sonnenstrahlen schon das vollständige Lichtbild aufgezeichnet haben, das aber doch erst, soll es für jedermann sichtbar werden, einigen Verfahren und Prozeduren unterzogen werden muß. Diese Arbeit ist nicht mehr Sache des Dichters und kann gar nicht mehr seine Sache sein, denn sein Wesen ist nichts als Empfindlichkeit für Licht.

Die Dichter sind die großen Unvollkommenen. Was ihnen ihren Singulärwert verleiht, ist gerade das Labile, Unkonsolidierte an ihnen, das Ungarantierte ihrer Existenz. Sie sind ein völlig dubioser Posten im Haushalt der Natur, aber vielleicht der wichtigste. Sie sind gewissermaßen Aushängebogen der kommenden Entwicklung, Versuchsblätter und Provisorien, „Ansichtslieferungen" der Natur. Sie sind verwischte, dunkle, zweifelhafte Probedrucke der Zukunft.

Und der Kritiker? Der hat gar nicht die Aufgabe, höhnisch auf diese Mängel hinzuweisen oder sie gar noch zu unterstreichen. Sondern, o nein: – er hat zu sagen: Dies ist unausgeführt und verwischt – Grund genug für mich, es auszuführen; dies ist dunkel – bravo! ich will es hell machen; dies ist dubios – nun, ich will ihm eine solide Unterlage geben.

Das nämlich ist seine verdammte Pflicht und Schuldigkeit.

DIE POST UND DIE PSEUDONYME

Ich weiß nicht, ob dem lieben Leser bekannt ist, daß mir Gott bei meiner Geburt eigentlich den Namen Friedmann zugedacht hat, ein zweifellos schöner Name, den ich jedoch abgelegt habe, weil er so gut wie gar nicht zu meinem Naturell paßt, und weil ich nicht mit andern Leuten desselben Namens verwechselt werden will. Für diese Erwägung würde allein schon mein älterer Bruder maßgebend sein, der Hausdichter im Etablissement Ronacher ist.

Nun ereignete sich folgendes. Herr Felix Fischer, der frühere Direktor des Intimen Theaters, pumpte mich um fünfzig Kronen an, mit der üblichen Versicherung, sie in monatlichen Raten zurückzuzahlen. Da er über den Verdacht erhaben war, daß er das Sümmchen unter seine Konkursgläubiger aufteilen wolle, und mir versprach, sich auch nicht damit an einem Theater zu beteiligen, so bewilligte ich ihm gern das Darlehen. Am nächsten Ersten sagte er zu mir: „Nun, Du hast doch meine erste Rate erhalten?“ Ich ging auf diesen muntern Scherz ein und sagte: „Natürlich. Es war wirklich rührend.“ Im nächsten Monat sagte er: „Nun, was sagst Du zu meiner Pünktlichkeit?“ Ich ging abermals auf den muntern Scherz ein und sagte: „Ja. Aber ich möchte Dich schon bitten, von nun an das Geld, wie abgemacht, am Ersten und nicht erst am Zweiten des Monats einzusenden.“ Worauf sich launiges Gelächter erhob.

Das Bemerkenswerte an der Geschichte aber war: Dieser Sonderling hatte mir das Geld wirklich geschickt. Dies wäre vermutlich niemals aufgekommen, wenn er nicht zufällig bei der dritten Sendung den Absender auf das Kuvert geschrieben hätte. Sofort ging der rekommandierte Brief als „unbestellbar“ zurück, mit dem Vermerk, daß ein Adressat namens Friedell in Wien, XVIII, Gentzgasse 7, nicht existiere. Er recherchierte und fand, daß auch die beiden andern rekommandierten Briefe bei der Post als unbestellbar liegen geblieben waren. Nachdem es ihm gelungen war, durch drei Zeugen, einen beeidigten Graphologen und zwei Psychiater seine Identität festzustellen, bekam er die Briefe zurück. Er sah aber ein, daß edle Regungen in Österreich zu wenig Unterstützung finden, als daß man sich ihnen dauernd hingeben könnte.

Für dieses märchenhafte Vorkommnis gibt es nur zwei Erklärungen: entweder die Post konnte die drei Briefe nicht zustellen oder sie wollte sie nicht zustellen. Da die Briefe ganz korrekt und genau adressiert waren und ich unter dieser Adresse täglich etwa ein halbes Dutzend gewöhnliche Briefe, außerdem aber auch alle wichtigen Sendungen, wie Telegramme, Geldbriefe, Postschecks und Wertpapiere erhalte, so darf ich doch wohl annehmen, daß ich in der zuständigen Abteilung meines Bezirks auch unter meinem Pseudonym einigermaßen postbekannt bin, oder vielmehr nur unter meinem Pseudonym, denn Sendungen unter einem andern Namen erhalte ich überhaupt nicht. Wenn der Chef für Eingeschriebenes solche Briefe für unbestellbar hält, so muß er völlig abgetrennt von der übrigen Menschheit dahinleben, gleich dem Dalai-Lama. So sehr nun eine solche Weltabgekehrtheit vom theosophischen Standpunkt aus zu begrüßen ist: vom sozialen Standpunkt aus können wir sie ihm nicht zubilligen. Er muß aus ihr heraustreten. Dies geschieht in Österreich dadurch, daß man sich an den Hausmeister wendet. Es würde aber auch genügen, die Wohnungstafel in meinem Hause zu lesen. Kann die Postbehörde für rekommandierte Briefe weder das eine noch das andre, so müßte sie analphabetisch und paralytisch sein. Da ich jedoch weit davon entfernt bin, dies anzunehmen, so scheint mir der zweite Fall wahrscheinlicher: daß sie nämlich die Briefe deshalb nicht ausfolgt, weil sie sich sagt: Ein „Friedell" existiert für mich nicht. Das kann ihr niemand verdenken. Ein Beamter kann niemals korrekt genug sein. Aber dann hat sie doch wenigstens die Verpflichtung, mir davon Mitteilung zu machen, daß ich nicht mehr auf der Welt bin. Dann wäre ich in die Lage versetzt, den Absender des Briefes über diese Auffassung der Postbehörde aufzuklären und die Zusendung unter dem von dem Herrn Chef für Eingeschriebenes genehmigten Namen zu veranlassen. Statt dessen wird der Brief einfach beiseite gelegt, als ob man sich mit der Post einen übermütigen Studentenscherz erlaubt und eine Bierkarte geschrieben hätte, etwa mit der Adresse: An den Enderle von Ketsch, oder: An den Zwerg Perkeo.

Das geht zu weit. Denn man bedenke: Es kann einen doch ge-

radezu verrückt machen, wenn man sich vorstellt, daß ununterbrochen rekommandierte Briefe eintreffen, die lautlos in der Versenkung verschwinden. Ich vermute, daß es allen Wienern mit Pseudonymen, ohne daß sie die geringste Ahnung davon haben, ebenso ergeht, und ich lege ihnen nahe, sich auszudenken, in welche völlig hilflose Lage sie dadurch versetzt werden. Indem ich von der selbstverständlichen Voraussetzung ausgehe, daß der soeben mitgeteilte Fall der Rücksendung rekommandierter Schreiben nicht der einzige und nicht einmal der schwerste dieser Art war, nehme ich, zum Beispiel, an, daß unter den zahlreichen vergeblich an mich gerichteten Briefen sich auch der Antrag eines amerikanischen Milliardärs befand, der einen Cabaret-Trust gründen wollte und natürlicherweise mich zum Direktor dieses Trusts ausersehen hatte. Der Brief geht als unbestellbar zurück. Der Milliardär sieht im Literaturkalender nach, er wendet sich an Verleger, Direktoren, Kneipwirte und ähnliche Menschen, die mit mir in Geschäftsbeziehungen stehen, auch an die Redaktion der ‚Schaubühne': er erhält überall als Auskunft genau dieselbe Adresse, die seinen Brief zu einem „unbestellbaren" gemacht hat. Er ist ratlos und überträgt den vortrefflichen Posten Herrn Danny Gürtler. Dieser Trustmensch ist aber wenigstens als Geschäftsmann so gewissenhaft gewesen, den Absender auf das Kuvert zu schreiben. Anders steht es mit den unzähligen Liebesanträgen, die mich nicht erreicht haben. Damen sind nicht so genau in diesen Dingen. Sie erhalten infolgedessen überhaupt keine Antwort und können es sich nicht erklären. Sie stehen einfach blamiert da und ich als ungezogener Mensch.
Zum Schluß will ich jedoch nicht verschweigen, daß die Sache in wenigen Ausnahmefällen auch ihre Vorteile hat. So wurde ich einmal wegen Amtsehrenbeleidigung verfolgt. Amtsehrenbeleidigung in Österreich – man kann sich denken, was das heißt: natürlich an einem Trambahnkutscher. Ich wies daher das Dienstmädchen an, dem Gerichtsboten mitzuteilen, daß

ich nicht existiere. Wenn ich für sympathische rekommandierte Briefe nicht auf der Welt bin, dann will ich es auch nicht für das unsympathische Gericht sein. Dies sah man ein. Aber in derselben Straße wohnt ein Pater namens Doktor Leo Friedel. Der wurde nun vorgeladen. Man kann sich sein Entsetzen denken, als ihm vorgehalten wurde, daß er wegen Trunkenheit, nächtlicher Ruhestörung und Trambahnkutscherbeleidigung angeklagt sei. So sehr ich die Unannehmlichkeit bedauere, in die der ehrwürdige Mann dadurch geraten war, so kann ich doch eine gewisse Schadenfreude nicht verhehlen: denn um ähnlichen Vorgängen, die sich sicher noch wiederholen werden, vorzubeugen, wird ihm nichts übrig bleiben, als sich von nun an Friedmann zu nennen.

DIE SCHAUBÜHNE
Ein Dialog

Guten Tag, Franz. Was liest du da?
Pflanzenphysiologie.
Hm. Es ist wohl sehr bildend?
Nein, es ist gar nicht „bildend". Das heißt: wenn du unter Bildung Erweiterung der Kenntnisse verstehst. Im Gegenteil: es verringert die Kenntnisse, und es vermehrt die Unkenntnisse. Seit ich wissenschaftliche Botanik studiere, muß ich gestehen, daß jeder Laie von Botanik mehr versteht als ich. Ich selbst habe früher über diese Dinge mehr gewußt als jetzt. Jetzt weiß ich gar nichts mehr. Aber vielleicht ist gerade das Bildung: Erweiterung der Unkenntnisse.
Das ist wieder eins von deinen vielen Paradoxen.
Nein. Es ist einer von meinen vielen Gemeinplätzen. Du wirst die Beobachtung, die ich dir soeben mitgeteilt habe, überall

bestätigt finden. Alle Menschen haben einen klaren Begriff von der Elektrizität – bis auf die Elektrotechniker. Die Gründungsgeschichte Roms kann jeder Sextaner erzählen, aber Mommsen kann sie nicht erzählen. Was Ernährung, Wachstum, Fortpflanzung ist, kann dir jeder sagen, außer dem Physiologen. Und infolgedessen glaube ich, daß es die Aufgabe jedes Gebildeten wäre, auf möglichst vielen Gebieten bis zu dem Punkt vorzudringen, auf dem er seine positiven Kenntnisse fast ausnahmslos preisgeben muß.

Und darum studierst du Pflanzenphysiologie?

Nein, nicht deshalb. Sondern zu meiner Zerstreuung.

Nun, da würde ich dir doch lieber empfehlen, heute abend zu Shakespeare zu gehen oder einen Band Hamsun zu lesen.

Da tätest du sehr unrecht. Denn Shakespeare ist sehr abspannend, und Hamsun ist ein wissenschaftliches Studium. Die Botanik dagegen ist eine Erholung, obgleich sie angeblich das Wissenschaftlichere ist. Hamsun setzt eine ungeheure Menge von Vorkenntnissen voraus, während die Botanik nur die Bekanntschaft mit ein paar einfachen chemischen und physikalischen Tatsachen verlangt, die du dir in wenigen Tagen erwerben kannst. Willst du aber das wissen, was du brauchst, um überhaupt an Hamsun herangehen zu können, so mußt du mindestens zehn Jahre gearbeitet haben. Du mußt eine Masse von persönlichen Erlebnissen und Beobachtungen in dir parat haben, sonst finden die psychologischen Entdeckungen, die Hamsun gemacht hat, in dir keinen Nährboden. Es entsteht dann keine chemische Verbindung zwischen dir und Hamsun. Und nun gar Shakespeare. Shakespeare ist das Ermüdenste, was ich kenne. Es ist fast unmöglich, diesen blitzschnellen Bewegungen eines Geistes zu folgen, der mit Ideen und Impressionen so überfüllt ist, daß ihn diese Überfülle und das Bedürfnis, sie loszuwerden, ganz hysterisch macht. Shakespeare leidet an Gedankenübervölkerung. Nimm irgend einen seiner Monologe her und versuche, ihn „vom Blatt“ zu lesen. Du wirst nach der dritten Zeile erschöpft innehalten müssen. Shakespeare stopft in einen Satz ein halbes Dutzend Beobachtungen, Empfindungen, Gleichnisse, Interjektionen, zu denen mindestens zwei Seiten gehören. Mit Shakespeare verglichen, sind wissenschaftliche Erörterungen, die in breitem Fluß, immer rekapitulierend, langsam von Punkt zu Punkt schreiten, ein Ausspannen des Geistes, eine Erholung.

Nun, man muß sich nicht darauf versteifen, in einem Drama jedes Wort bis auf den letzten Sinn auszuschöpfen. Du kannst ganz gut Shakespeare lesen, indem du nur die allgemeine Stimmung, den dramatischen Grundbaß festhältst. Wenn du auch nicht alle Details richtig aufnimmst: das Ganze, die Handlung, die psychologische Entwicklung – also das Wesentliche jedes Dramas – verstehst du darum doch.

Ja; aber wenn du einmal so weit gehst, erkläre ich dir, daß Shakespeare, bloß als Dramatiker, mich langweilt.

Soll diese Ansicht etwa auch ein Gemeinplatz sein?

Vorläufig noch nicht. Aber sie wird gewiß einmal einer werden. Denn sage mir einmal aufrichtig: Was ist es denn, das dich an Shakespeare – ich betone nochmals: an Shakespeare, den Dramatiker – so sehr fesseln könnte? Nimm irgend eines seiner Meisterwerke. Etwa den ‚Othello'. Man hat ihn das Drama der Eifersucht genannt, und in der Tat: es ist das großartigste Gemälde dieser Leidenschaft und ihrer Verstrickungen, das jemals geschrieben wurde. Aber dies ohne weiteres zugegeben: Ist die Eifersucht denn ein Drama? Oder genauer gesagt: Wird sie es noch lange bleiben? Ich glaube, diese furchtbare und verheerende Leidenschaft müffelt heute schon ein wenig. Oder nimm den ‚Macbeth'. Der Ehrgeiz, der „Wille zur Macht". Diese Leidenschaft wird vermutlich nie aussterben, ja, es ist wahrscheinlich, daß sie den kommenden Menschen in noch viel heftigerem Maße beherrschen wird als den vergangenen. Sie wird sich verstärken. Aber daß heißt: sie wird sich verfeinern. Wir sind ehrgeizig und machtbegierig. Aber eine Krone scheint uns nicht mehr das richtige Mittel, um diese Leidenschaften zu befriedigen. Und überhaupt: Wir ermorden nicht mehr. Man hat die Mordlust, die in vielen, vielleicht in allen Menschen steckt, bisher dadurch in Schranken halten wollen, daß man sie als etwas Entsetzliches, grauenhaft Tierisches hinstellte. Das war wohl nicht die rechte Pädagogik. Aber wir sind im Begriff, eine bessere zu finden, und zwar aus unseren tiefsten Instinkten heraus. Der Mord fängt nämlich an, etwas Lächerliches zu werden. Eine wirklich humane Kultur wird erst in dem Augenblick die Welt beherrschen, wo alle Gebildeten einen Mörder furchtbar komisch finden werden. Dann werden die rudimentären Formen aus frühern Zeiten, eben jene Menschen mit atavistischer Mordlust, vielleicht eher in sich gehen, denn sie werden an ihrer schwächsten Seite gepackt werden, an ihrer Eitelkeit. Bisher hat man sie nur an der Furcht zu packen gesucht. Und dann wird man vielleicht auch über ‚Macbeth' lachen, jenes Drama, das wahrscheinlich das größte aller Zeiten ist. Es wird uns vorkommen, wie eine Knockaboutkomödie. Nimm ferner ‚König Lear' –

Nein. Nimm den ‚Hamlet'.

Ah, der ‚Hamlet' bedeutet auch für uns noch etwas. Aber warum? Eben wegen seines Mangels an Handlung. Weil er ganz Philosophie, Psychologie und Undrama ist. Er ist als Drama eine der schwächsten Arbeiten Shakespeares. Er ist schlecht komponiert, und die Katastrophe ist ganz künstlich und unorganisch. Aber das sind Mängel, die man heute nicht mehr spürt, während die außerordentlichen Vorzüge der Shakespeareschen Dramen, die sonst von diesem Moloch „Handlung" verschlungen werden, hier ins vollste Licht treten. Über den ‚Hamlet' sind tausende von Büchern und Aufsätzen geschrieben worden, aber es ist sicher noch nicht alles über ihn gesagt worden. Denn Hamlet, das Werk eines Genies, ist selbst ein Genie, und das Genie ist tausenddeutig, weil es ein Extrakt aus jedem einzelnen Menschen ist. Jeder Mensch findet sich im Genie wieder, und gerade das findet er im Genie wieder, was ihn von allen übrigen Menschen unterscheidet. Aber: – im Hamlet hat Shakespeare wie in einem Gleichnis das Schicksal der dramatischen Kunst gezeichnet. Sie geht umher, gequält und verfolgt von nächtlichen Gesichten, angetrieben zu weitausladenden, geräuschvollen Handlungen, zu Mord und Totschlag, Kampf und Tat, und indem sie den Sinn und Wert aller dieser Lebensäußerungen erwägt und prüft, erkennt sie: Alle diese Dinge haben keine innere Existenzberechtigung, sie sind nichts als Konzessionen, die wir dem Milieu machen, in dem wir leben, nämlich dem großen Irrenhaus von Unweisheit und Ungüte, das man „Menschheit" nennt. Und wie Hamlet in solchen Reflexionen sich selbst zersetzt und lebensunfähig macht, so gelangt im langsamen Prozeß der Selbstbespiegelung auch die dramatische Kunst zu ihrer Selbstauflösung. Und so sinkt denn das Drama allmählich auf die Stufe einer recht interessanten, aber etwas rückständigen und rudimentären Betätigung herab; es wird ein Überbleibsel aus frühern Kulturperioden, etwa das, was englische Ethnologen ein survival nennen. Stücke schreiben, aufgeregte Menschen gegeneinanderhetzen, die ganze Welt in drei Stunden erklären wollen: das sind etwas kindische und primitive Unternehmungen. Die dramatische Kunst hat etwas Pöbelhaftes, ja, sie muß es sogar haben. Denn sie hat die Optik der Rampe, und sie kann überhaupt nur gewöhnliche Naturen schildern.

Na, erlaube mal! Sind Wallenstein, Holofernes oder Faust gewöhnliche Naturen?

Der „Faust" gehört in die Gruppe „Hamlet", und Wallenstein, Holofernes und alle die zahllosen andern, die du noch hättest nennen können, sind in gewissem Sinne gewöhnliche Naturen. Nämlich in dem Sinne, daß ihre Motive und Affekte für den modernen Menschen etwas höchst Vulgäres haben. Ich leugne natürlich nicht, daß eben solche Triebfedern und Leidenschaften in der Zeit, wo diese Menschen lebten, gerade das Heroische

und Großartige an ihnen ausgemacht haben. Aber das hindert doch nicht, daß wir heute in diesen Seelenbewegungen nichts andres mehr sehen können als historische Spezialitäten.
Nun, der Dramatiker ist ja nicht ausschließlich auf die Historie angewiesen. Er kann ja aus der Gegenwart schöpfen.
Ja, siehst du, das ist aber der wunde Punkt! Wenn der Dichter nicht geradewegs lügen will, wo findet er denn dann im Leben der Gegenwart dramatische Bewegungen? Wo sind die großen Explosionen und weithin sichtbaren Gesten, die man „dramatisch" nennt? Sie kommen noch vor, aber nur bei den ganz uninteressanten Menschen, nämlich bei der großen Masse und bei den Dummköpfen. Dramatisches Leben ist, zum Beispiel, heute noch in Rußland zu finden: aber glaubst du wirklich, daß eine Dramatisierung etwa der russischen Revolution für einen Menschen von modernem Kunstgeschmack einen andern Reiz hätte, als höchstens den des Exotismus? Und daß in einem solchen Drama nicht lauter gewöhnliche Naturen vorkämen, die höchstens als Ausdruck der Totalität ihres Volkes eine gewisse Größe zeigen? Ein wirkliches Drama mit überragenden Menschen als Akteuren, wie wir es bei Shakespeare, Schiller und Hebbel sehen, läßt sich aus den Menschen der Gegenwart gar nicht mehr zusammensetzen. Wir leben geräuschloser. In den Dramen des Lebens von heutzutage „geht nichts vor". Das heißt: Die einzigen wirklichen Vorgänge des menschlichen Lebens, die Seelenvorgänge, die gibt es auch heute noch, und mehr als früher. Aber die sind nicht „dramatisch". Und deshalb könnte Shakespeare heute kein einziges seiner Stücke mehr schreiben. Er müßte sich sagen, daß Othello die Desdemona nicht töten wird, wenn er nicht gerade betrunken ist, sondern daß er etwas andres tun oder reden wird, irgend etwas scheinbar Unbedeutendes und Nebensächliches, irgend etwas, das sich schwer vorausberechnen läßt, das aber vielleicht tiefer treffen wird als sein Dolch. Bei einem Othello der Shakespearezeit lag die Gleichung klar und deutlich vor

Augen: Er wird sie töten. Was sollte er denn sonst tun, wenn er nicht gerade betrunken ist? Die Menschen waren damals eben viel übersichtlicher, einfacher, schematischer. Ein genialer und kenntnisreicher Seelenforscher konnte mit ihnen ebenso Astronomie treiben wie Galilei mit seinen Sternen. Man mußte nur die Gesetze der Epizykel kennen, die sie beschreiben würden.

Aber dann gibst du ja selbst dem Dramatiker das Recht, Menschen aus der Shakespearezeit so zu schildern, wie Shakespeare es getan hat.

Gewiß tue ich das. Und ich glaube auch, daß die Historie noch eine Zeitlang die letzte Zufluchtsstätte sein wird, in die die Dramatik sich retten kann. Hier braucht der Dramatiker wenigstens nicht zu lügen. Und noch einen großen Vorteil hat er auf diesem Gebiete: den der Distanz. Je mehr wir von einer Sache wissen, desto unpoetischer ist sie. Daher ist die Gegenwart fast immer unpoetisch. Das Leben, das ich mit meinen Mitmenschen lebe, wird gleichsam in lauter kleine Molekularbewegungen zerlegt, und darüber kann ich zu keinem Gesamtbild kommen, das sicher auch seine eigenartige Poesie hätte. Dagegen: je ferner wir einer Sache stehen, desto leichter wird sie poetisch. Die Natur hat immer etwas Poetisches, weil sie uns so fremd ist, weil wir so gar nichts von ihr wissen. Ein Tier ist schon nicht mehr so poetisch wie eine Pflanze, weil die Tiere uns etwas näher stehen. Aus demselben Grunde erscheint uns ein Tier fast immer poetischer als ein Mensch, ein Kind poetischer als ein Erwachsener, eine Frau poetischer als ein Mann, ein fremdes Volk poetischer als das eigene, ein unbekannter Mensch poetischer als ein bekannter, ein Toter poetischer als ein Lebender. Und dasselbe gilt natürlich von der Vergangenheit. Schon unsere eigene Vergangenheit hat einen eigentümlichen halbromantischen Charakter: wir denken an vergangene Erlebnisse, selbst wenn sie peinlich waren, immer mit einem gewissen Neid und finden, das Leben sei damals schöner gewesen. Dieses Gespräch, das wir eben führen, so prosaisch es ist, wird für dich in zwanzig Jahren, wenn du dich noch daran erinnern solltest, etwas eigentümlich Stilisiertes haben. Und deshalb kann der Dramatiker noch am ehesten zur Historie greifen, und je weiter er zurückgreift, desto besser.

Das wird er immer können, und ich sehe daher keinen Grund, der dramatischen Kunst ein baldiges Ende zu prophezeien.

Das historische Drama bietet aber gewisse Schwierigkeiten, die vielleicht bald unüberwindlich sein werden. Zunächst: es kann nicht mehr das sein, wodurch früher die Historien ihre große Wirkung hatten: eine Projektion der Gegenwart in Vergangenheit. So hat noch Shakespeare seine Historien gedichtet. Seine Römer waren eben keine kunstvoll konstruierten Fossilien, sondern echte Menschen von der Straße. Heute müßte der Dramatiker gerade umgekehrt verfahren: er müßte den äußersten historischen Naturalismus anwenden, um die Handlungen und Gefühle seiner Helden, die sonst verlogen wirken würden, wahrscheinlich und möglich zu machen. Dadurch wird die Dramatik zu einer Art von archäologischem Museum. Es ist sicher, daß sie hierdurch an Interesse gegen die frühere Historiendramatik sogar gewinnen wird, aber die lebendige Wirkung in die Gegenwart, die, zum Beispiel, noch die Schillerschen Historien in so hohem Maße hatten, muß sie dadurch verlieren. Sodann aber wird dem Dichter sehr bald die Sprache für diese veralteten Affekte und Aktionen ausgehen und überhaupt die Fähigkeit der Einfühlung, die ja das Wesen des Dichterischen ausmacht.

Also mit einem Wort: Das Drama hat in der Kunst nichts mehr zu suchen. Aber wie kommt es denn dann, daß man immer noch im Theater so lebhaft ergriffen wird? Das habe ich doch auch an dir schon sehr oft beobachtet.

Lieber Freund, das beweist gar nichts. Wir werden von einer Menge von Dingen ergriffen, die uns im Grunde gar nicht ergreifen, und wir spüren eine Menge von Dingen nicht, die uns dennoch aufs tiefste beeinflussen. Der momentane Affekt des Hörers ist niemals ein Gradmesser für den Wert eines Kunstwerks. Wenn du mir versprichst, es bei dir zu behalten, so will ich dir gestehen, daß meine Lieblingsautoren heute noch Cooper und die Marlitt sind. Ich lese diese Bücher mit dem größten Interesse, und sie sind auch in der Tat rührender und aufregender als die Romane von Hamsun und Jacobsen; aber wenn du mich nach dem Inhalt fragst, so weiß ich dir ihn nicht zu sagen. Und dann: bei jeder Entwicklung läuft immer sehr lange allerlei Gefühlsatavismus mit, als ein sehr heilsames Gewicht, das verhindert, daß die Bewegung in ein überschnelles ungesundes Tempo gerät oder über ihr Ziel hinausschießt. Kein noch so überzeugter Atheist wird beim Anblick einer Kirche dieselben Empfindungen haben wie beim Anblick eines Klublokals, obgleich sie ja seiner Ansicht nach nichts andres ist.

Wenn das Theater aber immer noch so schöne und starke Eindrücke vermittelt, so ist kein Grund, es abzuschaffen.

Man soll es auch nicht abschaffen. Ich bin so wenig für die Abschaffung des Theaters, wie ich für die Einstampfung des ‚Lederstrumpf' bin. Ich bin nur für eine richtige Wertung. Und vor allem bin ich dafür, daß diese an sich untergeordnete und im Gange der heutigen Kulturentwicklung unwirksame Kunstbetätigung nicht andere wichtigere Betätigungen des menschlichen Geistes überwuchert und auf einen zu dürftigen Nährboden beschränkt. Denn das Theater verkümmert den dramatischen Sinn. Das klingt paradox. Aber der dramatische Sinn des Menschen ist viel allgemeiner, als man gemeinhin annimmt, und deckt sich durchaus nicht mit dem theatralischen. Der dramatische Sinn ist ein in allen unsern Lebensäußerungen stets gegenwärtiger und aktiver Sinn, so gut wie der Gesichtssinn oder der Temperatursinn. Er beherrscht die ganze Welt. Er wirkt bereits in den merkwürdigen schraubenförmigen Bewegungen der Wurzelspitze, des „Gehirns der Pflanze", er organisiert den Ameisenstaat mit seinem Sklavereisystem, seinen Melkkühen und Gemüsegärten, er ist die Ursache der Kräfte-Umwandlung im galvanischen Element und des Kampfs der Atome, aus dem die Gestirne hervorgehen. Wir aber haben diesen Sinn künstlich unterdrückt und beschränkt, indem wir ihn fast ausschließlich auf ein kleines Feld konzentrierten, auf dem nicht viel zu finden war, und auf dem alles Auffindbare schon längst gefunden ist. Unter dem despotischen Druck der Theatrokratie ist unser ganzer dramatischer Sinn für das Theater aufgebraucht worden. Auf allen andern Gebieten aber haben wir diesen natürlichen Trieb gewaltsam verschnitten und seiner produktiven Kräfte beraubt. Auf allem, was nicht Theater ist, lastet heute noch der Fluch der Langweiligkeit und der Unlebendigkeit. Alles andre ist „Arbeit", „Studium"; nur das Theater gilt als „Vergnügen". Wenn die Wissenschaft und mit ihr das Denken heute noch als eine bloße Gehirnangelegenheit kompromittiert ist, so ist nur die Theatrokratie daran schuld. Aber das Denken ist eine Leidenschaft, und wahrscheinlich die furchtbarste und fruchtbarste, die es gibt. Wenn einmal die Herrschaft des Theaters gebrochen ist, wird diese Leidenschaft ihr Haupt erheben und ihre Dramen schaffen, die sich zu den bisherigen Dramen verhalten werden wie tiefe Romane zu Lesestücken aus A-B-C-Büchern. Sie wird Gebiete der Seele entdecken und exploitieren, von denen wir noch keine Ahnung haben. Und auch unser Leben, das heutzutage so undramatisch und unpoetisch verläuft, wird eine höhere Bewegung bekommen, wenn unsre dramatischen Bedürfnisse nicht mehr im Theater eine so billige Befriedigung finden werden. Der dramatische Sinn wird dem Leben direkt zugute kommen, und nicht mehr bloß den Theaterdirektoren.

Aber die Dramen des Theaters sind Werke der Phantasie, und die Dramen der Wissenschaft und des Lebens, von denen du sprichst, können das nie sein.

Ich will aber gar keine Phantasie. Was ist denn eigentlich jene vielgerühmte Phantasie, die früher das Privileg des Dichters war? Sie ist nichts als schlechte intellektuelle und künstlerische Erziehung. Sie ist die Subjektivität irgend eines Einzelorganismus, die sich ungebührlich vordrängt und uns verhindert, die Poesie der Natur und des Lebens voll zu erfassen. Und doch haben Natur und Leben zehntausendmal mehr Poesie und Phantasie als der größte Dichter. Ist die Poesie der Welt etwa im menschlichen Gehirn, dieser mehr oder minder schadhaften Begriffsrechenmaschine? Ganz im Gegenteil: gerade dort ist sie am wenigsten. Der vollkommenste Dichter ist der unpersönlichste, derjenige, der einen möglichst vollkommenen Aufnahme- und Durchgangsapparat für die Poesie der Natur und des Lebens bildet, der der Poesie der Welt möglichst geringe Leitungswiderstände entgegensetzt. Ein Dichter ist ein Mensch, der Poesie empfangen und weitergeben kann, keineswegs ein Mensch, der Poesie „macht". Um es in eine Formel zu bringen: der Grad seiner „Permeabilität für Weltpoesie" bezeichnet die Höhe seiner dichterischen Kapazität. Selbsttätige Phantasie hingegen ist eine Gehirnkrankheit und ebenso interessant, aber auch ebenso belanglos wie alle übrigen pathologischen Phänomene. Selbsttätige Phantasie ist überdies langweilig. Es gibt nur eine einzige amüsante Sache: die Wirklichkeit. Subjektive Poesien sind daher nicht nur belanglos, sie sind geradezu schädlich. Denn sie schieben das fade Ich vor die interessanten Objekte. Man vergleiche, zum Beispiel, einmal die Spiele, die die Menschen erfunden haben, mit den Spielen der Tiere. Jene sind langweilige Gehirnfunktionen, diese sind organische Produkte des Lebens. Man kann stundenlang zusehen, wenn junge Hunde oder irgendwelche andre Tiere miteinander spielen, aber man muß schon ziemlich von Gott verlassen sein, um bei einer Partie Billard oder Skat stundenlang kiebitzen zu können. Phantasie ist etwas für Kinder, Frauen und Naturvölker. Phantasie von der Art, wie das Theater sie braucht, ist nichts als eine Folge lückenhafter Lebensbeobachtungen, ungeordneten Denkens und defekter Wahrheitsliebe. Ich bin für die Phantasie der photographischen Platte, des Mikroskops, des Fernrohrs, des Röntgenapparats. Diese Instrumente sind gar nicht „produktiv", und dennoch haben sie unserm Vorstellungsleben mehr neues Assoziationskapital zugeführt als alle „Phantasieschöpfungen" der ganzen Weltliteratur. Und warum? Einfach deshalb, weil sie bessere Organe hatten, schärfere, subtilere, genauere, unphantastischere. Und ganz ebenso steht es mit der geistigen Arbeit des Menschen. Einen genialen Menschen nenne ich den, der für uns dieselbe Bedeutung hat, wie ein neuer physikalischer Apparat. Das Genie braucht keine Phantasie, es braucht nur Augen. Die Augen des Genies sind ein neues optisches Instrument mit bis dahin unerhörten Vervollkommnungen und Verfeinerungen, das zerlegt und zusammensetzt, aber natürlich nur mit objektiven Strahlen arbeitet, die von draußen kommen. Das Genie hat gar nichts „aus sich". Was einer „aus sich" hat, ist Spiegelfechterei oder Selbstbetrug. Ich bin für die Phantasie eines Newton, eines Kant, eines Bismarck.

Wenn du so weit gehst, warum bist du dann nur gegen die unglücklichen Dramatiker? Denn was du soeben eingewendet hast, richtet sich gegen die ganze Dichtkunst überhaupt.

Nun, ich hätte große Lust, auch diesen letzten Schritt zu tun. Jedenfalls hat alle Dichtkunst etwas von schlechter Erziehung.

Es wird ja immer besser!

Nun, du kennst doch das Epigramm Hartlebens: „Der Lyriker wird nie als Gentleman geschätzet, weil er vor aller Welt von seiner Liebe schwätzet". Übrigens: – auch wenn der Lyriker seine Liebesgeschichten diskret bei sich behält, so plaudert er doch immer noch über seine eigenen Seelengeheimnisse und Privatangelegenheiten, und auch das tut kein Gentleman. Der Romanzier wieder riecht in fremde Familienverhältnisse und bekümmert sich leidenschaftlich um Intimitäten, die nicht die seinigen sind, und das tut auch kein Gentleman. Der Dramatiker vollends ist ein Volksredner, der jeden Abend für zweitausend Menschen arbeitet, und das tut wiederum kein Gentleman.

Aber zum Teufel, das ist doch keine vernünftige Wertung! Ich wenigstens finde einen Dichter wertvoller und interessanter als tausend Gentlemen.

Aber es ist nicht bloß etwas Äußerliches. Das Dichten ist wirklich eine Art Unkultiviertheit, auch im höhern Sinne. Das „Sich-strömen-lassen" der Dichter setzt immer einen gewissen Mangel an Selbstzucht, an geistiger Disziplin und an Scham voraus. Zudem ist jeder Dichter bis zu einem gewissen Grade unehrlich. Er soll eine abgerundete, in sich geschlossene Schöpfung hervorbringen, und da geht es nie ohne ein bißchen Draperie und Arrangement ab. Er muß die Dinge erst in seinem Kopf zurechtlügen, damit sie „ästhetisch" wirken; er muß sie erst zu einer künstlichen Einheit zusammenlügen, damit sie organisch ineinandergreifen. Ein gewisser Mangel an dem, was Nietzsche „intellektuelles Gewissen" nennt, ist die Voraussetzung aller Dichtkunst. Und schließlich läuft auch bei allem Dichten ein großes Stück Unbildung mit. Das Grobhandgreifliche, die Anschaulichkeit um jeden Preis, die Konzentration auf den individuellen Fall: das sind Momente, die in der Dichtkunst eine rudimentäre Betätigung des menschlichen Geistes erkennen lassen. Man kann auch beobachten, daß Unbildung die dichterische Produktivität direkt unterstützt, während Bildung sie hemmt. Naturvölker dichten viel leichter als Kulturvölker, Kinder leichter als Erwachsene, Frauen leichter als Männer, Leute aus dem Volke leichter als Gelehrte. Es gab eine Zeit, in der jeder Mensch dichtete: das war die Urzeit des Menschengeschlechts. Dichten ist eben vorwiegend eine Funktion der Phantasie, und daher gilt in der Tat von der gesamten Dichtkunst, was ich vorhin von der Dramatischen Kunst sagte.

Übrigens wirst du bemerken, daß mit zunehmender Kultur die Phantasie und damit die Dichtkunst zurückgeht. In der ‚Ilias' ist schon weniger Phantasie als in ‚Tausend und einer Nacht'. Und unsre modernen Dichter haben, mit den frühern verglichen, überhaupt keine Phantasie mehr. Phantasie haben heute nur noch die Schmierer, aber Ibsen, Strindberg, Liliencron, Hamsun, Altenberg haben keine. Gott sei Dank, so weit sind wir schon. Infolgedessen steht zu hoffen, daß die Dichtkunst mit der Zeit überhaupt aufhören wird.

Nun, ich für meinen Teil halte es mit Novalis, der gesagt hat: Erst dadurch, daß es Dichter gibt, habe die Welt eine Existenzberechtigung bekommen.

Ja, aber derselbe Novalis hat auch gesagt – ich kann mich an den Wortlaut nicht mehr erinnern –: Der Musiker dichtet mit Tönen, der Maler mit Farben, der Mechaniker mit Kräften, der Philosoph mit Begriffen und der Romantiker mit dem Leben. Der das empfunden hat, war ein echter Romantiker. Und wenn ich vorhin gegen die Dichtkunst war, so wollte ich damit noch lange nicht gesagt haben, daß ich gegen die Dichter bin. Im Gegenteil: wenn die Dichtkunst aufhört, wird es mehr Dichter geben und größere. Die Dichter, die wir bis jetzt gesehen haben, haben alle ihre verfügbare Poesie und Romantik auf lyrische Gedichte abgezogen oder in einen Roman eingedünstet. So bleibt nichts für das Leben übrig. Auch von den Theaterkomikern wird ja behauptet, daß sie im Leben zumeist recht morose Leute seien. Es ist außerdem auch gar nicht ausgemacht, daß zum Dichten notwendig „Werke" gehören. Ja, es ist noch sehr die Frage, ob jene Genialität nicht höher steht, die sich in den täglichen improvisierten Lebensäußerungen eines Menschen offenbart. Die „Werke" zeigen uns ja immer nur eine präparierte Genialität, die die Frucht langer Erwägungen, Übungen und Versuche ist. Vielleicht wäre der größte Künstler derjenige, der sagen könnte: Das einzige Kunstwerk, das ich geschaffen habe, ist meine Biographie. Bei andern floß die

Genialität in die Feder oder in den Pinsel. Aber ich verzettelte mein Genie nicht mit diesen Dingen und hatte diese Instrumente nicht nötig. Ich hätte sie nicht einmal brauchen können, denn sie wären für mich viel zu plump gewesen ... Ein solcher Dichter wäre größer als Dante und Homer und unsterblicher.

Unsterblicher?

Jawohl. Die ‚Odyssee' und die ‚Göttliche Komödie' sind etwas Fertiges, etwas Abgeschlossenes, und daher gewissermaßen etwas Totes. Ein Menschenleben aber wirkt weiter, indem es sich fortwährend in den Augen der Nachwelt verwandelt. So hat, zum Beispiel, Goethe eine Dichtung geschaffen, die höher steht und länger und tiefer wirken wird als der ‚Faust', der ‚Tasso' und seine andern Meisterwerke. Sie heißt: Das Leben Johann Wolfgang Goethes, 1749 - 1832.

Aber Goethes Leben und Goethes Dichtung hängen doch genau zusammen.

Ja, aber in besonderer Weise. Nämlich: seine Dichtungen hätte er niemals schreiben können ohne ein solches Leben, aber ein solches Leben hätte er wohl führen können, ohne eine Zeile zu dichten. Daß er der einzige Mensch war, der den ‚Faust' schreiben konnte, das war das spezifisch Goethische; daß er den ‚Faust' schrieb, war ein Zufall. Die Kunst ist immer nur ein Nebenprodukt. Das Wort „Berufsdichter" ist ein Unsinn. Der Beruf des Dichters ist der jedes andern Menschen: leben, assimilieren und assimiliert werden, Energien anhäufen und weitergeben, eine von den Millionen Komponenten der Weltbewegung bilden. Daneben fällt dann bisweilen etwas Lyrik oder Drama ab. Der echte Dichter „sezerniert" Dichtungen.

Immerhin aber haben die großen Dichter bis jetzt immer auch solche Sekrete abgegeben.

Durchaus nicht immer. Die einzigen Dichtungen, zum Beispiel, die Sokrates hinterlassen hat, sind die Dialoge des Plato. Aber das beste Beispiel eines Dichters ohne Bücher ist Jesus. Ich glaube, Jesus war ein größerer Dichter als Shakespeare. Schon deshalb, weil sein Material ein großartigeres war. Shakespeare hat mit einigen Figuren gedichtet, aber Jesus hat mit der ganzen Menschheit gedichtet, oder vielmehr: er hat die ganze Menschheit dazu gebracht, mit ihm zu dichten, und das tut er jetzt schon fast zwei Jahrtausende lang. Der Othello bleibt immer Othello, der Jago immer Jago; aber Jesus hat sich schon in tausend Dichtungen umgesetzt, die von Jahrhundert zu Jahrhundert von einem Dichter zum andern überspringen.

Das mag vom Mittelalter oder von der Reformationszeit gelten, aber heutzutage ist das Christentum keine lebendige Macht mehr.

Dieses Christentum, das heute tot ist, verhält sich zu der Gesamtpersönlichkeit Christi, wie eine Seite des ‚Faust' sich zu Goethe verhält. Das Christentum wäre niemals Weltreligion geworden, wenn es in einer Bagatelle von neunzehnhundert Jahren sich ausleben könnte. Ich glaube, im Gegenteil, daß wir erst heute anfangen, einige bescheidene Konsequenzen aus dem Leben und den Lehren des Dichters von Nazareth zu ziehen. Denn was er doch vor allem in einem Beispiel zeigen wollte, das war: daß es möglich sei, ein schönes Leben zu führen, oder in andern Worten: mit dem Leben zu dichten. Es gibt eben verschiedene Sorten von Dichtern. Die zwei größten Gegentypen, die man bis jetzt erlebt hat, sind Jesus und Zola: Jesus, der seine ganze poetische Kraft auf seine eigene Existenz verwendet und ein schönes Leben dichtet, und Zola, der seine ganze poetische Kraft auf die schriftstellerische Darstellung der bête humaine verwendet und häßliche Bücher dichtet. Aber das sind zwei seltene Extreme. Die landläufigen Typen liegen in der Mitte. Ich glaube nämlich, daß jeder Mensch ein Dichter ist, und daß der Unterschied nur darin besteht, womit einer dichtet, und auf welcher Stufe er stehen bleibt. Ob einer bei seiner „Menschlichkeit" stehen bleibt und sich darauf beschränkt, bloß mit diesem Material zu hantieren. Das ist die erste Stufe: die Dichter des häßlichen Lebens, die große Majorität der Menschheit. Sodann: ob einer die Kraft hat, aus seiner Menschlichkeit in die Welt der Lügen, das heißt: der Bücher zu flüchten. Das ist die zweite Stufe: die Dichter der schönen Bücher, also das, was man so für gewöhnlich Dichter nennt. Ferner: ob einer die größere Kraft hat, in die Welt der Bücher das Gesetz des Lebens, das heißt: das Gesetz der Wahrheit zu tragen. Das ist die dritte Stufe: die Dichter der häßlichen Bücher, die Naturalisten. Und endlich, ob einer die größte Kraft hat: die Häßlichkeit des Lebens Lügen zu strafen und schön zu machen. An solche Dichter hat wahrscheinlich Schopenhauer gedacht, als er vom „Heiligen" sprach, und Nietzsche, als er das Ideal des Übermenschen aufstellte. In dieser Stufenleiter zeigt sich übrigens die welthistorische Bedeutung des Naturalismus. Der Naturalismus war ganz gewiß kein künstlerischer Rückschritt, wie manche alte Herren behaupten. Er hat allerdings nur eine außerordentliche negative Bedeutung. Er ist eine Art Sperrhaken. Denn man mag über den ästhetischen Wert dieser ganzen Kunstrichtung denken, wie man will – eines steht fest: zurück können wir nicht mehr. Die Dichtung wird niemals wieder werden, was sie war: eine zweite Welt neben und außerhalb der wirklichen Welt, ein Himmel über der Erde. Der Dualismus zwischen Leben und Dichtung, an dem sich unsre Väter genügen ließen, ist endgültig unmöglich geworden: das ist das große Verdienst des Naturalismus. Von da müssen wir aber zum Monismus fortschreiten, und dazu brauchen wir die Dichter. Diesen Monismus von Leben und Dichtung meinte Jesus, wenn er vom „Himmelreich auf Erden" sprach, und Novalis, wenn er sagte: Die Welt ist kein Traum, aber sie soll und wird vielleicht einer werden, und Emerson, wenn er sagte: Poets should be lawgivers. Bis zu diesem Ziel ist freilich noch ein weiter Weg, aber vorläufig haben wir wenigstens die Wahrheit, und das ist schon sehr viel. Schöne Bücher verträgt heute kein Mensch von Geschmack mehr. Man wird sie erst wieder vertragen, wenn sie direkt aus dem Leben geschöpft werden können. Aber ich glaube, dann wird man sie nicht mehr brauchen.

DAS ZEITALTER SHAKESPEARES

Es wäre ein Buch zu schreiben: Das Zeitalter Shakespeares.
Wenn es erlaubt ist, das Zeitalter eines Dichters etwa mit seiner Vegetationszone zu vergleichen, so würde man zunächst die Aufgabe haben, sich zur Bestimmung dieses Vegetationskreises gewisser Charakterpflanzen zu bedienen, nämlich jener Gewächse, die der betreffenden Flora durch ihre besondere Ausbildung ihr eigenartiges Gepräge geben. Das Zeitalter Shakespeares ist – im großen gerechnet – die Übergangsscheide vom Mittelalter zur Neuzeit. Es handelt sich aber um Vergangenheit, um Historie; diese Zeit lebt nicht mehr, wir können zu ihrer Bestimmung nur die wenigen Relikte verwenden, die den Wandel der Lebensbedingungen überdauert haben; diese Relikte nennt der Paläontologe Leitfossilien, und sie sind in unserm Falle die Dichter und Denker, denn außer diesen bleibt nichts zurück. Die größten Petrefakten, die uns zur Betrachtung vorliegen, heißen in unserm Fall Francis Bacon, René Descartes und Blaise Pascal. Jedes Zeitalter hat einen bestimmten großen Konflikt im Mittelpunkt seiner Handlung: der Konflikt dieser Zeit ist der zwischen Glauben und Wissen, und er hat in jedem dieser drei seine besondere Ausprägung gefunden.
Zunächst in Bacon, der ihn innerlich schon völlig überwunden hatte, und bei dem man nur noch von einem Kampf zwischen seinen eigenen Ansichten und den Anschauungen der Welt reden kann: er sah auf den Geist seiner Zeit herab wie der Leh-

rer und Erzieher auf die kindlichen Irrtümer und Beschränktheiten seiner Schüler. Für ihn gibt es nur Wissen oder Nichtwissen, und er steht auf der Seite des Wissens: wisdom is power. Bacon ist der erste vollkommene „man of science", den die Neuzeit hervorgebracht hat: exakt, klar, informiert; mit einer großen Leidenschaft für Positives, für Tabellen, Tatsachensammlungen und Versuchsreihen und weit geringerem Interesse für Dinge der Phantasie; immer bereit, die Erscheinungen auf eine Formel zu bringen und voll Mißtrauen gegen alles, was sich nicht beweisen läßt. Es ist der vornehme, wohlunterrichtete, nüchterne und weitblickende Engländer, Gentleman, Gelehrter und Weltreisender in einer Person, in der einen Hand den Kompaß, in der andern die Times, der Polyhistor und Empirist.

Verwickelter ist der Konflikt schon bei Descartes. Er hat die ganze Philosophie seines Landes revolutioniert und allem den Krieg erklärt, was dem Bewußtsein seiner Zeit als unanfechtbar und heilig galt: dem eingeborenen Glauben, den unmittelbaren Eindrücken der Sinne, der durch Tradition und Autorität übermittelten Überzeugung, und er läßt nur eine einzige Sicherheit gelten: den Zweifel an allen diesen Kräften. Er war ohne Zweifel einer der größten geistigen Anarchisten. Aber der Mann des „de omnibus dubito" hat als Mensch niemals aufgehört, der französische Alt-Aristokrat und Sohn der heiligen römischen Kirche zu sein. Er ist immer der geblieben, als der er geboren war: chevalier René Descartes, seigneur de Perron. Er hat sein Buch über den ‚Kosmos', welches, wenn auch nicht auf galileischer, so doch auf heliozentrischer Grundlage ruhte, sofort unterdrückt, als er erfuhr, in welche Differenzen mit der Kirche Galilei durch seine Dialoge gebracht worden war. Es ist keineswegs logische Inkonsequenz oder Mangel an persönlichem Mut, wodurch dieses Doppelverhältnis bestimmt wird, das der Denker zu den Begriffen der Dinge und zu den Dingen selbst einnimmt. Er kannte die Welt und ihre Gesetze zu gut. Er wußte, daß Theorie und Praxis, Denken und Sein zweierlei sind. Man kann das Richtige erkannt haben, ohne seine Verwirklichung auch nur entfernt im Auge zu haben. Jede neue Idee hat erst dann das Recht, in die reale Welt umbildend einzugreifen, wenn die Zeiten sich erfüllt haben. Das Verhalten des Descartes zu den positiven Mächten der Welt war nichts weniger als ein Zeichen geistiger Unfreiheit und Schwäche. Denn die wahre Geistesfreiheit, die nur aus der klarsten Erkenntnis der Dinge hervorgeht, ist auch zugleich die Einsicht in die Macht der Dinge. Wir sehen in Descartes eine neue Form des Helden; an die Stelle der traditionellen Märtyrer des Todes treten die Märtyrer des Lebens, und die Heiligung durch Askese wird nicht mehr in den Klostermauern, sondern mitten im Drängen der Welt gesucht. Der Tod erscheint nicht mehr als Glorifikation des Lebens, und als Held gilt nicht mehr, wer dem Leben entsagt, sondern wer im Leben entsagungsvoll weiterkämpft. In Descartes betritt der Weltmann, der chevalier penseur die Bühne.

Der Größte und Modernste von den dreien ist aber Pascal. In ihm findet jener Konflikt die tragischste und dramatischste Verkörperung. Quel amas d'incertitude! In ihm sieht man den mittelalterlichen und den neuen Geist wie zwei leibhaftige Mächte miteinander ringen. Für ihn ist der Zweifel Selbstzweck. „Nier, douter et croire sont à l'homme ce que le courir est au cheval.“ Bei ihm stieß eine exzeptionell scharfe Intelligenz und Denkkraft mit einer exzeptionell leidenschaftlichen abgründlichen Religiosität zusammen. Er ist der luzideste Denker, den das Mutterland der clarté hervorgebracht hat, und der feinste Seelenanalytiker der Zeit, neben ihm erscheint Descartes als bloßer Rechenkünstler und Apsycholog; zugleich aber ist er ein hysterischer Religiöser und Gottsucher, ein Theomane. Auch Kant war bis zu einem gewissen Grade gläubig, aber dieses gutmütige Geltenlassen gewisser blasser Schuldogmen wird niemand Religiosität nennen. Religiosität, als

ein ungeheures, verzehrendes, vernichtendes Pathos, geschmiedet an eine Logizität des Denkens und einen zerlegenden Forschergeist ersten Ranges – dies war die merkwürdige, einzigartige Psychose Pascals, ein pittoreskes und spannendes Schauspiel des Geistes, wie es wenige gibt.
Die drei Phänomene, die wir skizziert haben, wären nunmehr in ihrer psychologischen und physiologischen Verschiedenheit hinreichend zu erklären: aus dem spezifischen geistigen und physischen Stoffwechsel, den jeder Einzelne hatte, und dann wäre zu zeigen, daß sie überhaupt die drei Stoffwechseltypen der Zeit waren, daß die ganze damalige Menschheit aus lauter Baconmenschen, Descartesmenschen und Pascalmenschen bestand, und wie alle Sitten und Gebräuche, alle Reden und Gesten, alle Worte und Taten: das ganze Mienenspiel jener Zeit baconisch, cartesianisch und pascalisch war.
In diesem Buche braucht der Name Shakespeare nicht ein einziges Mal vorzukommen; und dennoch würde es in jeder Zeile von Shakespeare handeln.

GEORG BRANDES
Zum siebzigsten Geburtstag
[am 4. Februar 1912]

Georg Brandes hat das große Verdienst, daß er die Literaturwissenschaft wieder in eine lebendige Beziehung zur Realität der Gegenwart gesetzt hat. Er kam zu einer Zeit, in der sich auf allen geistigen Gebieten bedeutsame Revolutionen vorzubereiten begannen, auf den ebenso naheliegenden wie fruchtbaren Gedanken, die exakten Methoden der Germanistik und Geschichtsforschung statt auf die Wiederbelebung der Vergangenheit auf die Förderung der Produktion des Tages anzuwenden. Er behandelte die jüngsten Erscheinungen der Literatur ganz so, als ob sie schon von der Fachwissenschaft protokolliert wären, und bedeutete damit selber eine Revolution. Und er hatte damit den einzigen wirklichen Erfolg, den es gibt: die Jugend ging mit ihm. Er wurde mit der Zeit ein ästhetisches Orakel, eine Art literarischer kingmaker, und man darf sagen: er hat diese Machtstellung niemals mißbraucht.

Denn das war seine zweite Hauptqualität: er hatte eine außerordentlich feine, niemals versagende Witterung für die treibenden Kräfte der Zeit, für Höhe, Art und Umfang der einzelnen Talente, für die äußeren Grenzen und inneren Richtlinien ihres Könnens, und er wußte oft viel besser als diese selbst, wer sie waren, worauf sie abzielten, und wohin sie gehörten. Er hatte die Gabe, die Gegenwart bereits mit dem Auge des Historikers zu überschauen, von einem höhergelegenen Observatorium, und Zusammenhänge und Gemeinsamkeiten zu erblikken, die sich der großen Menge zumeist erst viel später offenbaren. Und diese Fähigkeit des Zusammenschauens kam ihm natürlich in noch erhöhtem Maße zugute, wenn er es versuchte, Bewegungen der Vergangenheit nachzuzeichnen. In seinen geschichtlichen Darstellungen zerfällt die Schilderung nicht, wie bei den meisten Literarhistorikern, in ein atomistisches Nebeneinander von Büchertiteln und Bücherbeschreibungen, aus denen sich bestenfalls ein paar gegeneinander isolierte literarische Physiognomien herauskristallisieren; er sah nicht bloß die vereinzelten Wellen und Wellenkreise, sondern die ganzen Ströme, und mit vollem Recht durfte er seinem berühmtesten Werk einen Titel geben, der dies zum Ausdruck bringt.

Er ist der geniale Impresario der modernen Literatur gewesen. Er hat in virtuoser Weise zwischen den neuen geistigen Kräften und dem stets bockbeinigen und begriffsstutzigen Publikum vermittelt und dadurch die ganze Entwicklung in hohem Maße beschleunigt. Und in der Tat: ein guter Kritiker ist nichts andres als ein Entwicklungsbeschleuniger. Er ist selber nicht produktiv, aber er steigert die Produktivität andrer, die Produktivität der Schaffenden und die Produktivität der Aufnehmenden. Wie gewisse Körper durch ihre bloße Anwesenheit chemische Verbindungen befördern, die ohne sie viel langsamer vor sich gehen würden, so bewirkt auch der Kritiker eine schnellere Verbindung zwischen Künstler und Publikum. Und Brandes brachte für diese Funktion eines geistigen Vermittlers die glänzendsten Eigenschaften mit: eine blendende Überredungsgabe, einen beweglichen Stil, biegsame Phantasie, vielgestaltige Bildung und solide Kenntnisse. In seinen scharf, aber nicht pedantisch analysierenden Kommentaren errichtete er eine Art mittlere Proportionale zwischen den beiden feindseligen Parteien und zeigte einen Weg, auf dem beide, ohne sich allzuviel zu vergeben, einander begegnen konnten. Bei diesem Klärungs- und Erklärungsprozeß ist manches Dunkle und Schwere nicht ans Licht gekommen, aber das ist das Schicksal aller „Erläuterungen". Daß es heute wirklich etwas wie eine „Weltliteratur" gibt, daß die Grenzen zwischen den einzelnen Kulturländern wenigstens auf geistigem Gebiete kaum mehr empfunden werden, ist zu einem großen Teil Georg Brandes zu verdanken. Er hat dem gebildeten Europa nicht bloß die ganze reiche Literatur seiner Heimat erschlossen und umgekehrt wieder den Strom der europäischen Bildung nach Skandinavien geleitet, sondern seine Wirksamkeit reichte noch viel weiter: er arbeitete daran, die alten geistigen Beziehungen zwischen Frankreich und Deutschland, die unter dem großen Kriege sehr gelitten hatten, wiederherzustellen, und er lenkte die Aufmerksamkeit auf das eben erst erwachende Geistesleben Rußlands, ja, er entdeckte als Ausländer auf französischem, englischem und deutschem Boden die stärksten Quellen neuer poetischer und philosophischer Begabung.

Die germanistische und literarhistorische Forschung der letzten dreißig Jahre steht denn auch sehr deutlich unter dem Einfluß dieses eigen gearteten, vielseitigen und vorurteilslosen

Kopfes. An den Namen Brandes knüpft sich eine ganze Schule. Und seine Wirkungen waren, alles in allem, sehr wohltätig. Er hat bis zu einem gewissen Grade die Germanistik von der Germanistik erlöst. Zunächst durch seine freie, leichte, niemals den Kontakt mit dem Leben und den Tatsachen verlierende Betrachtungsmethode. Dann aber auch durch das Vorbild seiner klaren, sauberen und anregenden Schreibweise. Die abgenützten latinistischen Phrasenklischees, die die literarhistorischen Werke der frühern Zeit unlesbar machten, wird man bei ihm ebenso vergeblich suchen wie die schöngeistigen rhetorischen Platitüden der in die Seminare verschlagenen Dichterlinge. Er ist weder gelehrt noch feuilletonistisch. Vielleicht hat dieser Vorzug, den Brandes nur mit wenigen seines Faches teilt, mit darin seinen Grund, daß er dänisch geschrieben hat. Es scheint nämlich, daß die nordischen Sprachen wie eine Art Membran wirken, die alle Sorten von Geistreicheleien nicht recht „diffundieren" läßt. Man nehme, zum Beispiel, das Englische. Es ist in dieser Matrosen- und Buchhaltersprache schlechterdings nicht möglich, feuilletonistisch zu sein. Alle Snobismen und Witzeleien werden von diesem Filter zurückgehalten. Man stelle sich vor, daß Oscar Wilde deutsch, französisch oder italienisch geschrieben hätte. Wie verzwickt, verfilzt und vernestelt wären da seine Paradoxa zum Vorschein gekommen! Im Englischen aber wirken selbst seine gekünsteltsten Antithesen immer noch lapidar. Und denselben Eindruck gewinnt man bei Schriftstellern wie Sterne, Swift oder Shaw. Sicher ist die „Sonntagsplauderei" etwas, das die nordischen Sprachen in der schrecklichen Form, in der sie uns geläufig ist, gar nicht kennen.

Aber Brandes ist eine viel zu bedeutsame Erscheinung in der Kulturgeschichte der letzten Jahrzehnte, als daß er nicht das Recht darauf hätte, objektiv gewürdigt zu werden. Über geringe Köpfe mag man mit ein paar lobenden Sätzen hinweggehen: bei einer Gestalt wie Brandes ist man verpflichtet, auch die

Schatten ins Auge zu fassen. Und diese sind in der Tat kräftig sichtbar.
Zunächst ist Brandes doch zum Teil noch der Germanist und Literarhistoriker im üblen alten Sinne. Philologisch an ihm ist seine Vorliebe für den Nachweis von Widersprüchen und Paradoxien, von Fehlern und Unebenheiten, seine Unfähigkeit, einen bedeutenden Denker oder Künstler so zu nehmen, wie er eben ist, ohne alle Einwände, als ein Ganzes, einen geistigen Organismus, der seine eigene Biologie, seine besonderen Lebens- und Entwicklungsgesetze, seine individuelle Ökonomik und Dynamik hat. Eine bedeutende Dichtung kann eigentlich niemals Fehler, eine bedeutende Philosophie niemals Widersprüche haben. Denn alle wertvollen Bücher – und nur sie fallen überhaupt in den Betrachtungskreis des Historikers – sind Selbstdarstellungen und nichts andres. Der Autor gestattet dem Zuschauer Einblick in das Gemälde irgend einer Partie seiner geistigen Entwicklung: Bücher sind Veduten und sonst nichts. Hier von Inkorrektheiten oder Widersprüchen zu reden, wäre geradeso, wie wenn man an irgend einer Pflanze die Blattform tadeln wollte oder es inkonsequent von ihr fände, daß sie verschiedenerlei Befruchtungsformen aufweist.
Brandes besitzt als Kritiker nicht die Gabe, sich einer großen Persönlichkeit ohne alle Vorbehalte, also eigentlich „kritiklos“ hinzugeben. Das ist der Rest vom Germanisten in ihm. Alle seine Würdigungen führender Menschen begleitet immer – bisweilen unsichtbar – eine einschränkende Fußnote. „Heroworship“ ist nicht seine Sache. Dies ist es, was ihm zum großen Kritiker fehlt. Man muß sich bei ihm nur zu oft an Humboldts Ausspruch erinnern: „Sich über das Große des Urteils zu enthalten, ist eine zu edle Eigenschaft, als daß sie häufig sein könnte“. Diese nie verstummende „Kritik“ ist es, die Brandes verhindert, bis an den letzten Kern der großen Künstler und Denker zu dringen. Er handelt über sie alle mit psychologischem Takt, subtilem Geschmack und zartem Anpassungs-

vermögen, aber er berührt immer nur die oberen Schichten der Persönlichkeit. Man könnte sagen: er spricht tief über Oberflächen. Er hat nie die geheimste Wurzel einer großen Individualität bloßgelegt, über keine das Letzte gesagt. Alles schwimmt in demselben liebenswürdig-boshaften, anerkennend-bemängelnden Medium des schöngeistigen Literaturessays.

Die Reversseite davon ist, daß er wiederum dem Mittelmäßigen gegenüber viel zu geduldig ist und alles, ohne Unterschied der Klasse, mit derselben ernsten Anteilnahme behandelt. Er spricht über Sudermann in demselben Ton wie über Hauptmann, über Balzac nicht anders als über George Sand. Es ist überhaupt merkwürdig, daß er zwischen männlichen und weiblichen Schriftstellern keinen prinzipiellen Unterschied macht. Denn man mag über die Befähigung der Frau zur Schriftstellerei denken, was man will: eines läßt sich doch keinesfalls leugnen, daß die geistige Produktion der Frau – und gerade der begabten – von der des Mannes ganz und gar verschieden ist. Daß Brandes dies nicht bemerkt oder nicht bemerken will, weist auf einen femininen Zug. Auch sein Mangel an Heldenverehrung ist etwas durchaus Feminines. Und feminin ist schließlich auch seine merkwürdige Vorliebe für literarischen Klatsch, für allerlei pikante Skandalgeschichten aus den Vorzimmern und Hinterzimmern der Weltliteratur.

Wie sich im Nachweis von „Mängeln“ der Philologe Brandes zu erkennen gibt, so meldet sich im „Aufzeigen von Einflüssen“ bei ihm der Literarhistoriker. Dieses gewissenhafte Herumsuchen nach Einflüssen und „Ideenfiliationen“ ist nämlich eine spezifisch literarhistorische Marotte. Der echte Historiker hat sie niemals: auch er zeigt, wie jeder bedeutende Mensch der Ausdruck der ganzen geistigen Welt ist, die ihn umgibt; aber er wird das niemals mit Hilfe von Detailanalogien tun. Brandes dagegen zeigt die kleinen Einflüsse und vergißt darüber die großen. Er malt eine bestimmte Persönlichkeit sehr geschickt; aber was um sie herum ist und doch auch zu ihr gehört, ihre ganze Luft, ihr „ambiente“, das malt er nicht mit. Herman Grimms Michelangelo ist der ganze Michelangelo. Justis Winckelmann ist der ganze Winckelmann. Brandes schildert Menschen, Bewegungen, „Ströme“, aber die Landschaft, durch die diese Ströme fließen, vermag er nicht zu schildern. Der Name Herman Grimm braucht nur genannt zu werden, und es wird sogleich deutlich, was Brandes fehlt. Es ist die Gabe, eine bestimmte große Persönlichkeit vollkommen zu erhellen – von außen: indem der ganze Lichtkreis gezeigt wird, der sie umgibt, und von innen: indem ihr verborgener Lebensherd ans Licht gebracht wird. Brandes wirft die Strahlen seiner Betrachtung von außen her auf die Dinge und darum kann er immer nur die Oberfläche treffen: er macht die Dinge bloß sichtbar. Jene andre Betrachtung aber, die die Dinge von innen heraus, aus ihrem eigenen Kern erleuchtet, macht sie durchsichtig. Noch mehr: sie macht sie selbstleuchtend.

ECCE POETA!

In unserer literarisch infizierten Zeit ist es glücklich so weit gekommen, daß heute schon als Schriftsteller gilt, wer Bücher über die Bücher eines anderen schreibt. Kein Dichterlein oder Philosöphchen, das heutzutage nicht schon seinen „Monographen“ hätte! Bietet dieses Herumschmarotzen an fremdem Geist zumeist schon bei unseren Größten ein recht unerquickliches Schauspiel, so muß es geradezu ins Widerliche und Groteske ausarten, wenn der Parasitismus sich an die mittleren und kleineren Geister macht. Aber das hätte ich denn doch nicht für möglich gehalten, daß Peter Altenberg, der Dichter reizender Nichtigkeiten, der Erzähler flüchtigster Augenblicksregungen, nun zum Gegenstand eines dicken Buches gemacht würde! Er wird dies sicher selbst mißbilligen, denn er besitzt viel zu viel Selbstkritik, um nicht zu wissen, daß gerade seine Art und Eigenart dem pedantischen Festnageln auf allgemeine ästhetische Kategorien und dem kleinlichen Einreihen in literarhistorische Schemata am meisten widerstrebt. Aber was verschlägts? Herr S. Fischer, der Verleger Altenbergs, wollte offenbar eine Reklameschrift und sah, obgleich doch sonst ein so kundiger Geschäftsmann, nicht ein, daß er gerade dadurch den Dichter am ärgsten kompromittieren muß. Und so bestellte er eben bei Egon Friedell, wie dieser selbst im Vorwort erzählt, „ein Buch über Peter Altenberg"; die flinke Feder führte die Bestellung prompt aus, die Ware wurde geliefert, gedruckt, und so entstand das Werk ‚Ecce Poeta!' (Der Titel, der in anmaßender Weise an Nietzsche anklingt, soll offenbar sagen, daß wir in Peter Altenberg den Ur-Dichter und alleinseligmachenden Typus des Poeten zu erblicken haben.) Aber da der flinke Verfasser bald einsah, daß man mit mehr oder minder öden Paraphrasen und Glossen über Altenbergs luftige Musenkinder keinen Band füllen könne, kam er auf die findige Idee, allerlei zusammenhangloses, dilettantisches Zeug über den Sinn der Zeit, den Impressionismus, die Romantik usw. hineinzuklittern und eine Menge an den Haaren herbeigezogener früher veröffentlichter Betrachtungen aus kleinen Zeitschriften hier abzulagern: lauter taube und unreife Lesefrüchte, die den Eindruck der Gelehrsamkeit erwecken wollen, aber keine organische Verbindung miteinander eingegangen haben, zusammengestoppelte Aphorismen eines Halbgebildeten über das Hundertste und Tausendste, bei denen man sich vergebens fragt: wo ist da das innere Band, das eine solche Walpurgisnacht von mißverstandenen Modephrasen rechtfertigte? Und das ganze in einem gesuchten, individuell sein wollenden Stil vorgetragen, der im übelsten Sinne journalistisch genannt werden muß. Alles in allem: wir hätten Altenberg, dem feinen Empfinder moderner Sensationen, ein besseres Schicksal gegönnt. Dr. S.

PROLOG VOR DEM FILM

Ich muß um Entschuldigung bitten, wenn ich in drei Dimensionen vor Ihnen erscheine, denn die dritte Dimension scheint ja jetzt langsam im Theater aus der Mode zu kommen. Und da, wie schon Oscar Wilde nachgewiesen hat, nicht die Kunst das Leben nachahmt, sondern umgekehrt das Leben sich nach der Kunst richtet, so werden wir vielleicht auch im Leben allmählich die dritte Dimension verlieren. Nun, wie dem auch sei, vorläufig haben wir sie noch und vielleicht mehr. Jedenfalls wird wohl niemand unter Ihnen leugnen wollen, daß *ich* drei Dimensionen besitze.

Ich soll nun so etwas wie eine einführende Conférence sprechen. Das ist jetzt in Berlin so üblich: immer wenn ein neues Kino eröffnet wird, so holen sie sich einen Literaten, um zu beweisen, daß das Kino mit der Bildung zu tun hat. Das ist natürlich eine sehr undankbare Aufgabe, und ich glaube, Sie werden mir nicht widersprechen, wenn ich die Definition aufstelle: eine Conférence ist eine Sache, bei der jeder froh ist, wenn sie aus ist.

Ich soll natürlich *für* das Kino sprechen. Das ist nun wieder nicht schwierig; denn für das Kino sprechen ja die Tatsachen. Es ist, das wird jedermann zugeben, aus der Physiognomie unseres heutigen Daseins gar nicht mehr wegzudenken. Ebensowenig wie jene anderen verrufenen neuen Dinge, die unserm modernen öffentlichen Leben seine spezifische Signatur geben: die Eisenbahn, der Fernsprecher, der Autobus, das Grammophon, die Untergrundbahn. Ich weiß, es gibt eine ganze Gruppe von Menschen, die in allen diesen Dingen ebenso viele Mittel sehen, um alle Kultur und Geistigkeit aus unserem Dasein zu entfernen, und die infolgedessen unsere ganze Gegenwart in Bausch und Bogen verdammen. Aber was soll uns dieses Lamento? Ein tüchtiger Mensch wird mit seiner Zeit niemals unzufrieden sein, sie ist sein Medium, genau jenes Medium, dem er mit seinen sämtlichen Organen angepaßt ist, und in dem er zu wirken und zu leben hat. Dies ist seine Aufgabe, diese Aufgabe hat er zu lösen, eine andere kann er sich nicht aussuchen. Er finde sich mit der Tatsache ab, oder noch besser, er denke gar nicht darüber nach. Es ist eigentlich eine Ungezogenheit, über sein Zeitalter zu schimpfen, und es ist eine Dummheit, denn die Sache läßt sich ja doch nicht ändern: dies sind nun einmal die treibenden Kräfte unserer Zeit. Der Dichter, der versunkenen Kulturen nachträumt, wird niemals viel wert sein. Homer, Dante, Shakespeare, Ibsen schilderten die unmittelbarste Gegenwart, eben darum waren sie Dichter. Und auch wir schätzen sie heute nur noch darum, weil sie resolut in ihrer Zeit lebten und diese für das Beste hielten, was es gab, schon aus dem Grunde, weil sie das einzige war, was es gab. Bestrebungen dagegen, wie sie dem französischen Klassizismus oder der deutschen Aufklärung zugrunde lagen, haben immer etwas Lächerliches. Diese Menschen waren im übelsten Sinn Dilettanten, sie glaubten, man könne sich plötzlich vornehmen, so zu denken und zu leben wie tote Griechen, noch dazu wie tote Griechen, die auch bei ihren Lebzeiten ganz anders ausgesehen haben. Denn inzwischen hat sich ja die bedauerliche Sache herausgestellt, daß die alten Griechen gar nicht antik waren. Es ist nichts als Zeitverschwendung, wenn man historischen Phantomen wie „Athen", „Florenz" oder „Weimar" nachtrauert. Diese Kulturen waren, wie gesagt, eben darum groß, weil sie aus der aktuellen Gegenwart des Tages entstanden waren. Heute sind sie tot und nur noch für Aufsatzthemen zu brauchen.

Berlin zum Beispiel verdient gerade darum die höchste Anerkennung, weil es seine Aufgabe als deutsche Reichshauptstadt so richtig erfaßt hat: die Aufgabe, ein Zentrum der modernen Zivilisation zu sein. Berlin ist eine wundervolle moderne Maschinenhalle, ein riesiger Elektromotor, der mit unglaublicher Präzision, Energie und Geschwindigkeit eine Fülle von mechanischen Arbeitsleistungen vollbringt. Es ist wahr, diese Maschine hat vorläufig noch keine Seele. Berlin hat vielleicht selber nur das Leben eines Kinematographentheaters, eines virtuos konstruierten „homme machine". Aber das genügt fürs erste. Berlin befindet sich in den Flegeljahren einer kommenden Kultur, die wir noch nicht kennen, und die sich erst herausarbeiten muß. Und die Berliner Geschmacklosigkeiten sind doch wenigstens moderne Geschmacklosigkeiten, und die sind immer noch besser als die geschmackvollste Unmodernität, weil in ihnen Entwicklungsmöglichkeiten stecken.
Solche Entwicklungsmöglichkeiten stecken, glaube ich, auch in dem verrufenen Kino. Es ist, wenn man etwas näher zusieht, ein sehr prägnanter und charakteristischer Ausdruck unserer Zeit. Zunächst: es ist kurz, rapid, gleichsam chiffriert, und es hält sich bei nichts auf. Es hat etwas Knappes, Präzises, Militärisches. Das paßt sehr gut zu unserem Zeitalter, das ein Zeitalter der Extrakte ist. [. . .]
Sodann, was mit dem eben Gesagten zusammenhängt: das Kino hat etwas Skizzenhaftes, Abruptes, Lückenhaftes, Fragmentarisches. Das ist im Sinne des modernen Geschmacks ein eminenter künstlerischer Vorteil. Die Erkenntnis der Schönheit des Fragmentes beginnt sich allmählich in allen Künsten Bahn zu brechen, schließlich ist ja alle Kunst nichts anderes als ein geschicktes und bisweilen geniales Auslassen und Zwischengliedern. Ein Künstler, der gar nichts ausläßt oder verschweigt, wäre die langweiligste Sache von der Welt, ja, er wäre eigentlich überhaupt gar kein Künstler. „Le secret d'ennuyer est celui de tout dire", sagte schon Voltaire.

Und bedenken Sie doch, welche Möglichkeiten sich für einen ingeniösen und temperamentvollen Dramatiker im Kino eröffnen würden, der es verstände, die unbelebte Umgebung des Menschen, also das, was man bisher ziemlich abfällig Dekoration genannt hat, entsprechend auszunutzen. Ich meine nicht bloß in dem äußerlichen Sinne, daß im Kino weniger technische Hindernisse bestehen als im Theater, und daß der Kinodichter eigentlich die ganze Erdoberfläche als Bühne zur Verfügung hat, sondern noch in dem anderen Sinne, daß ein solcher Dramatiker es verstehen müßte, die stumme Außenwelt als einen wirksamen Faktor in die Handlung einzuführen und in die Schicksale der Menschen als handelnde Person mit eingreifen zu lassen, nicht als bloße Ausstattungsangelegenheit, die man auch ebensogut weglassen kann, sondern als das Gegenteil von Staffage, so zwar, daß man eher den Eindruck hätte, daß die Menschen die Staffage, die Dekoration sind. Ansätze dazu sind schon vorhanden. Denken Sie an Richard Wagner oder an Maeterlinck; die Hauptfigur im ‚Tod des Tintagiles' ist ja eigentlich eine Tür. Auch bei Zola läßt sich der Versuch beobachten, tote Dinge gewissermaßen zu Romanhelden zu machen, das zeigen schon die Titel einiger seiner Werke.

Dies führt uns nun zu dem Haupteinwand, der gewöhnlich gegen das Kino erhoben wird: daß ihm nämlich die Worte fehlen, und daß es daher nur ganz grobe und primitive Dinge zu schildern vermag. Aber ich glaube, wir werden heutzutage nicht mehr so geneigt sein, dem Wort eine so absolute Hegemonie einzuräumen. Man darf vielleicht eher sagen, daß Worte für uns heutzutage schon etwas Überdeutliches und dabei etwas merkwürdig Undifferenziertes haben. Das Wort verliert allmählich ein wenig an Kredit. Es vollzieht sich so etwas wie eine Art Rückbildung der Lautsprache. In dem Maße, als die Menschheit zunehmend denkfähiger und vergeistigter wird, wird alles immer mehr ins Innere verlegt. Wir reden weniger, aber nicht, weil wir die Fähigkeit, gut zu reden, eingebüßt haben, sondern weil wir weniger Reden nötig haben. Wir leben geräuschloser. Es ist wie beim Homerischen Zeus: er bewegt die Augenlider, und es erbebt der ganze Olymp. So auch der heutige Mensch: ein Zucken der Wimpern, ein Senken der Lider, und es bewegt sich eine ganze Welt. Auch hierfür sind schon Anfänge vorhanden. Erinnern Sie sich an Ibsens unterirdischen Dialog oder an Maeterlincks Technik des Schweigens. Die Menschen in diesen Stücken werden vom Leben gewissermaßen nur beschattet, und bei jedem dieser beiden Dichter geschieht das auf eine andere Weise. Ibsen zeigt den Schatten, den die Vergangenheit über die Menschen breitet, Maeterlinck zeigt die Schatten, die Kommendes über die Seelen wirft. Aber weder jenes Vergangene noch dieses Kommende betritt jemals die Bühne.

So könnten wir uns denn auch ganz gut vorstellen, daß Wallenstein, von einem modernen Dichter gestaltet, seinen ganzen großen Monolog schweigend spricht. Es würde genügen, wenn er etwa nur in tiefes Nachdenken versunken langsam über die Bühne ginge. Er braucht keine Jamben zu reden, die Jamben stören uns, wir wissen Bescheid. Die schönsten und tiefsten Verse können nicht annähernd das ausdrücken, was der einfachste Galeriebesucher stumm und unartikuliert empfindet.

Der menschliche Blick, die menschliche Gebärde, die ganze Körperhaltung eines Menschen vermag heutzutage bisweilen schon mehr zu sagen als die menschliche Sprache. Man darf Schweigen nicht mit Stummheit verwechseln. Das Schweigen ist nicht stumm, es ist nur eine andere und vielleicht energischere Mitteilungsform. Das zeigt sich doch schon im gewöhnlichen Leben jeden Tag. Ein Mensch, der uns auf der Straße mit den Worten begrüßt: „O, ich habe die Ehre, Ihnen ganz ergebenst guten Abend zu wünschen!“ wird in uns nicht den Eindruck erwecken, daß er eine besonders große Verehrung für uns empfindet. In diesem Fall wird er sich darauf beschränken, schweigend den Hut zu ziehen. Und wenn Sie, was ich von Ihnen allen hoffen will, schon einmal richtig verliebt waren, so werden Sie sich wohl auch mehr durch Blicke als durch Worte verständigt haben.

Dadurch, daß den Sinnen weniger gegeben wird, wird der Einbildungskraft mehr gegeben. Die Phantasien des nüchternsten beschränktesten Zuschauers sind immer noch hundertmal packender und geheimnisvoller als sämtliche gedruckten Bücher der Welt. Der echte Dichter läßt auch der Phantasie den größten Spielraum. Die bedeutendsten Dichtungen der Weltliteratur sind auch die vieldeutigsten. In jedem Leser erwächst ihnen ein neuer Versteher. Hundert Deutungen sind möglich, und alle sind richtig. Der echte Dichter sieht seinen höchsten Ehrgeiz nicht darin, selber zu dichten, sondern darin, möglichst viele andere zum Dichten zu bringen. Denn er weiß: der wahre Dichter jedes Kunstwerks kann immer nur das Publikum selber sein.

Nun, das sind natürlich alles schreckliche Übertreibungen. Aber warum soll man nicht übertreiben? Ich glaube, man sollte allen Dingen gegenüber eine solche übertrieben wohlwollende Haltung einnehmen, das wäre vielleicht für uns sowohl wie für die Dinge das Allervorteilhafteste. Schließlich ist jedes Ding ein Symbol, das über sich hinausweist in unberechenbare Möglichkeiten.

Damit aber nur ja zwischen uns keine Meinungsverschiedenheit zurückbleibt, so möchte ich zum Schluß noch betonen: ich bin nicht einmal g e g e n die jetzige, zweifellos unkünstlerische Form des Kinos, denn es erfüllt denselben Zweck wie unsere Durchschnittstheater, also jene Theater, in die das Publikum hineingeht, nur daß es diesen Zweck viel vollkommener und idealer erfüllt. Denn was will das Publikum von einem Theaterstück? Ein Theaterstück ist ein handlicher Gebrauchsgegenstand, der den Menschen dazu dient, sich einige Stunden lang auf eine bestimmte Weise zu erholen. Lyrik oder Philoso-

phie sind für die wenigsten Menschen unentrinnbare Notwendigkeiten. Aber das Theater ist für den modernen Großstädter ein Bedürfnis genau so wie schwarzer Kaffee oder Zigarren. Die Kunst ist ein Luxusartikel, das Theater ist eine Utilität. Ein Theater ist ein Automat, in den man oben Geld hineinwirft, damit unten falsche Rührung, falsche Lustigkeit und falscher Schauder herauskommen. Ein honetter Theaterunternehmer wird daher seinem Publikum nicht Kunst bieten. Wenn er ihm Kunst bietet, so ist das direkter Betrug.
Ob also das Kino gut oder schlecht ist, es ist auf alle Fälle einem Schauspielhaus hundertmal vorzuziehen, und ich muß an dieser Ansicht unerbittlich festhalten. Es sei denn, daß eines der vielen neuen Schauspielhäuser, die uns die nächste Berliner Saison sicher wieder bringen wird, an mich die ehrende Aufforderung richten sollte, zur Eröffnung einen einleitenden Vortrag zu sprechen.

DAS WELTBILD DES EURIPIDES

Im allgemeinen lehrt uns die Geschichte im großen, was uns das tägliche Leben im kleinen lehrt: daß es nämlich für die Menschen sehr schwer ist, einander zu verstehen, weil jedes Individuum nichts anderes ist als die Verneinung aller übrigen Individuen. Daß Individualität Sünde ist, lehren daher nicht nur mehr oder minder deutlich alle bedeutenden Religionssysteme, sondern diese Erkenntnis geht hinunter bis in unsere modernen Staats- und Wirtschaftstheorien. Und daß jeder einzelne eine irrationale Größe ist, das zeigt uns das praktische Leben jeden Tag. Diese kompromittierende Tatsache sucht nun jedermann möglichst zu kaschieren, und den meisten gelingt es auch: nur ein paar Menschen, die man nach ihrem Tode „Genies“ zu nennen pflegt, sind zu unpraktisch oder zu stolz dazu.

Indes auf die Dauer läßt sich diese Wahrheit doch nicht verbergen. Sie kommt heraus, wenn ein geschichtliches Zeitalter abgeschlossen ist. Dann zeigt es sich, daß es aus lauter Individuen bestanden hat und daß es irrational war. Wir verstehen es nicht mehr. Ein alter Grieche oder Römer, ein Inder, ein Phönizier, das ist für uns geradeso, wie wenn man sagte: ein Marsbewohner oder der pithecanthropus alalus. Wenn wir nämlich ehrlich sind. Was können wir zum Beispiel von Erscheinungen aussagen, wie es die eleusinischen Mysterien, das Orakel von Delphi, die Spiele von Olympia waren? Sie sind für uns Prüfungsfragen im Abiturium und nichts weiter. Und gar die Menschen: ein Alkibiades, ein Diogenes, ein Lysander sind für uns große unverständliche Monstra. Die Griechen sind tot.

Dies ist nicht eine Frage der Quellen. Wir wissen vom Mittelalter nichts Positiveres als vom Altertum. Wir wissen im Grunde auch von unserer Zeit nichts. Wir wissen etwas von ein paar vertrauten Menschen. Nie hat ein Mensch mehr gewußt.

Aber solche vertraute Menschen besitzt jedes Zeitalter. Und die Berührung mit ihnen kehrt unser ganzes Schulbild vom Menschen um. Sie sind heute noch für jedermann eine Revolution. Sie führen uns zu irgendeiner ihrer höchst persönlichen Einsichten, und zugleich offenbaren sie uns, daß es gar keine persönlichen Einsichten gibt, sondern daß ihre Einsichten die unsrigen sind und die unsern die ihrigen waren. Sie widerlegen die Historie, diese starre Schranke zwischen uns und ihnen, und sie zeigen uns, daß die geschichtliche Bedingtheit sich immer nur auf den breiten Unterbau der Menschheit erstreckt, und daß auf diesem Unterbau zu allen Zeiten Menschen standen, die in zwanglosem Gefühls- und Gedankenverkehr lebten.

Zugleich aber sind sie merkwürdigerweise der reichste und prägnanteste Ausdruck ihrer Zeit. Damit ein Abschnitt der menschlichen Geistesgeschichte in einem haltbaren Bilde fortlebe, dazu scheint immer nur ein einziger Mensch nötig zu sein, aber dieser eine ist unerläßlich. So würde zum Beispiel für die ganze deutsche Aufklärung Lessing, für die englische Renaissance Shakespeare, für unsre Zeit Nietzsche genügen. In solchen Männern objektiviert sich das ganze Zeitalter als ein klares Kompendium, das jedermann zugänglich ist. Sie sind das einzige an der ganzen Historie, was für Spätere wichtig und interessant ist. Und auch hier entscheidet nicht die Vollständigkeit und Sicherheit der Quellen. Wenn die exakten biographischen und philologischen Daten das wären, was uns einen Menschen naherückt, so wäre zum Beispiel Jesus für uns gar nicht vorhanden. Und trotzdem gibt es in der ganzen Weltgeschichte keine Persönlichkeit, die uns intimer bekannt ist.

Eine solche historische Figur ist auch Euripides. Er ist uns verständlich und unverständlich. Er ist uns unverständlich als Grieche, er ist uns verständlich als Genie. Denn es ist gar nicht wahr, daß das Genie etwas Dunkles und Schwerzugängliches ist. Seltsam und mysteriös ist das Sondertalent mit seinen Spitzen und Kanten, der Spezialist. Aber das Genie ist jedem vertraut, weil es der Extrakt aus allen Menschen ist. Jesus, Shakespeare, Goethe, Nietzsche haben so geredet, daß jeder gesunde Mensch sie verstehen kann. Aber die Lektüre ihrer Erklärer und Kommentatoren ist ein Studium, das schon sehr viel voraussetzt.

Die klassischen Griechen

Es wird vermutlich das ehrendste Kennzeichen unserer Zeit bleiben, daß sie verlernt hat, die Dinge mit ihren Nostalgien und Wünschen zu sehen. Dies ist besonders der historischen Forschung zugute gekommen, die die landläufige Vorstellung vom Wesen des Griechentums völlig verändert hat. Sie hat (wenn man so sagen darf) festgestellt, daß die alten Griechen nicht antik waren. Und in der Tat: wer etwa Platos ‚Symposion' oder die perikleischen Dichter oder die Reden des Lysias naiv und unphilologisch liest (soweit ein heutiger Mensch dazu überhaupt noch imstande ist), der wird finden, daß in den alten Griechen weniger Altertümliches war als in den Deutschen des achtzehnten Jahrhunderts und daß die Gebärde der Euripideischen Medea weniger „klassisch" gewesen sein muß als die Geste der Charlotte Wolter. Was den sogenannten „humanistisch Gebildeten" vom Altertum zurückgeblieben ist, das sind einige tote Kostümstücke: Leier, Peplos, Lorbeer, Myrthe, Olivenkranz. Es geht ihnen wie Faust, der von der griechischen Helena nur ein leeres Kleid in den Händen behält. Der Rest ist Wolke.

Der Grund für diese sonderbare Auffassung ist offenbar darin zu suchen, daß die Nachwelt von den Werken der griechischen Skulptur so hypnotisiert war, daß sie nach ihnen ihre ganze Vorstellung von griechischem Wesen bildete und, statt die griechische Plastik als ein Stück Hellenentum zu nehmen, das ganze Hellenentum als ein Stück Plastik auffaßte.

Dabei vergaß sie freilich, daß die Griechen in ihren Bildsäulen niemals das wirkliche Leben dargestellt haben, sondern Götter, Heroen und menschliche Idealgestalten, kurz das, was sie gern gewesen wären, aber ganz und gar nicht waren, ferner daß die Skulptur, die der perikleischen Zeit entspricht, erst im vierten Jahrhundert zu suchen ist und gewissermaßen das posthume Kind des fünften Jahrhunderts darstellt, und schließlich, daß der Plastik bei den Griechen sehr enge Grenzen gezogen waren und vieles ganz unzulässig war, nicht weil man es nicht gekonnt hätte, sondern weil es als Geschmacklosigkeit gewirkt hätte.

Nunmehr scheint jedoch der Grieche mit dem Sonnenauge endgültig abgeschafft, und an seine Stelle ist der hysterische Grieche getreten. Man kann jedoch dabei unmöglich an unsere moderne Hysterie denken, deren Grundzug Apathie und Willensschwäche ist, sondern es war jedenfalls jene andere Erscheinungsform der Hysterie, die man als Hemmungslosigkeit bezeichnet, die Unfähigkeit, lebhafte Regungen zu unterdrücken, also eine ganz fremdartige, *asiatische* Art Hysterie. Hysterisch war auch die *epidemische Verlogenheit* der Griechen, gegen die ein paar Ausnahmemenschen immer vergeblich gekämpft haben, und auch das ist etwas, was es in unserer Zeit nicht gibt. Diese neue Auffassung hat sich daher bloß der historischen Wahrheit mehr angenähert, aber nicht unserem Verständnis, denn wir stehen abermals vor einem für moderne Augen undurchdringlichen Phänomen. Es ist schon irreführend, wenn man von griechischer Kultur redet, denn eine Kultur in unserem Sinne war sie jedenfalls nicht, da wir den Begriff der Kultur untrennbar mit dem der Zivilisation zu verknüpfen pflegen.
Die Zivilisation stand aber, an der unsrigen gemessen, sehr tief und war außerdem täglich in Gefahr, überhaupt aufgelöst zu werden. Auch eine griechische Humanität in irgendeinem Sinne hat es niemals gegeben, außer bei einigen weltabgewandten Philosophen. Eine soziale und individuelle Ethik war nicht einmal im Ansatz vorhanden, und wenn man nicht ganz bestimmt wüßte, daß die Gymnasialschüler von den griechischen Schriftstellern nicht ein Wort verstehen, so müßte man diese Lektüre nicht nur aus dem Schulunterricht streichen, sondern auch privatim als höchst unmoralisch strengstens verbieten. Auf den Erwachsenen aber wirken die Griechen wie seltsame Naturspiele, die man rein ästhetisch wertet, oder wie gewisse Theaterfiguren, deren geniale Charakteristik man bewundert, ohne mit den Charakteren selbst einverstanden zu sein.

Die Griechen zeigen uns daher das paradoxe und einzigartige Schauspiel, daß sie eine sehr hohe Kultur entwickeln, zu der sie eigentlich noch nicht berechtigt sind. Daher die fortwährenden Explosionen, in denen die ganze griechische Kulturgeschichte verläuft, die gerade in jenem Augenblick ihren Höhepunkt erreicht, wo das politische und geistige Leben von der größten Zerfallenheit ist. Hier sind die künstlerischen Errungenschaften nicht die Frucht einer langsamen stetigen Entwicklung, sondern alles, was der griechische Geist in dem berühmten Zeitalter des Perikles geleistet hat, wurde durch plötzliche und gewaltsame Erschütterungen herausgeschleudert wie der Pflanzensamen aus der Schote.

Das wenig verlockende Bild dieses Zeitalters stammt übrigens von Thukydides, der vielleicht der unsentimentalste Geschichtschreiber aller Zeiten war und jedenfalls nicht unter die „Schwarzseher" gehörte.

Eine Widerlegung des historischen Entwicklungsgedankens sind die Griechen daher auf keinen Fall, denn das allgemeine Niveau ist heutzutage entschieden ein höheres, wenn man nämlich die kulturelle Höhe nicht ganz einseitig nach Marmorreliefs und Versdramen bewertet. Aber auch als Künstlervolk werden die Griechen überschätzt, indem man nämlich gemeinhin annimmt, die Griechen seien d a s geniale Volk schlechtweg gewesen und im Grunde ein Volk von lauter Genies. Die Genies waren aber in Athen und vollends im übrigen Hellas geradeso die großen Ausnahmen wie heutzutage und zu allen Zeiten. Die Griechen haben eine große Reihe von höchst genialen Köpfen hervorgebracht, aber die deutsche Geschichte der letzten hundertfünfzig Jahre steht ihnen hierin nicht nach, und diese Parallele müßte sogar sehr zu Ungunsten der Griechen ausfallen, wenn man etwa Bismarck neben Perikles oder Kant neben Aristoteles stellen wollte, von den wissenschaftlichen Leistungen gar nicht zu reden. Und dennoch fällt es niemand ein, zu sagen, die Deutschen des achtzehnten und neunzehnten Jahrhunderts seien ein Volk von lauter Genies gewesen. Freilich, etwas Genialisches muß in der ganzen Kultursphäre eines solchen Volkes liegen, damit solche Männer überhaupt möglich sind. In französischer Luft zum Beispiel wäre nicht ein einziger großer Deutscher möglich gewesen, ein paar abstrakte Forscher etwa ausgenommen. Dies nun war die Genialität der Griechen, daß ihre ganze Art zu leben und zu sehen jeden produktiven Menschen zu originellen Schöpfungen anreizen und aufstacheln mußte.

Im ganzen aber war das Leben im alten Athen sicherlich so, daß niemand Anlaß hat, sich diese Zustände zurückzuwünschen. Im achtzehnten Jahrhundert hat die Griechenschwärmerei bekanntlich ihren Höhepunkt erreicht; heute aber sollte man endlich damit aufhören, denn dieses Verhimmeln des alten Hellas ist nicht nur eine ideologische Phantasterei, sondern auch höchst schädlich, denn es geschieht auf Kosten unserer heutigen Zeit. Aber im alten Griechenland gab es nicht nur keine Eisenbahnen, Telegraphenstationen, Auerbrenner und Wasserklosetts, sondern auch keine Spur einer politischen Sekurität im eigenen Lande, geschweige denn auf Reisen. Und diese Dinge werden einem modernen Menschen entschieden wichtiger erscheinen als ein paar Skulpturen und Gedichte. Das Volk war schmutzig, verlogen, räuberisch, undiszipliniert. Aber daneben saß in irgendeiner abscheulichen Hütte ein Phidias und machte seine Göttersäulen, und mitten durch den halbasiatischen, verkommenen Pöbel gingen ein paar Dichter und Philosophen, die in vielem bis heute noch nicht übertroffen worden sind. Aber diese Werke sind uns zum großen Teil geblieben, und so haben wir denn allen Grund, uns darüber zu freuen, daß wir heute die paar griechischen Genies genießen können, ohne das griechische Volk mit in den Kauf nehmen zu müssen. Daß die hellenische Kunst und Philosophie am Leben geblieben ist und daß die hellenische Nation tot ist: das sind zwei gleich erfreuliche Tatsachen.

Das delphische Orakel soll in der perikleischen Zeit einmal gefragt worden sein, wer der Weiseste unter den lebenden Griechen sei. Die Griechen hatten eben noch keinen Georg Brandes und mußten sich daher in solchen Fällen an die Pythia wenden. Und der Gott soll geantwortet haben: „Sokrates; nach ihm aber gebührt der Preis dem Euripides.“ Auch wenn diese Geschichte erfunden sein sollte, ist sie immer noch charakteristisch, denn die bloße Möglichkeit einer solchen Nebeneinanderstellung zeigt uns deutlich, wofür man Euripides eigentlich hielt: nämlich für einen Philosophen. Wir haben uns heutzutage daran gewöhnt, im Dramatiker einen Erfinder von Handlungen und Schicksalen zu sehen, bestenfalls einen praktischen Psychologen. In Athen war das anders. Die Fabel war dem tragischen Dichter so genau vorgeschrieben wie dem Schüler das Aufsatzthema. Zur Entfaltung stofflicher Phantasie hatte er daher keine Möglichkeit. Die Bühne selbst war für unsere Begriffe unszenisch. Das Mienenspiel entfiel. Alles ruhte im Wort. Man suchte im Drama vor allem Gedanken: also ganz das Gegenteil von heute. Euripides fühlte sich als Denker, und wir können ziemlich genau verfolgen, wie die philosophischen Strömungen seiner Zeit, jede in ihrer Art, auf ihn eingewirkt haben.

Daß Sokrates das Denken und Dichten des Euripides beeinflußt hat, ist selbstverständlich; denn es war unmöglich, sich der Suggestion dieses merkwürdigen Menschen zu entziehen. Indes ist die Anschauung, die uns die landläufigen Darstellungen von Sokrates geben, dennoch geeignet, über die Stellung, die er tatsächlich in Athen einnahm, Mißverständnisse zu erwecken. Sicherlich hielten ihn die wenigsten für den Philosophen der Zeit, sondern man sah in ihm ein interessantes Original. Er bedeutete auch in der Tat nur sehr teilweise einen Fortschritt im philosophischen und theologischen Bewußtsein der

Hellenen. Er ist zumindest ebensosehr ein Rückschritt. Er hat die grandiosen kosmischen Phantasien der Naturphilosophen in einen ziemlich nüchternen und gänzlich anthropozentrischen Moralismus aufgelöst, er hat die ganze griechische Götterwelt ins rein Begriffliche sublimiert und die Fülle der hellenischen Welt- und Lebensanschauung auf ein paar dürftige Prinzipien verdünnt, mit denen er dann allerdings in tausenderlei geschickten und witzigen Variationen jongliert. Es ist unbegreiflich, wie man ihn mit Kant in Parallele stellen konnte. Die Vernunftkritik Kants ist die kolossale Leistung eines ganz freien Geistes, der alles bisherige verwirft, weil er alles bisherige überschaut. Aber die philosophische Leistung des Sokrates ist nichts anderes als der Sieg der praktischen Alltagsverständlichkeit über den unklaren Tiefsinn. Seine Bedeutung liegt in dem, was er als Mensch war. Und als Mensch verdient dieser merkwürdigste, vielfältigste und weltkundigste Ironiker allerdings die größte Bewunderung. Ganz Athen lief ihm nach, alle waren von diesem liebenswürdigen, geistreichen Poseur fasziniert. Das Größte an ihm aber war, daß er sich selbst nicht ernst nahm. Dies erhob ihn so außerordentlich über seine ganze Umgebung und machte ihn zum Philosophen. Ohne diesen Zug, der jedem echten Genie eignet, wäre er ein redegewandter Quäker geblieben.

Die Ironie ist denn auch das, was Euripides von Sokrates übernommen hat. Im ‚Symposion' wird erzählt, daß am Schluß alle betrunken unter den Tisch fielen, nur Sokrates, Agathon und Aristophanes seien noch munter geblieben, und Sokrates habe den beiden Dichtern bewiesen, daß der Tragödiendichter und der Komödiendichter eine Person sein müsse. Vielleicht steckte hinter dieser Bemerkung mehr als die banale Ansicht, daß ein ordentlicher Dichter eben alles können müsse, sowohl Tragödie wie Komödie. Es wäre ganz und gar sokratisch zu behaupten, Tragödie und Komödie seien ein und dieselbe Kunstgattung, und die höchste dramatische Form sei die tragische Komödie. Und diese Kunstgattung hat denn auch Euripides in der Tat geschaffen, und zwar höchst wahrscheinlich unter dem Einfluß des Sokrates. Zwischen dem Tragiker Euripides und dem Komiker Aristophanes liegt keine so große Kluft mehr, ja bisweilen sehen sie sich zum Verwechseln ähnlich. Die Souveränität, mit der Euripides das rein Menschliche seiner Figuren zeigt, durchdringt viele, ja oft die tragischsten Szenen seiner Dramen. Diese künstlerische Universalität des Blicks führte zur organischen Verschmelzung zweier Kunststile, die man bisher aufs strengste getrennt hatte; sie war etwas völlig Neues und bedeutete eine Revolution des griechischen Geschmacks.

Von Sokrates hat Euripides auch den Rationalismus und überhaupt die ganze dialektische Methode. Die Griechen waren von jeher große Freunde aller Rhetorik und Dialektik, das zeigt schon die für uns ganz unverständliche Wertschätzung, die man den spitzfindigen Begriffsspielereien der Eleaten entgegenbrachte. Eine Hauptforce der Griechen war zu allen Zeiten das Reden. Aber sie waren auch ebenso stark im Zuhören. Die Redseligkeit der meisten ihrer Dichter und Denker ist für unseren Geschmack entschieden zu groß, aber sie wurde auch viel besser ertragen als von uns, ja bis zu einem gewissen Grade erwartet und gefordert. Indes war in früheren Zeiten der Hauptort für rhetorische Betätigung die Agora und der Gerichtssaal gewesen. Euripides führt nun die Redekunst auch in das Drama ein, er bringt die Rednertribüne aufs Theater, und diesem Umstand verdankte er einen Teil seines Erfolges.

Die Sophisten

Hierin kamen ihm auch nun die Sophisten entgegen, jene angeblichen Antipoden des Sokrates. Zu ihrer Ehrenrettung braucht heute nichts mehr gesagt zu werden. Daß sie die einzigen universell gebildeten Menschen der damaligen Zeit waren und dabei die einzigen, die wirkliches Lehrtalent besaßen, ist längst anerkannt. Ihre Bedeutung geht aber noch tiefer. Sie waren die ersten, die eine Ahnung von Phänomenalismus hatten, denn der ganze vielverschrieene Relativismus der Sophisten ist nichts andres. Sie waren daher im Grunde die ersten wirklichen Erkenntnistheoretiker. Der berühmte sokratische Skeptizismus, der als ein Wendepunkt in der Geschichte der griechischen Philosophie gilt, geht in Wahrheit auf die Sophisten zurück.

Wenn ein Zeitalter kommt, in dem alles zu schwanken beginnt: die politischen, die ethischen, die theologischen, die künstlerischen Werte, dann hat der Skeptiker immer das große Wort. Die Sophisten hatten daher den allergrößten Zulauf, und zwar nicht etwa bloß wegen der Kenntnisse und Fertigkeiten, die sie für Geld beibrachten, sondern weil sie die Stimme der Zeit waren. Niemals kann eine Weltanschauung durch Tricks und glänzende Argumente sich durchsetzen, sondern immer nur dadurch, daß sie aus dem Herzen ihres Zeitalters redet. Das Zeitalter selbst aber war ein sophistisches: der peloponnesische Krieg, die athenische Demokratie, die attische Komödie, das alles waren sophistische Erscheinungen. Man darf dabei natürlich nicht an den landläufigen Begriff der Sophistik denken, der keine Charakterisierung dieser philosophischen Schule ist, sondern nichts weiter als ein von Plato aufgebrachtes Schimpfwort. Die Sophisten waren nicht mehr und nicht weniger als die Vertreter der modernen Richtung. Sie waren die wirklich Lebendigen in der perikleischen Zeit. Daß es auch ganz flache und wertlose Menschen unter ihnen gab, ist selbstverständlich, und ebenso selbstverständlich ist es, daß die ganze Richtung von einigen hervorragenden Zeitgrößen bekämpft wurde. Aber beides ist ein Kennzeichen aller modernen Bestrebungen. Das ist in unserer Zeit nicht anders, als es damals und immer war. Auch unter den „Nietzscheanern“

sind viele Esel und „mauvais sujets“, und sehr bedeutende Menschen haben Nietzsche abgelehnt, und trotzdem ändert dies nichts an der welthistorischen Stellung Nietzsches.
Von den Sophisten hat nun Euripides seine ganze Psychologie. Seine psychologische Motivierung ist von der größten Kompliziertheit, er hat überhaupt kein festes, dogmatisches System, und seine Maßstäbe sind so wandelbar wie die Menschen selbst, die er schildert. Er macht sich nicht ein bestimmtes, scharfumrissenes Weltbild und stellt in dieses seine Charaktere hinein, sondern er paßt sich seinen Figuren an und wechselt mit ihren Stimmungen die seinigen. Und auch die einzelnen Menschen haben bei ihm keine gleichbleibenden Linien. Sie sind aus vielen Seelen zusammengesetzt, und diese Zusammengesetztheit bedingt eine gewisse Zwiespältigkeit und Brüchigkeit. Sie haben, im Gegensatz zu den großzügigen Heroenbildern der früheren Tragiker, etwas Menschliches, Allzumenschliches. Das Grundthema der antiken Tragödie war das Übermaß der Kräfte, die Überlebensgröße der Helden, die sich an den irdischen Schranken bricht. Von Euripides kann man im Gegenteil sagen: sein tragisches Motiv ist die Schwäche seiner Menschen, die die Welt und das große Leben in ihren engen Schranken nicht einfassen können. Auf diese Seelen werden Taten oder Entsagungen gelegt, deren sie nicht fähig sind, von diesen Köpfen wird eine ruhige, geklärte Einsicht in die Dinge dieser Welt gefordert, die sie nicht besitzen. Der Dichter aber besaß sie. Er hatte jene göttliche Objektivität, die im Recht das Unrecht und im Unrecht das Recht erkennt und in beiden nur zwei Seiten des menschlichen Wesens. „Der Mensch darf sünd'gen, wenn ein Gott es schickt.“ „Es liegt nicht an der menschlichen Vernunft, wenn Menschen sünd'gen.“ Zu einer so freien und menschenkundigen Weltansicht konnte nur der sophistische Relativismus führen.

Anaxagoras

Wer seine Kenntnis des perikleischen Zeitalters nur aus Plato zieht, der könnte zu der Ansicht kommen, daß die damalige Philosophie vornehmlich von Sokrates und den Sophisten bestritten worden sei und daß demgemäß die Ethik und die Erkenntnistheorie im Mittelpunkt des philosophischen Interesses standen. Es war aber im Gegenteil ein naturwissenschaftliches Zeitalter. Zunächst waren schon die Sophisten selber als Vertreter des universellen Wissens auch naturwissenschaftlich gebildete Köpfe, und selbst Sokrates soll in früheren Jahren Naturforschung betrieben haben, wie ihn ja auch Aristophanes in den ‚Wolken' als Sterngucker schildert. Außerdem aber waren weder die Sophisten noch Sokrates die eigentlich tonangebenden Philosophen, sondern das war ein ganz anderer, der in den historischen Darstellungen meist sehr stiefmütterlich behandelt wird: nämlich Anaxagoras.

In den landläufigen Handbüchern kommt Anaxagoras sehr kurz weg. Die Verfasser haben Eile, zu Sokrates, Plato und vor allem zu Aristoteles zu kommen, und halten sich bei den „Vorläufern" nicht lange auf. Aber auch dort, wo ihm etwas mehr Beachtung geschenkt wird, steht zumeist zu lesen, daß er den Dualismus in die griechische Philosophie eingeführt hat. Ob dies ein großes Verdienst gewesen wäre, ist zweifelhaft; ganz zweifellos aber ist es, daß ihm dieses Verdienst nicht zukommt. Das ganze Mißverständnis hat Hegel verschuldet. Hegel war ein Gewaltmensch. Er hatte ein sehr tiefsinniges, sehr fruchtbares Prinzip der Geschichtsdarstellung entdeckt, aber nun war es ihm darum zu tun, dieses Prinzip auf alles und jegliches anzuwenden, und so stellte er denn die griechischen Philosophen in Reih und Glied, und wer nicht in die Kolonne paßte, der wurde umrangiert. So ist es denn sehr schön zu lesen, wie die Griechen, vom Einfachen zum Schwierigen aufsteigend, eine philosophische Weltansicht nach der andern durcharbeiteten, wie ihr Weltprinzip anfangs rein materiell war und schließlich in Anaxagoras rein geistig wurde, womit der Dualismus erreicht ist und der Übergang zu Plato und Aristoteles sich zwanglos ergibt. Man hat inzwischen erkannt, daß diese für das Auge sehr gefällige Konstruktion den historischen Tatsachen nicht entspricht, und ist von ihr abgekommen. Der Dualist Anaxagoras ist aber zurückgeblieben, und man kann heute noch in allen Lehrbüchern lesen, Anaxagoras habe zahllose qualitativ verschiedene Urstoffe (Chremata oder Spermata) angenommen und diesen ein ordnendes und gestaltendes rein geistiges Wesen, den Nus oder die Vernunft gegenübergestellt.

Daß Anaxagoras dem Nus eine besondere Bedeutung zuschrieb, ist richtig, keineswegs aber hat er sich ihn als rein geistiges Wesen vorgestellt. Er sagt vielmehr ausdrücklich: „Der Nus ist der leichteste und reinste von allen Urstoffen [. . .]", das heißt also: er ist auch ein Urstoff. Dies wird auch dadurch bestätigt, daß Archelaos, den man im Altertum ausdrücklich als Schüler des Anaxagoras bezeichnete, von dem Nus behauptete, er sei der verbreitetste aller Stoffe, denn er sei in allen Dingen enthalten. Noch deutlicher war Diogenes von Apollonia, der direkt erklärte: der Nus ist die Luft.

Wir haben somit allen Grund, in Anaxagoras nicht nur keinen Vertreter der dualistischen Weltansicht, sondern sogar den konsequentesten Ausgestalter einer monistischen und streng naturwissenschaftlichen Weltanschauung zu sehen. Seine historische Bedeutung liegt überhaupt nicht in seiner Nuslehre, sondern in seinem Atomismus und Positivismus. Er verließ die naturphilosophischen Spekulationen seiner Vorgänger und versuchte, möglicherweise von Leukipp und Demokrit beeinflußt, eine rein mechanische Welterklärung. Seine Atome haben fast alle Eigenschaften der Atome, mit denen die heutige Wissenschaft rechnet: sie sind zahllos und ewig; durch ihre Verbindung entstehen, durch ihre Trennung vergehen die

Körper; die Stoffmasse des Weltalls bleibt immer dieselbe. Daß eine genauere empirische Ausarbeitung dieses Gedankens wegen der Kleinheit der Objekte nicht möglich sei, hat Anaxagoras ausdrücklich betont; was ihm fehlte, war eben die mikroskopische Technik, über die erst unsere Zeit verfügt. Indessen ist er überall bestrebt, seine Hypothesen auf mechanistischer Grundlage aufzubauen; seine Astronomie ist zwar noch geozentrisch, aber im übrigen überraschend modern; er nannte den Mond „eine Erde" und wußte bereits, daß er sein Licht von der Sonne empfängt; auch von der Entstehung und Bewegung der Weltkörper hatte er eine Theorie, die sich der Kant-Laplaceschen nähert und nur deshalb nicht völlig ausreichend ist, weil er noch keinen wissenschaftlichen Begriff von der Schwerkraft besaß. Die Absicht seiner ganzen Philosophie ist nicht mehr und nicht weniger als eine Zurückführung sämtlicher Naturerscheinungen auf Mechanik der Atome. Auch in der Pflanzenphysiologie hatte er höchst moderne Ansichten: er erklärte, die Pflanzen hätten Lust- und Unlustgefühle, ja sogar Intelligenz; es ist dies eine Idee, die erst in der jüngsten Zeit von dem Dichter Maeterlinck und dem Botaniker Francé wieder aufgenommen worden ist.

Dieser Mann war es nun, der den Gebildeten seiner Zeit die Richtung gewiesen hat. Er wurde der Freund und Lehrer des Perikles, von dem Plutarch sagt, er habe in seine Reden Physiologie „gleich einer Farbe gegossen"; das heißt also: er gebrauchte gern naturwissenschaftliche Bilder. Gleichzeitig mit Anaxagoras lebte Hippokrates in Athen, der größte Arzt und medizinische Theoretiker des Altertums, und welchen Aufschwung das Interesse für naturwissenschaftliche Dinge nahm, das beweisen die zahlreichen sogenannten ‚hippokratischen Schriften', die damals in Umlauf kamen. Auch sonst macht sich ein realistischer Zug überall bemerkbar. An den Rednern der damaligen Zeit: Antiphon, Andokides, Lysias und anderen rühmten die Alten die Aphelie, das heißt die Kunst prunkloser, kraftvoller Rede. Und die historische Objektivität und Exaktheit des Thukydides ist bis heute noch nicht übertroffen worden. Nur in einem naturwissenschaftlichen Zeitalter konnte eine solche Geschichtsschreibung entstehen, deren Ideal die leidenschaftslose photographische Wiedergabe aller Ereignisse ist.

In der Dichtkunst äußert sich eine solche Zeitrichtung als Naturalismus. Dieser ist das Anaxagoreische an Euripides. In seinen Dramen findet sich nichts, wozu wir historische Distanz nehmen müßten. Die Vorgänge vollziehen sich mit der größten Natürlichkeit und keineswegs in Perspektiven, die in eine gehobenere Welt hinausweisen. Den Charakteren fehlt alles Stilisierte und Pathetische, sie sind durchaus dem natürlichen Leben angenähert. Kothurn und Maske sind kein inneres Kunstprinzip mehr. Die Chöre sind zu lyrischen Intermezzi herabgedrückt. Die Motivierung ist rein psychologisch und geht nicht mehr auf übernatürliche Einflüsse zurück; zugleich ist sie von größtem Realismus. Euripides ist der erste griechische Verist. Um dies zu erkennen, vergleiche man ihn beispielsweise mit Racine, etwa den ‚Hippolytos' mit der ‚Phèdre'. Der Cartesianer Racine macht Schemen, der Anaxagoreer Euripides macht Menschen. Euripides entdeckt den Menschen für die Bühne, und er ist über diese Entdeckung erstaunt und entsetzt. Aber einmal gemacht, läßt sie sich nicht mehr zurücknehmen. Nun *leben* diese Wesen, aber sie haben dadurch auch das Problematische mitbekommen, das allem Leben anhaftet. Und der Dichter selbst wird zur problematischen Natur. Denn als Dichter ist er Idealist und sucht überall nach Möglichkeiten, das Dasein zu verschönern und zu verklären. Aber als Dichter hat er auch die sehr zweideutige Gabe des unerbittlichen *Sehens* mitbekommen, und er sieht nirgends etwas, woran er sich zu höheren Gedankenflügen aufschwingen könnte: weder im Olymp noch auf Erden findet er Gegenstände einer reinen Verehrung. Dieser tragische Kampf

zwischen Idealismus und Wahrheitsliebe, zwischen Melancholie und Zynismus rückt ihn uns ungemein nahe und macht ihn beinahe zu unserem Zeitgenossen.
Es gab übrigens noch einen zweiten Konflikt in seinem Schaffen, der aber rein künstlerischer Natur war. Euripides war nämlich, um es in aller Kürze zu sagen, ein Theatraliker ohne Theater. Sein ganzes Leben lang hat er gegen die archaistische Form des griechischen Theaters gekämpft, die dem neuen Inhalt der Zeit in keiner Weise mehr entsprach und einen richtigen Theaterdichter zur Verzweiflung bringen mußte. Aber hier unterlag seine Kraft. Seine neue Psychologie war siegreich, aber seine neue dramatische Technik vermochte er nicht durchzusetzen, denn hier handelte es sich um einen Angriff auf eine eingelebte, nationale Institution, und der Grieche, so wandelbar und neuerungssüchtig er in allem übrigen war, ist in solchen Fragen stets unerbittlich konservativ gewesen.

Theologie

Es erübrigt nun noch, einen Blick auf die Theologie zu werfen. Der Dichter wird mit ihr immer rechnen müssen, nicht etwa, um sich beim Volk beliebt zu machen oder weil er ihre Überzeugungen teilt, sondern weil ihre Vorstellungen die anschaulicheren und poetischeren sind. Ein Atheist ist daher auch Euripides nicht gewesen; nur hat er die Götter noch mehr vermenschlicht, als es die Griechen ohnehin schon immer getan hatten. Im großen und ganzen scheint er diesen Dingen kein sehr großes Interesse entgegengebracht zu haben: er war eben dazu schon viel zu aufgeklärt.
Mit der Götterlehre und Mythologie ist jedoch der Kreis der griechischen Theologie keineswegs vollständig umschrieben. Im Mittelpunkt des religiösen Interesses stand bei den Griechen von jeher ein anderes Problem: das Problem des Schicksals,

oder, wie man es auch ausdrücken könnte, das Problem des Tragischen. Denn die Verknüpfungen der täglichen Ereignisse und Fügungen, die Beziehungen der Menschen untereinander, Liebe, Freundschaft, Ruhm, Besitz, Kunst, Wissenschaft, das sind lauter Tragödien: das ganze Leben hat keinen anderen Sinn.

Die Griechen als ein intelligentes, offenäugiges, lebenskundiges Volk mußten früh auf diese verwickelte Frage verfallen. Sie hatten von Anfang an viel mitgemacht und sich mit allen möglichen Mitteln ihre Existenz sichern müssen. Sie hatten mit dem stumpfen Widerstand eingeborener Barbarenvölker um ein Land ringen müssen, das keineswegs übermäßig fruchtbar und wohnlich war, dabei unter beständiger Angst vor dem asiatischen Koloß im Osten, der sie jeden Moment auffressen konnte. Nicht umsonst ist Odysseus ihr Nationalheld. Sie waren durchaus nicht sentimental. Sie wußten, was das Leben ist: eine strapaziöse, unberechenbare, wenig dankbare Angelegenheit.

Nun hat aber der Mensch andrerseits einen sehr starken eingeborenen Trieb zum Positiven, und der Pessimismus ist ihm immer unorganisch. Er sucht daher nach einem Gegengewicht. Ein solches ist zunächst die naive Frömmigkeit, das unerschütterliche Vertrauen auf die Güte der Götter und des Schicksals. Diesen Standpunkt vertraten die griechischen Dichter der guten alten Zeit. Ungerechtigkeit und unverdientes Unglück sind nur scheinbar oder doch nur vorübergehend: am Ende erweist sich doch immer der Sieg des Guten. Dieser keineswegs abstrakte und lebensfremde, aber doch dogmatische Optimismus paßte sehr gut in das Zeitalter der Perserkriege.

Aber die Weltlage änderte sich und mit ihr das Weltbild. Und nun sucht man nach anderen Erklärungen. Da erscheint zunächst Sophokles und sagt: „Ja; die Welt ist schlecht, und das Böse herrscht, aber *gerade darum* müssen wir an die ewige Güte und Weisheit der Götter glauben.“ Das ist schon eine sehr komplizierte Philosophie, die man vielleicht am kürzesten als Pascalismus bezeichnen könnte. Wir können hier nicht näher darauf eingehen; die Freunde Pascals werden es verstehen.

So lag das Problem, als Euripides kam und die einzig moderne zeitgemäße Erklärung fand: Er sagte: „Das Schicksal ist weder der Zorn noch die Liebe der Götter, weder Moira noch Familiendämon, denn es ist überhaupt nicht außer uns. Das Schicksal ist der Mensch selbst. Das Leben ist tragisch, aber es hat keinen Sinn, das zu beklagen, oder auch nur zu wünschen, es möchte anders sein; denn wenn man den tragischen Charakter des Lebens aufheben wollte, so würde man damit das Leben selbst aufheben." Sophokles sagt: „Das Leben ist leider tragisch, aber das ist einmal so und nicht zu ändern;" Euripides sagt: „Das Leben ist tragisch, aber das soll so sein und dürfte gar nicht geändert werden, selbst wenn es möglich wäre." Daher gibt es bei ihm auch keine Bösewichte mehr, sondern alle Menschen sind teils gut, teils böse, und der tragische Konflikt entsteht nicht dadurch, daß der eine gut und der andere schlecht ist, sondern dadurch, daß die Menschen so verschieden sind und jeder von ihnen seiner innersten Natur nach etwas anderes wollen muß. In einem hippokratischen Fragment findet sich der lapidare Satz: „Alles ist göttlich und alles ist menschlich." Diesen Satz könnte man als Motto vor die Dichtungen des Euripides stellen.

Der Kern dieser Weltansicht ist aber dennoch ein tiefer Pessimismus, der schließlich zum Indifferentismus führt und den Dichter wünschen läßt, nur die freundlichen Gaben des Zufalls genießen zu dürfen, denn „heute so, morgen so wechseln der Menschen Geschicke, ohne Frieden, ohne Rast." „Wie es kommt, frohen Sinns, nehm ich die Gaben des Heute, nehm ich die des Morgen hin. Glauben und Hoffen ist hin, und verdüstert mir die Seele."

Aber im Grunde seines Herzens hatte der Dichter doch eine

vage Zuversicht, daß hier nicht die Grenze des menschlichen Geistes sei. Der Dichter des ‚Hippolytos' ist es, der die Worte schrieb:

> Wohl gibt es ein andres, ein seliges Sein,
> Doch liegt es verborgen in Dunkel und Dunst.
> Drum klammert die eitle Liebe sich fest
> An den glühenden Schimmer der irdischen Welt,
> Bloß weil sie ein anderes Leben nicht kennt,
> Kein Auge die Schatten des Todes durchmißt,
> Wahnbilder des Glaubens uns irren.

Hier wird der Dichter zum Propheten. Es folgte die Hellenisierung des Ostens durch Alexander. Aber was selbst einem Alexander nicht geglückt wäre: die Hellenisierung des römischen Westens, das vollbrachten griechische Dichter und Denker. Und nun vollzog sich jene große welthistorische Rache, die die Griechen an ihren Überwindern genommen haben. Sie infiltrierten den Römern ihren Geist, der der Geist eines überreifen und absterbenden Volkes war. Sie vermachten ihnen ihren Skeptizismus, ihre Lebensmüdigkeit und Übersättigung. Sie gaben ihnen mit vollen Händen die Schätze ihrer Kunst und Weltweisheit und erzeugten in ihnen durch die Überfülle und Überschmackhaftigkeit dieser Gaben Appetitlosigkeit und verdorbenen Magen. Sie übertrugen ihre ganze Agonie auf die gesunden und selbstmächtigen Römer. So kam es zu jenem grandiosen Schauspiel eines allgemeinen Weltekels, der die gesamte Kulturmenschheit wie eine Krankheit beherrschte, bis ein sonderbarer Mensch kam, der von der Philosophie mehr verstand als Plato und vom Erobern mehr als Alexander, und eine neue Welt entdeckte.

Dies alles hat Euripides geahnt, denn er war ein Dichter.

HERMANN BAHRS KATHOLIZISMUS

Vor einigen Wochen kam in einer Gesellschaft ein Mensch auf mich zu und sagte: „Nun, was ist denn Ihre Ansicht über –“. „Pardon, mein Herr,“ erwiderte ich verbindlich, „ich habe Kellermanns ‚Tunnel‘ nicht gelesen, werde ihn auch nicht lesen und ersuche Sie dringend, mich nicht mit derartigen Fragen zu belästigen.“ Der Mensch sagte jedoch ganz erstaunt: „Aber wer spricht denn heute noch vom ‚Tunnel‘? Ich meinte selbstverständlich: was ist Ihre Ansicht über Hermann Bahrs Katholizismus?“ Da mußte ich denn erkennen, daß ich mich blamiert hatte, und daß die Frage, die jetzt jedermann an jedermann stellt, eine andre geworden war. Es gibt ja bekanntlich immer nur ein einziges Thema, über das die Menschen reden. Seither ist denn auch diese Frage noch oft an mich gerichtet worden, und ich habe mich immer darauf beschränkt, mit vielsagendem Achselzucken zu erwidern: „Ja, schließlich vom sozialpolitischen Standpunkt ...“. Ich muß allerdings gestehen, daß ich seit Jahren diese Antwort auf jede dieser jeweiligen aktuellen Tagesfragen gebe. Ich denke mir dabei selbstverständlich gar nichts und weiß überhaupt nicht, was das Wort „sozialpolitisch“ bedeutet; aber merkwürdig: diese Antwort paßt auf nahezu alles. Man nehme nur einmal aufs Geratewohl eine von diesen Modefragen her, die abwechselnd eine Zeitlang gestellt wurden, zum Beispiel: „Was sagen Sie zur Affäre Treumann?“, oder: „Finden Sie das Müllern gesund?“, oder: „Wie gefällt Ihnen Glaube und Heimat?“, oder: „Sind Sie für den Einmarsch in Serbien?“, oder „Sind Sie Anhänger des Systems Dalcroze?“ – auf alle diese Fragen kann man durchaus treffend erwidern: „Mein Gott, vom sozialpolitischen Standpunkt ...“. Es klingt gradezu geistreich. Ich sage es daher immer. Der Vollständigkeit halber muß ich jedoch bemerken, daß ich es nur zu Herren sage. Zu Damen sage ich auf alle obigen sowie auf sämtliche übrigen Fragen: „Nun, wenn man so hübsch ist wie Sie . . .“.

In dem vorliegenden Falle hatte ich aber noch einen besonderen Grund, so diplomatisch zu antworten. Ich wäre nämlich sicher mit den allermeisten Fragern in einen erbitterten Wortwechsel geraten, denn die allermeisten erwarteten, daß ich diese Frage zum Anlaß nehmen würde, in die schrecklichsten Beschimpfungen Hermann Bahrs auszubrechen, und diese Freude hätte ich ihnen nicht machen können. Hier aber, wo mich niemand durch Bemerkungen wie: „Das sind hohle Paradoxa“, oder: „Erzählen Sie solche Witze im Cabaret“ unterbrechen kann, möchte ich in Kürze sagen, was ich prinzipiell über diese Dinge denke. Daß sich mehrere Menschen darüber ärgern werden, betrachte ich als angenehme Begleiterscheinung; es ist aber nicht der Grund, warum ich es sage. Dieser besteht vielmehr darin, daß ich die Gelegenheit benutzen will, einige geschichtsphilosophische Aphorismen abzulagern und für mein Buch ‚Ecce poeta‘ wieder einmal ein bißchen Reklame zu machen.

In diesem Buch habe ich nämlich zu zeigen versucht, daß sich die sogenannte moderne Bewegung, die etwa mit den siebziger Jahren einsetzte, bisher erst in drei Voretappen abgespielt hat, die ich mit den Schlagworten: Bourgeoisie, Naturalismus, Fin de siècle bezeichnete. Das Thema, das in diesen drei Phasen abgewandelt wurde, waren die neuen geistigen Inhalte, die vor etwa einem Menschenalter in ungeheurer Fülle plötzlich über uns hereinbrachen. Die neuen technischen, sozialen, industriellen, politischen Phänomene, die neuartigen Tatsachen der Chemie und der beschreibenden Naturwissenschaft, die Ideen einer völlig anders geordneten Kunst und Philosophie hatten eine Art Masseninvasion neuer Vorstellungen zur Folge. Es ist dies eine Erscheinung, die wir in regelmäßigen Intervallen überhaupt in der Geschichte wiederkehren sehen. Und auch die Art, wie der Mensch auf diese Erscheinungen reagiert, zeigt im großen und ganzen immer wieder dieselben typischen Züge. Zunächst werden ja alle Inhalte immer als etwas Lästiges empfunden: sie komplizieren die Erfahrung und erschweren den Überblick über das Dasein; auch enthalten sie fast immer ein revolutionäres Element. Das Nächste, was der Mensch in seiner Denkfaulheit tut, ist daher, daß er versucht, sie wegzuschieben, wegzulügen: er tut, als ob sie gar nicht da wären, oder als ob sie in die alten Formen paßten. Dies pflegt gewöhnlich in der ersten Etappe zu geschehen. Auf die Dauer aber geht so etwas nicht, der Schwindel kommt auf, und eine neue aufgeklärtere Generation macht sich mit größtem Eifer daran, das Neue vorläufig einmal zu protokollieren, eine Art Inventuraufnahme zu veranstalten. Auf diesen Abschnitt folgt dann ein dritter: der organischen Einverleibung. Dieses Prinzip auf unsre Zeit angewendet, hätte sich bisher also etwa folgendes ereignet: In der Zeit der Bourgeoisie (etwa vom deutsch-französischen Krieg bis zur Mitte der achtziger Jahre) wurden die neuen Inhalte gefälscht; in der Zeit des Naturalismus (etwa bis zur Mitte der neunziger Jahre) wurden sie einregistriert; und in der Zeit des Fin de siècle (etwa um die Wende des Jahrhunderts) wurden sie verdaut – mit allen typischen Erscheinungen der Verdauungsträgheit.

Ist nun aber damit diese Entwicklung abgeschlossen? Keineswegs; so wenig, wie mit der Verdauung der physiologische Prozeß der Ernährung abgeschlossen ist. Denn jetzt muß erst eine weitere Etappe folgen, in der die neuen Materialien endlich ihrem wirklichen Zweck zugeführt werden: nämlich sich in Wärme und Muskelkraft umsetzen, die Gesamtvitalität erhöhen und lebendige Arbeitsenergien spenden.

Dies ist aber die unmittelbarste Gegenwart oder richtiger: die nächste Zukunft, und um über den Charakter dieser Phase etwas aussagen zu können, müssen wir uns geschichtlicher Analogien bedienen. Die letzte derartige Entwicklung, die Europa und im besondern Deutschland erlebt hat, begann etwa um die Mitte des achtzehnten Jahrhunderts. Auch damals drangen plötzlich eine Menge neuer Vorstellungen auf das menschliche Bewußtsein ein, und die erste Folge war der Vorgang einer Verfälschung dieser Vorstellungsmassen, den man unter den Kollektivbegriff der Aufklärung zusammenzufassen pflegt. Was damals die sogenannten Popularphilosophen taten, das unternahmen in unsrer Zeit die Monisten. Sodann entspricht dem Naturalismus die Sturm - und - Drang - Periode mit ihrem krassen Realismus, ihrer Bevorzugung sozialer Probleme, ihrer Verachtung jeglicher ästhetischer Doktrin und ihrem primitiven Geniekultus (zu dem die mißverstandene Philosophie Nietzsches die Parallele bildet). Mit dem Fin de siècle endlich korrespondiert die Periode der Empfindsamkeit: Verinnerlichung, Hyperästhesie, Lyrismus, Feminismus, Frauenemanzipation, Kosmopolitismus, Décadence – alles dies sind Züge, die wir beide Male wiederfinden.

Alle diese Komponenten vereinigten sich aber endlich in eine große geistige Resultante, die einige als Klassizismus, andre als Romantik bezeichnen. Diese Unterscheidung ist jedoch ein Mißverständnis und das Werk der Literarhistoriker, deren Aufgabe es ja bekanntlich ist, die Weltliteratur nicht nur ungenießbar, sondern auch unverständlich zu machen. In Wahrheit dreht es sich nämlich sowohl bei den Klassizisten Goethe, Schiller, Humboldt wie bei den Romantikern Novalis, Tieck, den Schlegels prinzipiell um dasselbe: um Stilisierung und Zusammenfassung, nur daß die einen mehr auf ein von ihnen erfundenes Altertum, die andern mehr auf ein von ihnen erfundenes Mittelalter zurückgehen. Das Wesentlichste aber ist, daß es sich bei dieser ganzen Bewegung überhaupt nicht um Literatur und literarische Parteien gehandelt hat, sondern um eine große Zeitrichtung, deren Sinn und Aufgabe die Synthese des gesamten Kulturinhalts war. Diese Tendenz war es, die Goethe beim ‚Faust‘ und ‚Wilhelm Meister‘ leitete, Beethoven bei seinen Symphonien, Hegel bei seiner Enzyklopädie, den andern Humboldt bei seinem ‚Kosmos' und alle die vielen größern und kleinern Zeitgenossen, die damals geistig tätig waren. Alle Schöpfungen, die damals entstanden, waren nichts andres als der Ausdruck einer bestimmten seelischen Stufe, auf welche die deutsche Entwicklung gelangt war. Was war nun das Charakteristische dieser Phase?

Ich sagte es bereits: Zusammenfassung auf allen Gebieten. Dies läßt sich überall deutlich verfolgen. In der Politik gelangt der imperialistische Absolutismus zu seiner vollsten Entfaltung unter dem Vorbild Napoleons; im Wirtschaftsleben zeigen sich die ersten Anfänge der großen Formen der Unternehmung; in der Kunst treten diejenigen Gattungen in den Vordergrund, die zu Monumentalität Anlaß geben; in der Wissenschaft erscheinen die großen Systembildungen; und auf dem Gebiet des Glaubens zeigt sich allgemein eine Rückkehr zur positiven Religion.

Es ist dabei festzuhalten, daß, obschon einzelne Romantiker ostentativ zum Katholizismus übertraten, es sich damals keineswegs um derartige Äußerlichkeiten handelte. Der Geist der ganzen Zeit war tief religiös, und nur, insoweit man im Katholizismus gewissermaßen die religiöseste Religion sah, bekannte man sich zu ihm. Die Grundansicht aber war die, daß die wahre Religion ein Katholizismus im eigentlichen Sinne sei: nämlich ein weltumspannendes Glaubensbekenntnis, in dem alle dogmatischen und rituellen Unterschiede der einzelnen christlichen Konfessionen aufgehoben seien. So kam es, daß damals der Gegensatz zwischen protestantischem und katholischem Klerus lange nicht so groß war wie heutzutage, und daß sehr viele Geistliche in beiden Lagern eine Vereinigung für durchaus möglich hielten, daß es ferner tiefgläubige Katholiken gab, die ganz in pietistischen Vorstellungskreisen lebten, und tiefgläubige Protestanten, die gewissermaßen im katholischen Dialekt sprachen. Was die Signatur der Zeit ausmachte, waren nicht die paar Übertritte zum papistischen Bekenntnis

(die übrigens mit der damaligen Schwärmerei für Italien zusammenhingen, schon im Fall Winckelmann, der doch gewiß kein Romantiker im landläufigen Sinne war), vielmehr die tiefe und allgemeine Überzeugung von der Wirksamkeit des Göttlichen. Man darf sagen, daß es damals wohl kaum mehr einen bedeutenderen Menschen gegeben hat, der Atheist war.
Die Anwendung auf unsre Zeit brauche ich wohl nicht mehr zu machen, da sie jeder halbwegs intelligente Mensch jetzt selbst zustandebringen wird. Es ist dabei selbstverständlich festzuhalten, daß es in der Geschichte keine Wiederholungen gibt, und daß das, was man ungenau Wiederholung nennt, niemals eine einfache Rückkehr zu der Anschauungsweise eines früheren Zeitalters bedeutet, sondern nur die Erneuerung gewisser älterer Vorstellungsformen auf einer höhern Stufe. Im ganzen aber wird es gut sein, nicht jeden Menschen, der heutzutage auf irgend einem Gebiet reaktionäre Tendenzen vertritt, ohne weiteres als rückständig zu verurteilen. Vielleicht ist er das Gegenteil. Und dieses Vielleicht bleibt bestehen, auch wenn sich von noch so vielen Reaktionären nachweisen ließe, daß sie es wirklich nur aus Beschränktheit sind. Kurz: der Standpunkt, den ich solchen Erscheinungen gegenüber empfehle, ist weder der der Billigung noch der der Mißbilligung, sondern der der wissenschaftlichen Vorsicht, der behutsamen objektiven Konstatierung. Es ist ganz dieselbe Sache wie mit den Expressionisten. Es wäre nämlich ganz gut möglich, daß alle bisherigen Leistungen der expressionistischen Maler ein kompletter Blödsinn sind, und daß dennoch der Expressionismus eine höchst bedeutsame Kunstrichtung ist. Vor etwa einem Vierteljahrhundert gab es plötzlich Impressionisten und Nietzscheaner. Inbezug auf diese beiden Menschenklassen brauchen wir nicht mehr so vorsichtig zu sein, und wir können daher ruhig sagen: ein sehr großer Teil der impressionistischen Bilder war tatsächlich abstoßend häßlich, vollkommen sinnlos

und äußerst dilettantisch, und ein noch größerer Teil der Nietzscheaner war idiotisch. Gleichwohl wird heute niemand mehr leugnen wollen, daß die impressionistische Kunst und die Philosophie Nietzsches zwei Ereignisse von außerordentlicher kulturhistorischer Bedeutung waren.
Über den Expressionismus kann ich mich nicht äußern, weil ich höchstwahrscheinlich von allen lebenden Menschen derjenige bin, der am wenigsten von Malerei versteht, und über Hermann Bahrs Katholizismus kann ich mich nicht äußern, weil er sich über diesen Gegenstand keineswegs so ausführlich und zusammenhängend ausgesprochen hat, daß ein Urteil erlaubt ist. Aber das möchte ich wohl zu behaupten wagen, daß Expressionismus und Religiosität zu den Formen gehören werden, unter denen die nächste Generation die Welt begreifen wird.

CARPE DIEM!
Ein kleines Stück für Amateurbühnen

Rollen: Eine Dame (Sentimentale Liebhaberin); zwei Herren (Jugendlicher Liebhaber und Gesetzter Bonvivant).

Erste Szene: Viktor, ein junger Dichter sitzt an seinem Schreibtisch, einen soeben eingetroffenen Brief in der Hand. Er befindet sich im Selbstgespräch.

Von ihr! Ihre geliebten kindlichen Schriftzüge! Ist mirs doch, als läge der ganze Duft ihres Wesen in diesem kleinen Papierblatt! (Er dreht den Brief in der Hand.) Was mag diese dünne Hülle umschließen? Ich kann, ich darf es niemals erfahren. Nein, nein! Ich darf nicht! Ihn öffnen, hieße alles Vorhergegangene verleugnen, hieße die Wahrheit, die nun zwischen uns steht, aufs neue vergiften! Und doch? Was kann auf vier Seiten nicht alles stehen! Ein ganzes Schicksal, ein helles oder ein dunkles! (Er betrachtet den Stempel.) Von heute! Die Antwort auf meinen Brief! Ganz ohne Zweifel. Aber auf diesen Brief gibt es keine Antwort, darf es zumindest keine geben. O, wie gut weiß ich ihn noch, diesen Brief! (Er sagt ihn leise vor sich hin:) „Liebe Freundin! Ich nenne dich so, weil du es warst und bist, ohne es zu wissen und zu wollen, und ich blicke mit Verehrung auf dich, die dazu ausersehen war, meine Lebensflamme zu ungeheurem Brand zu entfachen. Ich danke dir für meine Liebe! Aber dennoch: als ich gestern die ganze Nacht ruhelos durch den Regen stürmte und alles, alles noch einmal in mir erlebte, da war am Schlusse der Rest ein ungeheures, bodenloses Erstaunen. Ich fragte mich immer wieder mit tiefster Verwunderung: Warum? Warum sind die Menschen so? Und vor allem: Warum sind die Frauen so? Wenn ein Dichter oder Schauspieler der Menge sein Ehrlichstes und Bestes gibt, so hat er die unabweisbare Empfindung: durch irgend etwas muß mein reines und wahres Gefühl unwiderstehlich sein, durch irgend etwas muß es ankündigen: Ich bin echt, und alles andre ist falsch; ich bin tief, und alles andre ist Fläche; ich bin empfunden, und alles andre ist gemacht. Aber dieser Dichter oder Schauspieler fällt gewöhnlich vor dem großen Publikum durch. Denn das große Publikum will gar nichts Echtes, es will Kulisse, Kitsch und Schminke, es will Theater. Und so seid ihr eben auch: ihr wollt gar keine echte Liebe, ihr wollt nur das Theater der Liebe, den Schatten, die Illusion der Liebe, den schlechten billigen Öldruck der Liebe, aber um Gotteswillen nicht – die Liebe. Lebe wohl! Du wirst nie wieder von mir hören. Der Akt ‚Renata' ist für mich auf immer geschlossen. Meine Briefe magst du behalten als Dokumente des Unbegreiflichen, wie ein Herz, in dem sich nichts befand als Liebe, überschüssige, überflüssige, über die Ränder fließende Liebe, von der Enge eines andern Herzens ohne jeden Grund, nur weil es besser und größer war, gelähmt, zerfleischt, zerfressen wurde, wie" – genug! genug! (Er greift zur Feder und schreibt): „Annahme verweigert." (Er behält den Brief in der Hand und blickt grade vor sich hin. Ein Schleiervorhang senkt sich herab.)

Zweite Szene: Ein luxuriös eingerichtetes Gemach. Renata sitzt in großer Empfangstoilette allein in einem Fauteuil und starrt vor sich hin. Justizrat Baggesen kommt bald darauf durch die Mitteltür, tritt von hinten auf sie zu und berührt sie leicht an der Schulter. Renata schrickt zusammen.

Baggesen: Nun, so verträumt? Und das Haus ist schon voller Gäste.
Renata: Ich komme – ich komme.
Baggesen: Die Marschallin hat im letzten Augenblick abgesagt. Aber dafür kommt ein andrer illustrer Gast. Nun rate!
Renata: Du wirst es mir schon auch so sagen.
Baggesen: Wallis! Der große Viktor Wallis! Ich traf ihn auf der Straße, er kam eben vom Bahnhof. Er ist in Theaterangelegenheiten hier, fährt morgen wieder weiter. Aber er versprach mir –
Renata: Wie bist du denn auf diesen Gedanken gekommen?
Baggesen: Nun, ich denke, es putzt eine Gesellschaft doch immerhin ganz hübsch auf. Und dann – ihr seid doch alte Freunde und werdet euch gewiß allerlei zu erzählen haben: Nach zehn Jahren –
Renata: Nach elf Jahren.
Baggesen: Ganz recht. Ja, für eure Flirts habt ihr Frauen doch ein fabelhaftes Gedächtnis!
Renata (finster): Flirts?
Baggesen: Nun, so sagen wir: stumme Verehrung. Aber nun mach dich zurecht! (Ab.)
Renata (erhebt sich müde, geht zum Stehspiegel und richtet sich ihre Frisur. Plötzlich stößt sie einen Schrei aus, denn im Spiegel erblickt sie Viktor, der in der Seitentür steht.)

Viktor (eisig): Lassen Sie sich nicht stören, gnädige Frau.

Renata (bleibt unbeweglich stehen und starrt in den Spiegel. – Pause.)

Viktor: Sie haben sich gar nicht verändert.

Renata (fast unhörbar): Und Sie?

Viktor: Ich?

Renata: Ich meine: Haben denn Sie sich verändert?

Viktor: O, ich habe mich sehr verändert. Schon seit elf Jahren.

Renata: Seit elf Jahren?

Viktor: Ja. Durch ein – ein Erlebnis.

Renata (wiederholt mit zitternden Lippen): Ein Erlebnis.

Viktor: Ich hatte meine ganze Liebesfähigkeit in eine einzige große Liebe gepreßt – von mir weggepreßt. Und als es mit dieser Liebe aus war, war ich ein- für allemal von derlei Torheiten befreit.

Renata (leise): War es denn ganz aus?

Viktor: Ganz. Von dem Augenblick an, wo ich zwei Worte auf einen Brief geschrieben hatte.

Renata (dreht sich jäh um und zieht einen Brief aus ihrem Ausschnitt): Diesen Brief?

Viktor (prallt zurück): Du – Sie tragen ihn bei sich?

Renata (dumpf): Immer.

Viktor: Ja, aber –

Renata (bitter): Wollen Sie ihn vielleicht heute öffnen?

Viktor: Renata! – Mir ist heute, als sähe ich dich zum ersten Male!

Renata (schweigt, den Brief in der Hand).

Viktor: Renata! Was hast du getan in all den Jahren?

Renata (wie aus einer Erstarrung erwachend): Ich habe am Rande des Lebens gelebt.

Viktor: Am Rande?

Renata: Weißt du, was das heißt? Frei von Glück und Unglück zu sein, keinem zu Liebe und keinem zu Leide, immer am Ufer? Im Exil des Lebens? Unfähig zum Schmerz, unfähig zur Liebe, ja selbst unfähig zum Haß? Ausgebrannt, ausgekohlt seit elf Jahren, durch – durch ein Erlebnis.

Viktor (wiederholt mit zitternden Lippen): Ein Erlebnis.

Renata: Oder auch: durch zwei Worte. Hättest du damals den Brief gelesen, o wie wäre alles, alles so anders gekommen! Jeder Verbrecher hat das Recht der Berufung, aber du hast mich gleich in erster Instanz kalt und fühllos für immer verurteilt! Ein Schnitt mit dem Papiermesser, und zwei Menschenschicksale wären glücklich geworden! Denn ich fühle es – auch du bist nicht glücklich.

Viktor: Renata! Wie konnte ich nach dem Brief, den ich dir vorher geschrieben –

Renata: Ja, das ist echt männlich! Konsequenz! Konsequenz! Und nur ja nicht das Geringste vergeben. Deine Logik, mein Lieber, hat mich zugrundegerichtet. (Plötzlich wild) Und jetzt sollst du den Brief lesen.

Viktor (will darnach greifen, zieht aber die Hand wieder zurück): Ich – nein – ich will ihn nicht lesen. Ich fürchte –

Renata (befehlend): Lies!

Viktor (nimmt den Brief und dreht ihn in der Hand): Was kann auf vier Seiten nicht alles stehen! Ich habe Angst –

Renata (höhnisch): Noch immer? Nach elf Jahren?

Viktor: Heute ist es eine andre Angst als damals. Heute fürchte ich – Nein, ich werde ihn nicht öffnen.

Renata: Nun, so will – ich! (Sie will ihm den Brief nehmen, aber er entzieht ihn ihr und wirft ihn mit einer raschen Bewegung ins Feuer. Pause.)

Renata (düster): Du bist feig. Aber glaubst du, ich müßte ihn öffnen, um seinen Inhalt zu wissen? O wie gut kenne ich sie noch, diese Worte, die in Flammenschrift immer vor mir stehen! Höre –

Viktor (zurückweichend): Nein, Renata, nein – ich kann es nicht ertragen –

Renata (unerschütterlich): Du sollst hören (sie will sprechen): Ich – (der Schleiervorhang senkt sich herab).

Dritte Szene: Viktor sitzt wieder an seinem Schreibtisch, den Brief noch immer in der Hand.

Viktor: O – Renata! (Er öffnet den Brief und liest): „Ich ersuche Sie, mich nicht mehr zu belästigen."

(Der Vorhang fällt.)

DER ZWECK DES LEBENS

Vor ein paar Monaten hatte ich wieder einmal das lebhafte Vergnügen, mit Professor Franz Strunz zu sprechen. Als er meiner ansichtig wurde, schoß er auf mich zu und sagte ohne jede weitere Einleitung in seinem atemberaubenden Tempo (Kainz konnte ebenso geschwind sprechen, aber nur, wenn er nach der Vorstellung noch den berliner Schnellzug erreichen wollte): „Haben Sie schon Johannes Müller gehört? Nein? Dann müssen Sie ihn unbedingt hören, unbedingt! Man muß ihn gehört haben. Warum das läßt sich nicht so schnell sagen. Wenn Sie ihn gehört haben, werden Sie wissen, warum." Er erzählte mir sodann noch rasch, daß Johannes Müller Leiter eines Seelensanatoriums sei, und daß er so etwas wie eine neue Religion, eine neue Ethik begründet habe, aber bei dem Worte Religion war er auch schon augenblicklich irgendwo anders, und mit einem Satze befanden wir uns mitten in der Christologie. Nun entwickelte er mir mit ungeheurer Schnelligkeit seine Auffassung vom Leben Jesu, schilderte sämtliche andern Standpunkte, beleuchtete die Grundsätze der liberalen Theologie, der Marburger Schule, der Heidelberger Schule, der Leipziger Schule, brachte eine ungeheure Menge von Belegen, Daten und Zitaten aus den Apokryphen, den Häresiographen, den Doketikern, den Alexandrinern, den Linkshegelianern und zwanzig andern bei, und als er mich nach einer Viertelstunde entließ, war ich im Besitz eines vollständigen kleinen Kompendiums der Evangelienkritik. Aber was an Johannes Müller eigentlich sei, hatte er, der alles weiß, mir auch nicht sagen können. Und ich erinnerte mich, daß vor Jahren einmal Hermann Bahr sich in einem Feuilleton ganz ähnlich geäußert hatte: Johannes Müllers Wirkung sei undefinierbar.

Nun ging ich also folgsam zu Müllers erstem Vortrag, der den Titel führte: ‚Der Zweck des Lebens‘, zweifellos ein für die Menschen nicht ganz unwichtiges Thema. Malheureuserweise hatte ich mir aber von ihm nach den Andeutungen, die mir gegeben worden waren, ein ganz bestimmtes Bild gemacht. Ich dachte mir nämlich: ein Mensch, der eine neue Ethik, ja sogar eine neue Religion verkündet, muß irgendwie in seiner äußern Erscheinung etwas Transzendentes, Sublimiertes, Entrücktes an sich haben. Auf das Podium trat jedoch ein mittelgroßer untersetzter Mann mit kurzem Hals, buschigem Schnurrbart, blühender Gesichtsfarbe, das Urbild eines kerngesunden deutschen Kleinstädters. Ich konnte während des ganzen Vortrages die Vorstellung nicht loswerden: dieser Mann würde einen prachtvollen Chef für eine große altrenommierte Nürnberger Spielwarenfabrik abgeben. Auch die Art, wie Johannes Müller mit dem Publikum verkehrt, stört dieses Bild durchaus nicht. Seine Redeweise ist klar, bestimmt, freundlich, ruhig und doch von starker innerer Anteilnahme getragen, er sagt alles in der verständlichsten Form und außerdem zwei- bis dreimal, er ruht nicht eher, als bis das, was er sagen will, restlos und eindeutig herausgekommen ist, er schweift nicht ab, spricht stets „zur Sache“, ist von dem ehrlichsten und ernstesten Wunsche erfüllt, dem Guten zu dienen: kurz, aus solchen Persönlichkeiten müßte ein idealer deutscher Stadtrat zusammengesetzt

sein. Und so verhält es sich auch mit den leitenden Hauptideen: was Johannes Müller vorbrachte, waren im Grunde genommen die Feiertagsgedanken des deutschen Bürgers.
Was ist der Zweck des Lebens? Johannes Müller ist um die Antwort nicht einen Augenblick verlegen, und schon das ist ein wenig bedenklich. Er sagt: der Zweck des Lebens ist dienen, sich hingeben, sich für die Allgemeinheit opfern. Ich muß gestehen: wenn der Johannes Müller, den ich mir nun einmal infolge meiner pathologischen fixen Idee vorgestellt hatte, so gesprochen hätte, so hätte ich ihm, höchstwahrscheinlich, recht geben müssen. Wenn dieser Johannes Müller – dessen Bild sich mir nun einmal so fest in den Kopf gesetzt hat, daß ich überzeugt bin: er muß dennoch irgendwo wirklich existieren – sein müdes blasses Haupt in die schmale weiße Hand gestützt und, mit seinen traurigen braunen Augen irgendwohin, ganz irgendwo andershin blickend, mit sanfter klarer Stimme gesagt hätte: „Ja, meine verehrten Anwesenden, glauben Sie mir: der Sinn des Lebens ist das Opfer" – dann hätte nicht bloß ich, dann hätte jedermann, zumindest in diesem Augenblick, sich dasselbe sagen müssen. Aber nun sehen wir einmal zu. Für diesen Mann wäre das, was er „Opfer" nennt, ja gar kein Opfer gewesen! Es wäre eben der „Sinn seines Lebens" gewesen! Es wäre seine tiefinnerste, von Gott gewollte, von ihm selbst inbrünstig geglaubte Bestimmung gewesen, sich hinzugeben, zu schenken, zu dienen, seine Kräfte ununterbrochen und freudig hinströmen zu lassen für – nun, ganz einerlei, wofür! Für irgend etwas „andres", für die „Menschheit", für den „Fortschritt", für die „Zukunft seiner Rasse", aber vielleicht auch nur für eine Suppen- und Tee-Anstalt, für ein Tulpenbeet oder einen zärtlich geliebten Kanarienvogel. Aber hätte man bei diesem Mann von Opfern sprechen können? Er hätte eben den Zweck seines Lebens erfüllt. Und wäre es nicht die höchste Gottlosigkeit und Dummheit, dies ein Opfer zu nennen? Ist denn „seine Bestimmung zu erfüllen" nicht ein

Glück, ja gradezu die einzig mögliche Definition menschlichen Glücks?
Nun ruft aber ein freundlich-energischer Klassenlehrer zu einem ganzen großen Auditorium, in dem sich alle möglichen Arten und Kreuzungen der Spezies Mensch befindet: „Bringet Opfer, dies ist euer Zweck!" Das heißt doch, wenn es in dieser Allgemeinheit ausgesprochen wird, ganz einfach: „Entäußert euch eurer Bestimmung! Seid nicht die, die ihr seid! Tut womöglich immer das, was ihr nicht mögt! Folgt niemals eurem Naturtrieb, sondern einem fremden Gebot, das von außen an euch herangetragen wird!" Das ganze Leben ist ein Dienen, zweifellos. Aber wem sollen wir dienen? Ich denke, darauf gibt es nur eine einzige Antwort: Uns selbst, dem Lebens- und Gestaltungsgesetz, das Gott in unsre eigne Seele gelegt hat! Wenn eine gute Hausfrau ihr ganzes Dasein dem Wohlbefinden ihres Gatten und ihrer Kinder widmet, die anstrengendsten Arbeiten für diesen Zweck verrichtet, wem dient sie da? Doch natürlich sich selbst! Denn dies ist nun einmal die Sache, die der Schöpfer mit ihr vorhatte. Und sie ist auch vollkommen glücklich, und nur glücklich, wenn man sie kochen, waschen, pflegen läßt. Wollte man ihr sagen, daß ihr Leben eine Kette von Opfern sei, so würde sie kein Wort verstehen. Nun gibt es aber doch auch Frauen, die nicht für diese Dinge geeignet sind. Wie steht es mit diesen? Nun, die bringen allerdings täglich und stündlich Opfer und sind eben deshalb ganz miserable Hausfrauen und Mütter. Und ich sage: ihre Tätigkeit ist eine tief unsittliche. Sie beruht auf unsittlichen Forderungen, und sie besteht in unsittlichen Leistungen, und deshalb liegt der Fluch der Unbrauchbarkeit auf ihr.
Oder ein andres Beispiel, das Johannes Müller selbst angeführt hat. Er sagte: „Was tun denn alle die Erfinder, die Gelehrten? Opfern diese sich nicht fortwährend für den Fortschritt der Menschheit?" Ich sage: ein Erfinder oder Gelehrter, für den seine wissenschaftliche Arbeit ein Opfer bedeutet, ist ein

schlechter, ein völlig wertloser Arbeiter und wird sicherlich niemals etwas lehren oder erfinden! Wenn man einem Kant, Gauß oder Newton die Wahl gestellt hätte zwischen seinem eintönigen, arbeitsvollen Gelehrtendasein und einem Leben in Glanz, Reichtum und Nichtstun, was hätte er wohl gewählt? Sicher nicht das Opfer eines müßigen Lebens!

Und so, glaube ich, gelangen wir zu dem Schluß: Das freiwillige Opfer ist keines, und das unfreiwillige ist eine Unsittlichkeit. Die Gesellschaft erfordert allerlei unangenehme und beschwerliche Arbeiten, die einmal getan werden müssen. Tausende tun sie freudig. Tausende arbeiten in Fabriken, in Laboratorien, in Kontoren tagaus tagein und sind dabei glücklich. Erst die Vorstellung, daß sich unter diesen Tausenden auch eine Anzahl von solchen befinden, die es ungern tun, schafft die „soziale Frage". Der Gedanke, daß es Personen gibt, die gegen ihren Wunsch täglich viele Stunden hobeln oder kutschieren oder kopfrechnen müssen, ist unerträglich, denn dies ist ja eine der raffiniertesten und schrecklichsten Formen der Zwangsarbeit. Aber vielleicht würde Der, welcher so furchtbar unter der Last des Kopfrechnens leidet, riesig gerne hobeln, und umgekehrt. Es kommt also nur auf die richtige Verteilung an. Die Gesellschaft braucht keine Opfer, denn es gibt keine noch so unscheinbare und widerwärtige Beschäftigung, die nicht ihre Liebhaber hätte.

Opfer von seinen Mitmenschen zu verlangen, macht wenig glücklich, das prägt man uns ja schon in der Schule ein. Aber es macht unsre Mitmenschen auch wenig glücklich, wenn wir ihnen Opfer bringen. Der Apparat, der dabei aufgewendet werden muß, lohnt selten den Effekt. Nehmen wir nur die allerkleinsten Gefälligkeiten des täglichen Daseins. Wie glücklich könnten wir leben, wenn sich nicht so viele Menschen bemüßigt fänden, uns in den Rock zu helfen, Feuer anzubieten, Gegenstände vom Boden zu heben. Welche lästigen Szenen ergeben sich bereits beim Eintritt in einen Salon, wenn die Hausfrau gar zu opferwillig ist, und welche schreckliche Tortur ist das Nötigen beim Essen! Wie angenehm hingegen wäre das Gesellschaftsleben, wenn jedermann sich selbst überlassen bliebe und keiner dem andern Gefälligkeiten darbrächte! Und wenn man als Außenstehender den Verkehr zwischen zwei Liebenden betrachtet, so erscheint es einem vollkommen unbegreiflich, wie diese beiden Menschen ein solches Leben länger als einen Tag aushalten können, was natürlich nicht hindert, daß man sich im gegebenen Fall genau so töricht benimmt. Wie erschweren sich doch solche Menschen durch fortwährende gegenseitige „Liebesdienste“ das Dasein! Und welche Respektlosigkeit liegt in den meisten sogenannten Opfern! Jedes Opfer ist ein Sichherandrängen, ein Sichintimmachen. Zudem hat es fast immer etwas Verletzendes. Ein Mensch von Zartgefühl will gar kein Opfer. Kurz, wenn man die Sache weiterverfolgt, so kommt sehr oft heraus: das Opfer ist der „Andre“, und es wäre für Mark Twain eine sehr schöne Aufgabe gewesen, zu schildern, wie ein Mensch vor lauter Opfern, die ihm gebracht werden, nicht dazu kommt, sein eignes Leben zu führen.

Der Zweck des Lebens kann doch niemals die Aufhebung des Lebens sein, und das ist im letzten Sinne jedes unfreiwillige Opfer. Blicken wir einmal auf alle die großen Männer, die Wohltäter der Menschheit: haben sie etwa den Sinn ihres Lebens in der Selbstentäußerung, im Leiden und Arbeiten für Andre erblickt? Keineswegs. Sie sahen ihre höchste und heiligste Mission darin, für sich zu leben und zu leiden, das Gesetz ihrer Seele zu ergründen, den göttlichen Plan ihres Daseins zu erfüllen. War etwa das Leben Goethes, Beethovens, Bismarcks oder Schopenhauers eine ununterbrochene Kette von Opfern? Wenn diese Männer sich immer mit dem Wohl der Andern beschäftigt hätten, wären sie niemals zu sich selbst gekommen, wären sie niemals groß geworden. Leider Gottes kümmern sich die meisten Menschen viel zu wenig um ihr „liebes Ich“; deshalb sind sie ja solche Dummköpfe. Was unterscheidet denn den tiefen Denker vom gedankenlosen Durchschnittsmenschen? Daß er Tag und Nacht über sich nachdenkt, sich „mit sich selbst beschäftigt". Und das religiöse Genie? Es grübelt ununterbrochen über sich, über seine Stellung zu Gott und dem Weltall: nur von diesem Punkt aus vermag es dann auch das Schicksal der Andern mitfühlend zu begreifen. Jesus und Buddha begaben sich in die Wüste und beschäftigten sich dort ausschließlich mit sich selbst. Es liegt in diesem Entschluß, mit sich selbst in Verkehr zu treten, ein ungeheurer Heroismus, denn es ist garnicht so ungefährlich, dieses Geschäft der Autovivisektion. Und warum hat Jesus sich für die Menschheit geopfert? Weil es seine persönliche, individuelle, gottgewollte Bestimmung war, nicht die aller Menschen. Hat er etwa seinen Jüngern gepredigt: Lasset euch kreuzigen? Durchaus nicht. Nicht jeder hat das Recht, sich kreuzigen zu lassen. Er lehrte sie: Tue jeder das Seine. Erfülle jeder seine Bestimmung, das, was Gott mit ihm vorhatte, genau das und nur das. Sehe jeder erst, wozu er selber da ist, bevor er sich zudringlich um das Wohl Andrer kümmert.

Ich sagte: Das unfreiwillige Opfer ist etwas Unmenschliches, Unsittliches und Häßliches. Jawohl, denn es gibt nur eine Art von Häßlichkeit und Unmoral: was andres sein wollen, als man ist. Unorganischer Altruismus ist wie ein Klumpfuß oder ein Buckel. Unorganischer Altruismus ist eine Lüge: wie kann aus einer Lüge etwas Gutes kommen? Hingegen: Solange ein Mensch sich selbst darstellt, kann er niemals unsittlich, flach oder häßlich sein. Daher ist es vielleicht das Höchste, was man von einem Menschen sagen kann, wenn man findet, er wirke wie eine Pflanze oder ein Tier auf uns. Die Gans ist dumm, der Hahn ist affektiert, der Affe ist albern, das Känguruh ist einfach unmöglich. Trotzdem wirken diese Tiere weder unangenehm noch banal. Die Dummheit einer Gans geht niemand auf die Nerven, wir finden dieses Tier sogar höchst anziehend und amüsant. Stundenlang kann man einem Hahn

zusehen, wie eingebildet, ichbesessen, wichtigtuerisch er vor seinen Hennen sich dickmacht. Aber vor einem Menschen mit einem solchen Benehmen würden wir sofort davonlaufen. Und doch auch wieder nicht davonlaufen: wenn es nämlich seine innerste Natur wäre, sich so zu betragen. Der Falstaff ist der Liebling der ganzen Welt, und doch ist er nichts als ein dickes Weinfaß voll abscheulicher Eigenschaften. Aber das Genie Shakespeare hat ihm Natürlichkeit geschenkt und hat dadurch ihn selbst zum Genie gemacht. Kunst und Religion vereinigen sich in dem Bestreben, ihre Helden zu Genies der Natürlichkeit zu machen. Und die Helden der Tat haben auch keiner andern Eigenschaft ihre Macht über die Menschen verdankt. Dies war das gemeinsame Zwingende an ihnen allen: an Jesus und Goethe, an Siegfried und dem heiligen Franz. Was sie taten, war gut, denn es gehört zu ihnen.
Johannes Müller ist ein Gegner des Individualismus, er will, daß alle Menschen im großen Allgemeinen aufgehen, einem einzigen gemeinsamen, für alle gleichen Zweck dienen: dem sozialen Opfer. Aber es trifft sich für seine Theorie höchst unglücklich, daß der liebe Gott nun einmal ein extremer Individualist ist. Nicht zwei Amöben oder zwei Schachtelhalme hat er ganz gleich geschaffen und jedem Menschen hat er eine Seele geschenkt, einmalig, einzigartig, keiner zweiten vergleichbar, nie vorher dagewesen, nie so wiederkehrend, ein kleiner Lichtstreifen zwischen zwei Unendlichkeiten – eine Seele: denken wir doch einmal darüber nach, was das heißt, denken wir ununterbrochen darüber nach, nicht über den unfruchtbaren, leeren Begriff der Seele, sondern über diese bestimmte Seele, die in jedem von uns lebt, versuchen wir ihr Gesetz zu erkennen und leben wir nach diesem Gesetz! Das ist der Zweck des Lebens für jeden Einzelnen von uns. Was aber der große allgemeine Zweck des Gesamtlebens ist, das werden wir niemals erfahren, und es ist schließlich auch gar nicht notwendig, daß wir es erfahren.

Die Lösung der Frage ist, glaube ich, wieder einmal sehr einfach. Sie besteht in einer primitiven Gleichung: Takt ist Intelligenz. Alles Gute beruht nämlich auf Intelligenz. Man fasse das um Gottes willen nicht als ein Bekenntnis zum Rationalismus auf. Die echte Intelligenz, die große, gütige, schöpferische Intelligenz ist etwas vollkommen Mystisches und Unerklärliches, aus den dunkelsten Tiefen des Willens und Instinkts Strömendes. Sie ist etwas schlechtweg Magisches. Dies zeigt sich schon bei den höher organisierten Tieren. Der Ameisenstaat ist ein Werk der vollendetsten Staatsklugheit, ein politisches Wundergebilde, auf das wir Menschen nur mit Neid blikken können. Kein noch so geschickter und kenntnisreicher Ingenieur kann ohne rechnerische Hilfsmittel, einfach aus dem Kopf etwas zustandebringen, was den Biberbauten gleicht. Jede Biene macht ein tadelloses Sechseck, wann und wo es grade nötig ist, und welcher Mensch kann das mit der freien Hand? Woher kommen diese merkwürdigen Leistungen? Man muß doch wohl sagen: aus der Intelligenz. Aber woher kommt diese Intelligenz? Das weiß niemand.

Ganz ähnlich verhält es sich beim begabten Menschen. Napoleon machte alles mit seinem Verstand: seine Schlachtenpläne, seine diplomatischen Schachzüge, seine staatlichen Organisationen. Aber woher steigt ihm dieser dämonische, umwälzende, alles Wirkliche und Gedachte restlos resorbierende Riesenverstand? Das hätte er selber wohl zuallerletzt zu sagen gewußt. Diese Einfälle, die plötzlich alles hell und neu machen, kommen wie ein Gewitter, eine Katastrophe, ein Erdbeben. Ibsen ersinnt allerlei Figuren, erleuchtet ihr inneres Seelengehäuse und schiebt sie so lange gegen einander hin und her, bis diese bestimmte moralische Erkenntnis herauskommt, die er aufzeigen wollte. Das ist, wenn man will, ein Werk der puren Intelligenz. Kant fragt sich kühl rechnerisch wie ein Kalkulator: Was ist das eigentlich, unsre „Erfahrung"? Und er bohrt und gräbt so lange, bis die letzten Strukturgeheimnisse unsrer Verstandesverfassung nackt vor seinen Augen liegen. Ein kalter Vivisektor des Geistes ganz einfach. Aber das Resultat ist eine gigantische, schreckenerregende Revolution. Die Welt wankt. Kein Fieber kann verheerender wirken als die Lektüre dieser nüchternen Paragraphen.

Auch alle Sittlichkeit, überhaupt alle Humanität, beruht auf einfacher Anwendung klaren Verstandes. Denn was ist denn diese vielgepriesene und heißersehnte Humanität? Nichts anderes als Wissen um sich selbst. Aus dieser einen Wurzel folgt dann alles andre: ein Mensch, der weiß, kann niemals „unsittlich", „böse", „unmoralisch" sein. Es besteht ein ganz bestimmtes Wechselverhältnis zwischen Güte und Intelligenz. Dies zeigt sich wiederum schon im Tierreich. Die intelligentesten Tiere: Elefanten und Hunde, sind auch die gutmütigsten, und die Bosheit der Affen ist mehr sprichwörtlich als wahr, denn sie ist nichts andres als Spieltrieb und Humor, eine Eigenschaft, die stets Güte voraussetzt. Andrerseits ist die sprichwörtliche Doppeleigenschaft „dumm und gutmütig" im Leben sehr selten anzutreffen. Ausgesprochen dumme Menschen sind niemals wirklich gutmütig. Wie wäre das auch möglich? Sie sehen viel zu wenig Beziehungen, als daß sie liebevoll und gütig sein könnten, sie sind zu blind und beschränkt, um das Recht im Unrecht zu erkennen und daher andern Menschen Geltung einzuräumen. Auch sind sie viel zu sehr damit beschäftigt, ihre eigene Dummheit möglichst ungefährdet durchs Leben zu lotsen, als daß sie die Zeit fänden, sich um andre zu bekümmern.

Also Verstand muß man haben, sozusagen: „organischen" Verstand, der alle unsre Lebensbetätigungen durchdringt und ernährt wie das Blut unsern Körper. Verstand, um sich in die Seele der Menschen und Dinge versetzen zu können, mit denen man zu tun hat. Ein guter Tulpenzüchter braucht Verstand, um die Seele der Tulpe zu erkennen, um auf ihre Wachstumsbedingungen, ihre Liebhabereien und Eigenheiten richtig eingehen zu können, ein guter Tischler braucht ganz denselben Verstand, um die Seele des Materials zu erfassen, das er zu bearbeiten hat; und wenn wir diesen Verstand auf die Menschen anwenden, mit denen wir verkehren, wenn wir ihren Idiosynkrasien und Besonderheiten, ihren Wünschen und Befürchtungen verständnisvoll entgegenkommen wie ein kluger Arzt oder Lehrer, ja, wenn man will, sogar wie eine Art Irrenwärter: dann haben wir Takt.

Nun kommen wir aber zu einer zweiten, weitaus wichtigeren Feststellung. Alles, was unsre Entwicklung, im Großen wie im Kleinen, irgendwie vorwärts treibt, beruht immer auf irgend einer groben Taktlosigkeit. Taktlosigkeit ist das schöpferische Prinzip in der Geschichte der Menschheit. Taktlos ist an sich schon jede neue Erkenntnis. Die Menschen sind zufrieden, heiter und glücklich mit ihrem Besitzstand wohlerprobter, festgesicherter Wahrheiten. Da kommt plötzlich Einer und wirft diese Wahrheiten um. Man pflegt solche Personen nach ihrem Tode Genies zu nennen. Ihre Mission ist: Unruhe und Mißtrauen zu verbreiten. Sie machen das Leben, das man eben noch mittels Tabellen und Systemen eingefangen zu haben glaubte, neuerdings zu einer aufreizenden, unentwirrbaren, verhängnisvollen Angelegenheit. Ihre scharfen Fragen dringen durch die Lücken und Risse der geistigen Schicht, auf der wir so behaglich wohnen, lockern sie auf, verwittern sie, spalten sie auseinander. Sie machen sich damit natürlich sehr unbeliebt. Sie wollen „neue Zeiten heraufführen", aber jede frühere Zeit heißt die gute alte Zeit, und mit Recht; denn das Seelenleben war damals noch einfacher, ruhiger und leichter.

Jeder schöpferische Mensch zeichnet sich vor allem dadurch aus, daß er keinerlei Rücksichten nimmt. Er spricht unbekümmert alle Beobachtungen und Entdeckungen aus, die er gemacht hat, ohne ängstlich zu erwägen, ob dies andern und ihm selber peinlich und unangenehm sein könnte. Er decouvriert. Ohne Schamgefühl. Nach rechts und links. Nach allen Seiten. Sich, die Mitmenschen, alle toten und lebendigen Dinge, mit denen er zusammentrifft. Er erörtert Fragen, über die die Menschen niemals zu sprechen pflegen, wie wenn sie einen geheimen Kontrakt geschlossen hätten, diese Dinge ein für allemal nicht zu berühren. Er aber bricht diesen Kontrakt, belästigt jedermann und führt lärmende, exaltierte Reden, die niemand von ihm verlangt hat. Das ist taktlos.

Die ersten impressionistischen Bilder, zum Beispiel, waren ungeheure Taktlosigkeiten. Die Menschen haben es auch sogleich empfunden. Sie prallten entsetzt und erbittert zurück, sie riefen nach der Polizei, sie drohten mit Stöcken und Regenschirmen. Was erboste sie so? Die Sujets können es nicht gewesen sein, die waren so harmlos wie nur irgend möglich: eine Baumgruppe, eine Mandolinenspielerin, ein Bund Spargel und dergleichen. Es war die ungeheure Frechheit, anders zu sehen: wirre Farbenflecke auf die Leinwand zu schleudern, wo man schöne saubere Konturen erwartet hatte, und aus der Palette grade jene Farben zu wählen, die das Auge reizten oder ermüdeten. Und darum sollte man immer aufhorchen, wenn in der Kunst irgendeine empörende Taktlosigkeit begangen wird. Es kann ja natürlich auch eine bloße Ungezogenheit sein, aber man ist verpflichtet, der Sache nachzugehen. Man darf sich nicht durch Schwindler und Narren den Blick verwirren lassen. Es könnte eine neue Kunstrichtung – zum Beispiel: der Expressionismus – lauter Betrüger und Impotente zu Vertretern haben und dabei doch einen neuen Abschnitt in der Entwicklung des menschlichen Sehens bedeuten. Es ist ganz so wie in der Schule. Die Schüler, mit denen der Lehrer unzufrieden ist, sind zu neun Zehnteln wirkliche Taugenichtse und Dummköpfe, aber das Talent der Klasse befindet sich bestimmt unter diesen und niemals unter den Braven. Die Braven sind einmal auf jeden Fall nichts wert.

Um sich die prinzipielle Taktlosigkeit aller Kunst klarzumachen, erwäge man einmal, ob es irgend eine bedeutende Dichtung gibt, in der nicht eine Unmenge von „Unerquicklichkeiten“ vorkommen. Der eine Shakespeare ist ein unerschöpfliches Arsenal von Bemerkungen und Beobachtungen, die, in der guten Gesellschaft zur Sprache gebracht, den Sprecher sofort für immer unmöglich machen würden. Hamlet und Tasso, die Genies, benehmen sich fast ununterbrochen taktlos, während ihre Gegenspieler Polonius und Antonio durchaus taktvolle Menschen sind. Die Wahrheitsfanatiker bei Ibsen: Brand, Stockmann, Gregers Werle sind als außerordentlich taktlose Persönlichkeiten gekennzeichnet, in der vollen Absicht, die Taktlosigkeit darzutun, die in jeder Wahrheit liegt. Wehe also dem taktvollen Dichter, Denker, Glaubenslehrer! Er hat mit der Wirklichkeit nichts zu schaffen. Er hat uns nichts zu sagen. Er wird uns niemals in irgend etwas weiterbringen. Er ist ein lebendig Toter.
Wollten wir also das Gesagte zum Schluß in einer kleinen, verständlichen, überallhin leicht mitzunehmenden Moralsentenz zusammenfassen, so würde diese lauten: Mensch, sei taktvoll in allen unwesentlichen Dingen des kleinen Lebens und der Stunde, und sei ungeheuer taktlos in allen Dingen, die dir wirklich wichtig sind!

DAS BILD DES DORIAN GRAY

Nun ist schon ein Vierteljahrhundert verflossen, seit das Buch vom Bild des Dorian Gray seinen Gang in die Welt angetreten hat. Es ist inzwischen, verbannt aus seiner Heimat, bei vielerlei Menschen und Völkern umhergewandert; und heute, nach fünfundzwanzig Jahren, trägt es völlig veränderte Züge.

Ja, das Buch vom Dorian Gray hat sich verwandelt, aber dieser Umwandlungsprozeß ist gerade demjenigen entgegengesetzt, den das Bild in der Erzählung durchmacht. Es blickte der Welt bei seinem ersten Erscheinen als häßliche, abstoßende Fratze entgegen, und heute steht es vor uns in vollkommener Makellosigkeit und Schönheit. Als diese merkwürdige Vision auftauchte, da erblickte man in ihr zunächst nur das Werk eines niedrigdenkenden und lasterhaften Menschen. Alle abscheulichen Sünden und Verirrungen glaubte man in das Antlitz dieses Buches eingezeichnet zu sehen, es erschien als das rechte Evangelium des Teufels. Heute wissen wir, daß es das Evangelium der Reinheit enthält, daß es ein tiefsittliches Buch ist, durchblutet von einer verzehrenden Sehnsucht nach dem Guten, ein Buch, das dem Laster schärfer an den Leib geht als hundert Fastenpredigten, die vom Leben nichts verstehen.
Wir wissen heute auch, wer die englische Gesellschaft ist. Ich sage nicht: das englische Volk. Das Volk Englands ist, wie jedes Volk, von einem dumpfen und gebundenen Willen zum Guten erfüllt, aber, wie jedes Volk, ganz und gar unfähig, diesen Willen aus eigener Kraft in die Tat umzusetzen. Die Schicksale jedes Landes werden immer nur von jener hauchdünnen Oberschicht bestimmt, die über dem Ganzen liegt, eben der sogenannten „Gesellschaft". Das deutsche Volk, das Jena und Tilsit erlebte, kann sich nicht wesentlich von demjenigen unterschieden haben, das sieben Jahre später in den Befreiungskrieg zog. Aber die Oberschicht hatte sich inzwischen sehr wesentlich verändert. Und diese Oberschicht hat in England immer sehr merkwürdige Eigenschaften besessen. Es sind dieselben, gegen die schon Cromwells tapfere und ehrliche Puritaner zu Felde zogen und gegen die Carlyle sein Leben lang heroisch und vergeblich gekämpft hat: sie lassen sich unter dem Schlagwort „cant" zusammenfassen, das wir nicht übersetzen können, weil wir in unsrer Vorstellungswelt, Gott sei

Dank, nichts besitzen, was dieser Sache entspricht. Was ist cant? Cant ist nicht Verlogenheit, ist nicht Heuchelei oder dergleichen, sondern etwas viel Komplizierteres. Cant ist ein Talent, das Talent nämlich, alles für gut und wahr zu halten, was einem jeweils praktische Vorteile bringt. Wenn dem Engländer etwas aus irgendeinem Grunde unangenehm ist, so beschließt er (in seinem Unterbewußtsein natürlich), es für eine Sünde oder eine Unwahrheit zu erklären. Er hat also die merkwürdige Fähigkeit, nicht etwa bloß gegen Andre, sondern auch gegen sich selbst perfid zu sein, und er betätigt diese Fähigkeit mit dem besten Gewissen, was ganz natürlich ist, denn er handelt in der Ausübung eines Instinkts, Also cant ist etwas, was man „ehrliche Verlogenheit" nennen könnte, oder „die Gabe, sich selbst hineinzulegen". Infolgedessen ist der Engländer in ethischen Dingen ein unerreichter Virtuose der doppelten Buchführung. Er ist ebenso fromm wie geschäftstüchtig, man kann gar nicht sagen, was von beidem er in höherm Maße ist. Nur befindet sich beides bei ihm in vollkommen getrennten Seelenfächern. Wenn er das eine öffnet, ist das andre fest geschlossen, ja, er erinnert sich gar nicht, daß das andre überhaupt existiert. Er glaubt zu den Feiertagen an Gott und die Ewigkeit und während der Woche an die Physik und den Börsenbericht, und beide Male mit gleicher Inbrunst. Am Sonntag ist die Bibel sein Hauptbuch, und am Wochentag ist das Hauptbuch seine Bibel. In der Seele des Engländers gibt es keine moralischen Konflikte; infolgedessen hat er die Welt erobert.

In Wildes Leben aber bildete ein ähnlicher Dualismus den verzehrenden Konflikt, der sein ganzes Schaffen bestimmt hat, und dem er schließlich zum Opfer gefallen ist. Das große Dilemma seines Daseins war die Frage des Künstlers: Was ist der Sinn des Lebens – Schönheit oder Güte? Man kann leicht bemerken, daß diese beiden Mächte grade in der Künstlerseele feindlich miteinander ringen. Die Schönheit will sich und immer nur sich, die Güte will niemals sich selbst und hat ihr Ziel immer außerhalb. Schönheit ist Form und nur Form, Güte ist Inhalt und nichts als Inhalt. Schönheit wendet sich an die Sinne, Güte an die Seele. So erscheint das Leben des Künstlers zwischen zwei Extremen hin- und hergestoßen. Und so müssen wir heute Wildes Dichtung und Leben betrachten.

Es hat gewiß wenige Dichter gegeben, die die Häßlichkeit so tief und leidenschaftlich, man möchte fast sagen: so krankhaft gehaßt haben wie Oscar Wilde. Seine Liebe zu den tausenderlei kostbaren, feinen und unnützen Dingen, die das Leben des vornehmen Mannes umgeben, war außerordentlich, Er wird nicht satt, diese Dinge zu beschreiben. Und dennoch war er ein Dichter, und ein Dichter ist mehr als ein Erzähler schöner Dinge. Ein Dichter ist ein Mensch, der in alle Formen Inhalt gießt, der aus der Gegenwart die Vergangenheit erstehen läßt und aus der Vergangenheit die Zukunft, die nur er kennt. Dichtkunst ist die höchste Form der Weisheit. Dies wußte Wilde recht wohl, wenn er auch bisweilen die Augen gewaltsam dieser Wahrheit verschloß.

Wilde liebte zweifellos das Laster. Er liebte es als Künstler. Die Künstler werden zu den Verirrungen des Lebens, zu den dunklen Leidenschaften und ihren Verstrickungen immer mit magischer Gewalt hingezogen. Welche fürchterlichen Magazine menschlichen Frevels sind Shakespeares Dramen oder Dantes ‚Göttliche Komödie'! Der Künstler sucht diese Dinge auf, denn er weiß: hier sind die lehrreichen Verwicklungen, die tiefen Geheimnisse, die aufregenden Bewegungen, die er so notwendig braucht wie der Baumeister die Steine. Aber jeder Künstler ist im Grunde ein guter Mensch, ja ein besserer als die andern, denn er ist voll Mitgefühl für alle und alles, und seine Sehnsucht ist die Höherentwicklung der Menschheit. So war Wilde: verliebt in die Sünde und im Innern nur das Heilige suchend, von Genüssen zu Genüssen jagend und in seinen Zielen ein reiner, entsagungsvoller Asket.

Und alles dieses hat er im ‚Bild des Dorian Gray' sich vom Herzen geschrieben. Dorian Gray ist einer, dem der Traum von ewiger Schönheit zur Erfüllung wird. Keine Häßlichkeit, kein Alter, kein Schmutz greift an seinen Leib. Aber der Leib ist nur der Schatten der Seele. Die Seele aber kann nur schön sein durch Reinheit und Güte. Und so ist Dorian Gray nichts als ein betrogener Betrüger. Die Welt sieht ihn in unzerstörbarer Jugend und Anmut. Aber das unsichtbare Bild in der verschlossenen Dachkammer bucht dennoch Zug um Zug jeden Schritt, den seine Seele zur Häßlichkeit getan hat.

Es ist ganz unbegreiflich, wie man finden konnte, dieses Buch sei „unmoralisch". Es ist vielleicht die moralischste Dichtung, die je geschrieben wurde – höchstens mit Ausnahme der Bibel, die aber in ihrer moralisierenden Tendenz zu durchsichtig ist, um hartgesottene Sünder nicht von vornherein abzuschrecken.

Es liegt in der Natur bedeutender Kunstwerke, daß sie für jeden einzelnen Leser besonders geschrieben zu sein scheinen. Sie existieren in tausend verschiedenen Texten, und obgleich die Maschine des Buchdruckers immer dieselben gleichförmigen Lettern auf das Papier gebracht hat, so kommt doch in jedem Exemplar ein ganz neues Buch zum Vorschein. So ist auch das ‚Bild des Dorian Gray' voll von verschiedenen Möglichkeiten. Man kann es als phantastisches Märchen nehmen, und man wird recht haben. Man kann in ihm das Bekenntnis einer extrem artistischen Weltanschauung, das Evangelium des Hedonismus erblicken, und man wird recht haben. Man kann es als Autobiographie auffassen, als Aphorismensammlung, als Gesellschaftssatire, als Erbauungsschrift, als Parabel: man wird immer und in allem recht haben. Der aber wird am meisten recht haben, der in diesem Buch nichts sieht als eine prächtige Scharade. Denn alle echten Dichtungen sind schöne Rätsel und wollen gar nichts andres sein. Der Dichter unterscheidet sich von den übrigen Menschen dadurch, daß er die

Bewegungen des Lebens in ihrem ganzen Reichtum und in ihrer ganzen Tiefe spürt. Aber man darf nicht vergessen, daß er eben darum der einzige Mensch ist, der sich niemals einbildet, das Leben zu verstehen.

DAS BÜCHLEIN VOM VOLLKOMMENEN LEBEN

Es war im Jahre 1516. Luther war aus Rom zurückgekehrt und lehrte und predigte wieder in Wittenberg. Aber sein Herz war krank von Zweifeln. Noch glaubte er in aller Frömmigkeit an die große allgemeine katholische Kirche, aber seine Romreise hatte ihm die Augen darüber geöffnet, daß im Hauptsitz der Hierarchie vieles anders aussah, als der gläubige Deutsche sich dachte oder wünschte. Rom war keine heilige Stadt. Und dennoch: ohne Rom gab es kein Heil für den Christen. In diesen Gewissenskämpfen fiel ihm ein kleines anonymes Buch in die Hände: Das Büchlein vom vollkommenen Leben. Er las es und sah, daß es ein notwendiges Buch sei. Daher gab er es sogleich neu heraus, zunächst in Bruchstücken, zwei Jahre später vollständig. Und sagte in der Vorrede: „Zuvoran vermahnet dies Büchlein alle, die es lesen und verstehen wollen, daß sie nit sich selbst mit vorschnellem Urteil übereilen, da es in etlichen Worten untüchtig erscheint und aus der Weise gewöhnlicher Prediger und Lehrer. Ja! es schwebt nit oben wie Schaum auf dem Wasser, sondern es ist aus dem Grund des Jordans von einem wahrhaftigen Israeliten erlesen, welches Namen Gott weiß." Seitdem ist das Werk oft und oft in mannigfachen Überarbeitungen wieder erschienen. Und in neuester Zeit hat es Hermann Büttner, auf die alte Handschrift zurückgehend, im Verlag von Eugen Diederichs, abermals ans Licht gebracht, in vortrefflicher Übersetzung und gereinigter Gestalt.

Dieses kleine, nicht viel mehr als fünf Bogen umfassende Buch ist eines, das jedermann lesen müßte, ob hochgestellt oder niedrig, weise oder einfältig, gelehrt oder ununterrichtet, denn es wendet sich an jedermann; und das jedermann nicht bloß lesen, sondern sorgfältig studieren, innerlich nacherleben, am besten Wort für Wort auswendig lernen sollte. Denn es ist eines der schönsten Denkmäler menschlicher Höhe und Tiefe, Größe und Demut.

Der Verfasser, „welches Namen Gott weiß", war ein Mitglied des Deutschritterordens. Das Buch ist um die Mitte des vierzehnten Jahrhunderts entstanden, jenes Jahrhunderts, das sicherlich die gespenstischste, unheimlichste Zeit war, die Deutschland jemals erlebt hat. Zerrissen von wilden Parteifehden der Fürsten und Ritter, in denen sich aber schon ganz neue soziale und politische Kräfte zum Wort meldeten: der emporblühende dritte Stand des Bürgertums und der Geldaristokratie, ja selbst der vierte Stand der Bauern, der in den siegreichen Kämpfen der Schweizer Eidgenossen sich zum ersten Mal als eine ernst zu nehmende Macht erwies. Das heilige römische Reich erlebte die seltsame Farce eines gemeinsamen Doppelkaisertums; dann wieder wurde es jahrzehntelang von Böhmen aus regiert, zuletzt von Wenzel, einem dämonisch-pittoresken Halbnarren, Sadisten und Alkoholiker, dabei sehr gerissenen Diplomaten. Im Jahr 1348 begann eine furchtbare Pest, der „schwarze Tod" genannt, ihren Zug durch ganz Europa, nirgends so furchtbar wütend wie in Deutschland. Flagellanten zogen durchs ganze Land, in allen Kirchen ihre schauerlichen Gebete anstimmend und sich bis aufs Blut geisselnd, um dadurch die Fürbitte der Gottesmutter zu erwirken. Diese Massenzüge der Geißelbrüder waren selbst eine Art Epidemie. Dazu kam noch eine dritte Volkskrankheit: jene sonderbare Tanzwut, die ganze Scharen dazu brachte, unter Anrufung des heiligen Veit in epileptische Drehungen zu verfallen. Allgemein traf der Verdacht, die Pest durch Brunnenvergiftung herbeigeführt zu haben, die beim Volke wegen ihrer Wuchergeschäfte tief verhaßten Juden, und es kam zu schrecklichen Judenmetzeleien, bei denen die Raubgier ein ebenso starkes Motiv war wie der Aberglaube. „Ihr Gut", sagte ein zeitgenössischer Chronist, „war das Gift, das sie getötet hat." Der Gemeinglaube der Menge war ein nur notdürftig maskierter Polytheismus. Überall trieben allerlei Mittelwesen zwischen Gott und Mensch ihr Wesen und Unwesen, und die Höllengeister erweckten mehr Angst und Ehrfurcht als die Heiligen. In weitverbreiteten Legenden spiegelte sich der Glaube an die allgegenwärtige und oft siegreiche Macht des Bösen.

Und zu diesen furchtbaren Verwirrungen der Körper und Seelen kam noch die Türkengefahr. 1360 wurde Adrianopel erobert, ein Menschenalter später folgte die Schlacht auf dem Amselfeld, die dem großserbischen Reich ein Ende bereitete. Noch in demselben Jahre bestieg Sultan Bajazeth, genannt Il Derim, der Wetterstrahl, den Thron, gewann bald darauf über die vereinigten Christenheere bei Nikopolis einen entscheidenden Sieg und tat den Schwur, er werde den Altar von Sankt Peter zu Rom zur Krippe für sein Pferd machen. Im Osten drohte das erstarkende Königreich Polen, im Norden die durch die Kalmarer Union geeinigten skandinavischen Reiche. Der ganze Geist der Zeit prägte sich eindringlich und klar in dem Kostüm aus, das damals aufkam. Schnabelschuhe, allerlei grotesker Kopfputz, Kapuzen, die oft nur Augen und Nase freilassen, lange bis zum Boden hängende Schnüre und Quasten, vielfach geschlitzte und in greilbunten Farben gescheckte Wämser, zahlreiche Schellen am Gürtel und an den Ärmeln: wir haben das stereotype Gewand des Narren vor uns, und es fehlt nichts als die Pritsche.

Es ist nicht verwunderlich, daß sich in vielen dieser verängstigten und verstörten Köpfe die Meinung festsetzte, der Teufel habe die Regierung über die Welt angetreten. Und dennoch war Gott nicht tot, er lebte so stark wie je in den Gemütern der irrenden und suchenden Menschen. Eine ganz neue, wilde und innige Frömmigkeit brach damals aus den tiefsten Wurzeln der Menschenseele hervor. Die Bewegung ging zunächst von den Mönchsorden aus, die sich mehr und mehr von dem verknöcherten und veräußerlichten Kirchenglauben emanzipierten, vor allen den Dominikanern und Franziskanern. Sie begannen, wie dies allemal der Fall ist, die Reform des christlichen Glaubens und Lebens mit der Rückkehr zu den urchristlichen Lehren und Sitten. Die Dominikaner vertraten eine mehr gemäßigte Richtung: sie erklärten, der Mensch habe sich in der Nachfolge Christi auf „das Notwendige" zu beschränken; die Franziskaner machten jedoch vollen Ernst: sie lehrten, niemand könne selig werden, der nicht der Welt entsage und danach strebe, in seinem Wandel ein Ebenbild der Apostel zu werden. Auf dem Gebiet der Predigt aber bewahrten umgekehrt die Franziskaner einen größern Zusammenhang mit der Welt, sie wollten vor allem ins Volk wirken und hielten daher vor allem auf Plastik und Eindringlichkeit, sie scheuten auch vor grobrealistischen und derbsatirischen Mitteln nicht zurück. Die Dominikaner dagegen sind die Schöpfer der deutschen Mystik geworden. Ihre größte Leuchte war Meister Eckhart, einer der tiefsten und universellsten Köpfe, die Deutschland hervorgebracht hat. Seine Lehre gipfelte in dem Satz: Durch völliges Aufgeben seiner „Kreatürlichkeit", durch restloses Eingehen in Gott wird der Mensch selber gottgleich.

Aber auch außerhalb des Klerus regte es sich. Ein Kaufmann in Straßburg, Rulmann Merswin, griff auf die Urlehre von dem allgemeinen Priestertum aller Christgläubigen zurück und erklärte, der gottbegnadete Laie sei der berufenste Vermittler der himmlischen Gnade. Schlichte Männer aus dem Volke hatten allerlei bedeutsame Visionen. Und ein Element vor allem begann in die religiöse Bewegung einzugreifen, das bisher fast ganz im Hintergrund geblieben war: die Frauen. Bald entstanden auch Frauenorden, Beghinen, Betschwestern genannt, denen erst später die männlichen Begharden an die Seite traten. Alle diese Erscheinungen sind von einem großen gemeinsamen Grundwillen ins Leben gerufen worden: dem Willen, zu Gott zurückzufinden, nicht zu dem durch tausend äußere Zeremonien verdeckten und durch ein Gewirr spitzfindiger Syllogismen verdunkelten Kirchengott, sondern zu der tiefen, reinen und heitern Quelle selbst, aus der alles Leben fließt.

Die zwiespältige Stimmung, das Suchen und Finden dieser Zeit ist nirgends stärker zu spüren als in dem kleinen Buche des frankfurter Deutschherrn. Es ist etwas in diesen so scharf durchdachten und doch so kindlich einfältigen Sätzen, was an die Bilder Rogiers van der Weyden und der Brüder van Eyck erinnert: an jene ernsten hagern Männer und herben zarten Frauen mit ihren schmalen Händen und schmächtigen Brüsten, ihrer befangenen Körperhaltung und schwerfällig bauschigen Gewandung – entrückte Wesen, ganz in Wehmut und Andacht getaucht und dennoch getragen von einer ewigen seligen Gewißheit. Und die Welt, die Welt der Dinge und Taten, ist nicht völlig abgetan oder ignoriert, sie ist da, aber draußen. Durch die Gemächer scheint sie herein, in zauberhaften Landschaftsformen, Berge, Städte, Burgen, Flüsse, Schiffe, aber alles wie durch ein Fernrohr gesehen, gleichsam nicht dazugehörig: nur wie eine unwirkliche Vision oder eine schattenhafte Erinnerung flattert sie um die Seele. Die Seele selber aber ruht schon auf Erden in Gott. Man kann diesen Geist, der in dem ‚Büchlein vom vollkommenen Leben' seinen reinsten Spiegel gefunden hat, nicht besser und schöner charakterisieren als mit den Worten, die der alte Kirchenhistoriker Karl von Hase über das ganze ausgehende Mittelalter sagt: „Es ist Nacht, aber gewissermaßen eine heilige Nacht, wie die von Bethlehem."

Der Deutschherr war einer der vielen „Reformatoren vor der Reformation". Die Gegenreformation, die schon in der zweiten Hälfte des vierzehnten Jahrhunderts einsetzte, hat alle diese Schriften unterdrückt. Aber all das Neue hat doch weitergelebt, und das ‚Büchlein vom vollkommenen Leben', ein hundertmal gebannter Geist, ist den Menschen immer wieder erschienen, wie das Beispiel Luthers zeigt. Und als Luther in seinen spätern Jahren selber eine Art Kirchenfürst wurde und sich zu manchen alten Dogmen und Zeremonien zurückwandte, hat das kleine Buch andre Verehrer gefunden. Es lebte in den Kreisen der Pietisten, es wurde ein Lieblingsbuch Schopenhauers. Und es wird noch oft wiederkehren und Herzen und Köpfe aufwecken, denn es ist ein Buch, das, ganz ebenso wie die Bibel, wirklich und wahrhaftig von Gott geschrieben ist.

VOM SCHALTWERK DER GEDANKEN

Wenn ein Naturforscher etwas von einem Künstler an sich hat, dann entsteht eine ungemein reizvolle Mischung, oder vielmehr: es entsteht dann jene Mischung, aus der einzig und allein ein lesbarer und fruchtbarer Schriftsteller hervorgehen kann: die Mischung aus Romantik und Sachlichkeit. Hat ein Autor nur die eine dieser beiden Hälften, so wird er entweder ein hoffnungsloser Dilettant oder ein in seiner Einseitigkeit unerreichtes großes Genie sein. Schiller, zum Beispiel, obgleich von Haus aus Mediziner, war ein solcher genialer Nurromantiker, während sein philosophischer Lehrmeister Kant ein Genie der reinen, kalten, unkünstlerischen Sachlichkeit war. Aber selbst unter den Genies sind solche Extreme die Ausnahme. Sogar die Häupter der romantischen Schule hatten alle sehr viel vom Naturforscher, vom Experimentator, vom kühl sezierenden Philologen an sich. Begibt man sich aber in die mittlere Sphäre der Menschheit, so erkennt man, daß Produktivität überhaupt nur unter der Voraussetzung dieser Mischung möglich ist. Sonst entsteht, wie gesagt, unausbleiblich der Dilettantismus. Es entsteht entweder der seichte, pathetische Schwätzer und ranzige Gefühlsmensch oder der reine Gelehrte, der nämlich ebenfalls ein Dilettant ist. Man lese zu diesem Zweck das Buch irgendeines Durchschnittshistorikers – ob er nun Literaturgeschichte, Kunstgeschichte, Kirchengeschichte oder politische Geschichte zum Spezialfach hat – und man wird, wenn man einmal den Respekt vor Zettelkästen überwunden hat, mit Erstaunen bemerken, daß die Urteilskraft, das geistige Anpassungsvermögen, die Kombinationsgabe und die stilistische Gewandtheit des Autors durchaus unter dem Niveau eines talentierten Abiturienten stehen.

*

Carl Ludwig Schleich ist von Beruf Arzt, Physiologe, aber ein Physiologe mit einem Dichterauge. Er verfügt über das ganze Rüstzeug der modernen Naturwissenschaft: der Chirurgie, der Psychopathologie, der experimentellen Biologie undsoweiter, und steht trotzdem – oder vielleicht grade deshalb – auf einem extrem idealistischen Standpunkt. Für ihn ist die ganze Natur die kontinuierliche Offenbarung eines einzigen großen Wunders: „Wie? Ist das Wunder eines durch Reibung entflammten Streichholzes letzten Endes weniger groß als die Entstehung eines neuen Wesens durch Kontakt von zwei ganz und gar verschiedenen Zellen, oder das Aufflammen eines dritten, eines Gedankens, durch das Ineinandertauchen zweier rhythmischer Wogen, der meines tastenden Fingers und der weichen Schönheit eines Blütenkelches? Was geht hier vor? Eine Zeugung, eine größere oder kleinere seelische Brandstiftung, ein Anstoß, der Lawinen auslösen kann auf den Bergkuppen meiner Ideen, wie auf den Gletschern eines Vogels Tritt im Schnee! Der Fehler, der unsrer Ansicht nach bei dieser Fragestellung stets gemacht wird, ist der, daß man immer auf der Suche ist nach neuen, geheimnisvollen Kräften, wie ja denn auch die besondere Lebenskraft als Möglichkeit immer wieder von neuem auftaucht, statt ein für alle Mal sich klarzumachen, daß es nur Eine Kraft geben kann, Ein ewig unerforschliches, Ein letztes Geheimnis Gottes, dessen Großsiegelbewahrer er selber ist . . . Wer weiß, was die Flamme ist, wer weiß, was Gärung, Phosphoreszenz, Schwerkraft, Anziehung, Elektrizität? Und wir vom Licht des in uns selbst jeden Augenblick erzeugten Himmelstriches der empfindenden Ideen Geblendeten wollen fragen: Was ist der Gedanke? Genug, daß er da ist; genug, daß wir tausendfach untersuchen können, wie die Beziehungen seines Eintritts, seines Aufleuchtens, seiner Geburt waren; genug, daß wir gewisse Erscheinungen kennen, die diesen flüchtigen Euphorion der Kontakte immer wieder erzeugen, ja, ihn zwingen können zu erscheinen, vernüchtern wir uns diese Welt der Wunder doch nicht, indem wir, plappernden Kindern gleich, immer wieder fragen: Wie sieht der liebe Gott aus, was ist ein Gedanke, eine Seele?" Hier werden wir unwillkürlich an Novalis erinnert, der in seinem nachgelassenen System des „magischen Idealismus" ähnliche Gedanken vertreten hat. Es ist evident, daß gerade die besten Köpfe unsrer Zeit sich wieder einem derartigen Mystizismus nähern und nähern müssen. Daß solche Anschauungen immer noch auf Bedenken stoßen, daran ist die falsche Mystik schuld. Die echte Mystik ist nicht der Gegensatz der Logik, sie ist sogar der Triumph der Logik; denn sie ist nichts als eine Art höherer Logik, in der die niedere enthalten ist. Wie sich die Infinitesimalrechnung zur niedern, gewöhnlichen Mathematik des Tages verhält, so verhält sich die Mystik zur niedern, gewöhnlichen Logik des Tages. Grade je weiter man in der gründlichen und streng wissenschaftlichen Erkenntnis der Natur fortschritt, desto mehr mußte man sich wieder dem Idealismus nähern. Denn die Natur „erklären", heißt: sie „wunderbar" finden. Die Zeiten der Wunder und des Mystizismus sind nicht vorbei, sie heben erst an. Was Novalis unter Mystizismus verstand, das erhellt ein schöner Ausspruch aus seinen Fragmenten: „Alles Auserwählte bezieht sich auf Mystizismus. Wenn alle Menschen ein paar Liebende wären, so fiele der Unterschied zwischen Mystizismus und Nichtmystizismus weg.“

*

Von solchen Grundgedanken aus betrachtet nun Schleich in seiner neuen Essaysammlung (‚Vom Schaltwerk der Gedanken‘ [. . .]) eine Fülle von Erscheinungen des geistigen und physischen Lebens. Er erkennt in der Hysterie eine metaphysische Tatsache, in der sich wieder einmal öfter die Allmacht der Idee über den Körper offenbart; er vergleicht die geistigen Übungen des Ignatius von Loyola mit den militärischen Übungen des preußischen Drills und erblickt in beiden die Manifestation der wunderbaren Fähigkeit, durch den Willen und die Selbstzucht über sämtliche, selbst die autonomischen Bewegungen des Organismus Herr zu werden; er untersucht das Wesen des Genies und findet auch hier jene eine, unteilbare magische Kraft wieder, die die ganze Welt durchdringt und zusammenhält. Dies alles – und das macht eben den Hauptwert des Buches aus – wird aber nicht im Gewande philosophischer Spekulation oder dialektischer Begriffskrämerei vorgebracht, sondern als Resultat tiefer, gründlicher Beobachtungen auf dem Gebiete der Gehirn- und Nerven-Anatomie. Hier ist nicht die großsprecherische parvenühafte Halbwissenschaftlichkeit der Monisten am Werke, die Volksschullehrern und Bankbeamten mit ein paar chemischen Formeln und lateinischen Knochennamen imponiert, sondern die Bescheidenheit und geistige Demut des echten Gelehrten, der in jeder Erkenntnis nur ein neues Problem erblickt. Schleich hat eine Masse überraschender Funde auf allen möglichen Gebieten zutage gefördert; die Psychologie des Traums, des Krieges, des Gedächtnisses, des Schmerzes, des Lachens: diese und viele andre Dinge gelangen bei ihm in ein ganz neues Licht; aber er spricht diese Entdeckungen wie Selbstverständlichkeiten aus. Und vor allem ist er ein begeisterter Lobpreiser des Sympathikus, dieses verkanntesten und wichtigsten unter allen Nerven des menschlichen Organismus, gegen den Homer gerechter war als wir, indem er ihn als den Sitz des Gemüts bezeichnete. „Wahrlich, unsre Urgefühle, unser eigentlich letzter Wille, unser Charakter steckt in der Stammanlage unsres Sympathikus und nicht im Gehirn, das nur sein Diener ist. Ein Genie der Ganglien, ohne die Regulation des urgesunden, altväterlich behäbigen Sympathikus ist ein irrlichterndes, glänzendes, aber gefährliches Phänomen. Wie sicher gefügt wohl Goethes Sonnengeflecht unter dem Zwerchfell geruht haben mag!" Endlich einmal ein Fachmann, der diesem wahren Seelenorgan seinen verdienten Platz einräumt, diesem Organ, von dessen Höherentwicklung wahrscheinlich unsre ganze Zukunft abhängt, und in dem heute schon unsre stärksten und zugleich subtilsten Empfindungen lokalisiert sind. Eigentlich muß man ja immer schon eine dunkle Ahnung von diesem Sachverhalt gehabt haben, sonst hätte man nicht gerade diesen Teil unsres Nervensystems den „sympathischen" genannt. Wo ist der Sitz der Seele, den die Philosophen und Ärzte seit so vielen Jahrhunderten suchen? Im Gehirn? Keine Spur: das ist ein kaltes, temperamentloses Administrationsorgan. Im Herzen? Keine Spur: das ist unser allerseelenlosestes Organ, ein bloßes Pumpwerk, das ausschließlich mechanischen Zwecken dient. Nein: im Sonnengeflecht! Jeder Verliebte muß das schon empfunden haben. Was „krampft sich zusammen", wenn ihn die Eifersucht packt? Das Zwerchfell! Wo „klopft es", wenn er die Geliebte erblickt? In der Magengrube! Und woher kommt die berühmte „satanische Lache", die die verlassene Braut im Trauerspiel anschlägt? Warum lacht diese Person? Ist es denn gar so komisch, daß der Mann, der ihr alles ist, sie in gemeiner Weise hintergangen hat? Sie lacht, weil ihr Zwerchfell erschüttert ist. Und woher kommt das sogenannte „nervöse Sodbrennen“? Aber wir wollen dieses Thema nicht weiter ausführen, sonst verliert die ‚Schaubühne‘ zu viele Abonnenten.

GOLDENE JUGENDZEIT

O goldene Jugendzeit, nie, ach nie kehrst du zurück! Nur bisweilen gaukelst du noch durch unsre holden Träume, bis wir dann in Schweiß gebadet erwachen und mit Staunen erkennen, daß alles ja gar nicht wirklich war, daß wir zwar tatsächlich aus analytischer Geometrie in der Maturitätsprüfung durchgefallen sind, daß wir dann aber bei der zweiten Maturitätsprüfung ja doch ‚Genügend mit Einschränkung‘ bekommen haben, und daß wir dem Herrn Professor Hinterhuber auf die Frage: „Warum verdiente Alexander der Große diesen Beinamen, Mithridates der Große denselben aber nicht?“ heute ruhig die einzige passende Antwort geben dürfen. Nur durch unsre Träume gaukelst du noch, goldene Jugendzeit, und durch unsre schwankende Erinnerung! Und so sei es mir denn vergönnt, mit flüchtigem Silberstift einige dieser Erinnerungen zu bannen.

Der Hofmeister

In dem Dasein der Kinder, die „in der Wahl ihrer Eltern vorsichtig waren“ – wie die tierische Bemerkung lautet –, bedeutet der Hofmeister den ersten tragischen Konflikt. In ein künstlich unkompliziert gemachtes Dasein tritt zum ersten Mal das „Leben“ mit seiner ganzen Brutalität und Gemeinheit.

Der Konflikt ist der, daß man von nun an gezwungen ist, an der Seite eines bösartigen und unästhetischen Menschen zu leben. Der Hofmeister hat immer schwarze Fingernägel, einen nicht ganz saubern Hemdkragen und einen unangenehmen Geruch, der zur einen Hälfte von Graphitstaub, zur andern Hälfte von Schweißfüßen herrührt. Bisweilen trägt er noch einen Siegelring am Zeigefinger. Sodann setzt er sich von Anfang an in einen gehässigen Gegensatz zum Zögling (‚Zögling' ist allein schon ein Wort, das einen lebensüberdrüssig machen kann). Er führt sich zumeist mit den Worten ein: „Danken Sie Gott täglich auf den Knien für Ihr Schicksal! Ja, Sie habens gut! Wenn ich an meine Jugend denke! Ich habe in Ihrem Alter schon Andern Nachhilfestunden geben müssen, während Sie welche bekommen! Und überhaupt: haben Sie schon einmal im Leben gehungert? Wissen Sie, was es heißt, ohne Abendbrot schlafen zu gehen?" Man weiß es nicht, man hat überhaupt bis zu diesem Moment nicht gewußt, daß es ein Verbrechen ist, zu essen zu haben. Andrerseits erscheint es einem durchaus nicht schrecklicher, Nachhilfestunden zu geben, als welche zu bekommen.

Das Zweite, wodurch sich der Hofmeister beliebt macht, ist die stehende Bemerkung: „Sie haben nur Ihre Pflicht getan." Wenn man für eine Schularbeit die Note Eins bekommen hat, sagt er: „Es ist nur so, wie sichs gehört." Wenn man in Griechisch ‚Lobenswert' hat, sagt er: „Wenn man solche Nachhilfe genießt wie Sie, müßte es sonderbar zugehen, wenn nicht ... Und überhaupt: es war Zufall. Wären Sie Samstag, am einundzwanzigsten September, geprüft worden, wo Sie nicht präpariert waren . ."

Die dritte Lieblingsbemerkung ist: „Das verstehen Sie noch nicht." Der Hofmeister geht nämlich von dem Grundsatz aus, daß man für alles, außer Algebra, Akustik, griechischer Syntax und Kristallographie, „noch nicht reif sei". Später wird es umgekehrt: man versteht alles bis auf das Eine, daß man mit vierzehn Jahren begriffen hat, was ein Anakoluth, eine imaginäre Zahl, ein Buthylalkohol, eine Ellipse und ein Pentakisdodekaeder ist.

So entwickelt sich denn ein immer herzlicheres Verhältnis. Wenn der Hofmeister um drei Uhr kommt, so ist man bis dreiviertel Drei ein fröhlicher, sorgenloser Mensch. Gegen drei Uhr jedoch ergreift einen eine ungeheure Spannung, eine vage Hoffnung: vielleicht ist er heute „verhindert“, ja am Ende gar erkrankt. Fünf Minuten vor drei Uhr läutet es. Man ist konsterniert. Es ist aber nur der Briefträger. Von drei Uhr fünf Minuten an beginnen die Hoffnungen konkreter zu werden. Um drei Uhr zehn Minuten ist man bereits in seliger Stimmung. Um drei Uhr fünfzehn Minuten jedoch läutet es abermals, und er tritt ein.

Eines Tages aber erscheint der gute Papa und teilt mit, daß Herr Zehetbauer „verreist“ sei und nicht mehr kommen könne. Später, nach vielen Jahren, erfährt man, daß er den guten Papa um fünfhundert Kronen angepumpt und, als dies abgelehnt wurde, den Posten niedergelegt hat mit der Motivierung, nach diesem Mißtrauensvotum könne er die Erziehung des Knaben nicht mehr mit gutem Gewissen leiten.

Leider aber ist der Zustand nur ein sehr vorübergehender. Nach zwei Tagen vollkommensten Glückes wird man einem Herrn Jerowetz zugeführt, einem o-beinigen Herrn mit rotgelbem Bocksbart, rotgelber Bürste, schwarzen Fingernägeln und Geruch von Graphitstaub und Schweißfüßen.

RUSSISCHER HUMOR

Einleitende Worte zu einer Vorlesung aus russischen Dichtern

Der Titel, den ich meinem Vortragsabend gegeben habe, besteht aus zwei undefinierbaren Worten. Was Humor ist, das hat wohl noch niemand zu erklären vermocht: und ich glaube, schon der bloße Versuch, diesen Begriff näher bestimmen zu wollen, ist ein Beweis von Humorlosigkeit, weshalb ja auch hauptsächlich Universitätsprofessoren sich mit dieser Aufgabe beschäftigt haben. Und ein ebensolches Rätsel ist für uns der Begriff „Rußland". Die russische Seele ist für uns ebenso unfaßbar wie etwa die Pflanzenseele, die Tierseele, die Kindesseele oder die Seele der historischen Völker. Denn unter uns gesagt: Wir verstehen ja auch von den alten Griechen und Römern nichts, obgleich wir während unserer ganzen Jugend ununterbrochen aus ihnen geprüft werden. Die einzige zuverlässige Erkenntnis, die wir vom Altertum besitzen, ist eine negative: wir wissen nämlich heute mit ziemlicher Bestimmtheit, daß es nicht antik war.

Nun, und ganz ähnlich geht es uns mit Rußland. Wir haben da ein paar Schlagworte, zum Beispiel: Nihilismus. Aber das ist ein sehr vieldeutiges Wort. Was ist Nihilismus? Wagen wir einmal eine Definition und sagen wir: Nihilismus ist Haß gegen die Realität. Das kann nun einen ganz primitiven vandalischen Zerstörungstrieb bedeuten, und es kann ebensogut höchste Geistigkeit bedeuten. Was ist denn das Wesen des Künstlers andres als „Haß gegen die Realität"? Der Künstler, der Dichter nimmt die Realität nicht ernst, er hält sie für leer, für falsch, für korrekturbedürftig: eben darum dichtet er ja. Für ihn ist die Wirklichkeit eigentlich das Unwirkliche, und der dies zuerst erkannte, war der erste Dichter.

Ein zweites Schlagwort, das wir auf Rußland anzuwenden pflegen, heißt: Rückständigkeit. Aber das ist eigentlich eine unkorrekte Bezeichnung. Wir müßten richtiger sagen: Rußland erlebt heute sein Mittelalter. Seine besten Kräfte wurzeln im primitiven Volkstum, in der naiven Religiosität, im Kleinleben, in allerlei elementaren Massenpsychosen. Das Mittelalter ist die Pubertätszeit jedes Volkes, wir nennen eben doch auch einen Menschen im Pubertätsalter nicht rückständig. Und wer etwa das deutsche Mittelalter mit seinen wundervollen Hervorbringungen, seiner Mystik, seiner Gotik, seiner Erotik, heute noch rückständig nennen wollte, der müßte, glaube ich, ein ganz gottvergessener liberaler Schwachkopf sein. Schon die größere Gottnähe, die größere Naturnähe, in der der Russe lebt, macht ihn für den Mitteleuropäer zu etwas Unbegreiflichem.

Glücklicherweise liegt aber der Fall doch nicht ganz so hoffnungslos, wie es auf den ersten Blick aussieht. Im Jahre 1840 hielt Carlyle einen Vortrag, der den Titel führte: ‚Dante und Shakespeare oder der Held als Dichter', und schloß ihn mit folgenden Worten: „Der Zar aller Reußen ist stark mit seinen vielen Bajonetten, Kosaken und Kanonen und vollbringt eine gewaltige Leistung, indem er einen solchen Erdstrich politisch zusammenhält, aber er kann noch nicht sprechen. Etwas Großes ist in ihm, aber es ist eine stumme Größe. Er hat nicht die Stimme des Genius gefunden, die von allen Menschen und allen Zeiten gehört wird. Er muß sprechen lernen. Er ist bis jetzt ein großes stummes Monstrum. Seine Kanonen und Kosaken werden alle zu nichts vermodert sein, wenn Dantes und Shakespeares Stimme noch immer hörbar sein wird."

Das war, wie gesagt, im Jahr 1840. Aber inzwischen hat Rußland in Tolstoi seinen Dante und in Dostojewski seinen Shakespeare gefunden. Und die Berührung mit diesen und ähnlichen Männern macht uns auf einmal sehend. Sie führen uns zu irgendeiner ihrer höchstpersönlichen Einsichten, und zugleich offenbaren sie uns, daß es gar keine persönlichen Einsichten gibt, sondern daß ihre Einsichten die unsrigen sind und die unsrigen die ihrigen waren. Sie zeigen uns, daß die geschichtliche und rassenmäßige Bedingtheit sich immer nur auf den breiten Unterbau der Menschheit erstreckt, und daß auf diesem breiten Unterbau zu allen Zeiten Menschen standen, die in zwanglosem Gefühls- und Gedankenverkehr lebten. Und auf einmal verstehen wir Rußland.

Damit ein Abschnitt der menschlichen Geistesgeschichte in einem haltbaren Bilde fortlebe, dazu genügt oft ein einziger Mensch, aber dieser eine ist unerläßlich. So würde, zum Beispiel, für die ganze deutsche Aufklärung Lessing, für die französische Aufklärung Voltaire, für das vierzehnte Jahrhundert Meister Eckhart, für das Ende des vorigen Jahrhunderts Ibsen ausreichen. In solchen Männern objektiviert sich das ganze Zeitalter als ein klares Kompendium, das jedermann zugänglich ist, sie sind das Einzige an der ganzen Historie, was für später wichtig und interessant ist. Solche Gestalten sind auch die großen russischen Dichter. Sie sind uns verständlich und unverständlich. Sie sind uns unverständlich als Russen, und sie sind uns verständlich als Genies. Denn es ist garnicht wahr, daß das Genie etwas Dunkles und Schwerzugängliches ist. Seltsam und mysteriös ist das Sondertalent mit seinen Spitzen und Kanten, der Spezialist. Aber das Genie ist jedem vertraut, weil es der Extrakt aus allen Menschen ist. Jesus, Shakespeare, Goethe, Nietzsche haben so geredet, daß jeder gesunde Mensch sie verstehen kann. Aber die Lektüre ihrer Erklärer und Kommentatoren ist ein Studium, das schon sehr viel voraussetzt.

Die stärkste Brücke von Mensch zu Mensch wird aber dann geschlagen, wenn sich dem Genius auch noch der Humor beigesellt. Was ist, zum Beispiel, Aischylos noch für uns? Eine kalte, starre, über und über patinierte Kolossalstatue. Aber wenn wir die Komödien des Aristophanes lesen, so werden wir fast selber zu perikleischen Athenern. Und was hat Sokrates unsterblich gemacht? Ich bin so ketzerisch, zu behaupten:

nicht seine Philosophie, sondern sein Humor. Das leere und menschenfeindliche, hochmütige und seelenlose Drahtpuppenzeitalter Ludwigs des Vierzehnten spricht plötzlich eine menschliche, jedermann verständliche Sprache durch den Mund des Hanswurst Molière, während Corneille und Racine für uns nur noch als Schlafmittel zu verwenden sind. Die rohe, verfressene, versoffene, gewalttätige Zeit des Dreißigjährigen Krieges wird uns greifbar lebendig nur in einem einzigen Denkmal: in den Predigten Abraham a Santa Claras, dieses Kabarettiers auf der Kanzel. Die für den Kontinentalen so schwer verständliche, höchst komplizierte englische Sprache, jene sonderbare Mischung aus drei Ingredienzien, nämlich aus „spleen", „cant" und „business", wird uns völlig nahegerückt durch die lustigen Theaterstücke Wildes und Shaws. Und so ist es allemal.

Und so hat auch die russische Seele plötzlich eine Stimme bekommen durch die Dichter, durch Weisheit und Humor. Einige von diesen Stimmen wollen wir jetzt vernehmen.

ABSCHAFFUNG DES GENIES

Seit einigen Jahren macht sich, neu und „naturwissenschaftlich" appretiert, eine geschichtsphilosophische Theorie breit, von der wir schon geglaubt hatten, sie sei gemeinsam mit andern „geistigen Errungenschaften" des XIX. Jahrhunderts endgültig in den Müllkasten geworfen worden. Es ist jene Weltanschauung, die alles historische Geschehen auf „Ideenbewegung", auf „Massenbewegung" zurückführt. Nicht die Persönlichkeit, der große Einzelne, der denkende, handelnde und leidende Held macht die Geschichte, sondern die „Idee", das dumpfe Unterbewußtsein des Vielzuvielen; alles andere ist

„Mythologie". Jedoch diese Auffassung ist, das machen ihre Vertreter sich nur nicht genügend klar, ebenfalls Mythologie, und zwar die ödeste, armseligste, anämischeste Art Mythologie: nämlich Begriffsmythologie. Der „finsterste" Aberglaube hat mehr Lebenskraft als diese Schreibstubenweisheit. Darin liegt vor allem die Gefahr dieser ganzen Theorie: sie hat den Zweck, unser ganzes Leben, Denken und Fühlen zu sterilisieren.

Sie ist, das wird man ihr nicht absprechen können, von einer außerordentlichen, einer furchtbaren und vernichtenden Konsequenz. Sie ist von einer solchen Konsequenz, daß wir, wenn wir ihr Schritt für Schritt nachgeben, schließlich vor einem ungeheuern grauen und leeren Abgrund stehen. Sie muß, folgerichtig entwickelt, zur Gottleugnung führen; und sie führt auch dazu. In einer Welt, in der alles durch Klassenbewegungen, durch ökonomische, wirtschaftliche Motive bewirkt wird, ist für einen Gott kein Platz. Denn der monistische pantheistische Gott, der hier etwa eingeführt wird, ist ja wiederum nichts als der „Geist" dieser Masse, etwa auf dem Niveau der „Zönobialseele" eines Pflanzenstocks, ein stupider Gemeinschaftsinstinkt. Es ist nur zu begreiflich, daß diese kollektivistische Auffassung sogar zur Leugnung der Existenz Jesu geführt hat. Erst leugnet man die Bedeutung der Seele im Menschen, die Individualität, dann die großen Männer und folgerichtig schließlich den Größten von allen, Jesus von Nazareth. Der umgekehrte Weg – und es ist der Weg der Zukunft – wird wieder zu Jesus zurückführen. Wir werden zunächst wieder glauben lernen, daß in jedem, auch dem Geringsten von uns, eine göttliche Seele lebt, einmalig, einzigartig, keiner zweiten vergleichbar, nie vorher dagewesen, niemals so wiederkehrend, – dieser Glaube trägt jeden anderen im Keim in sich. Eben darum lehrte ja auch Jesus als erstes die Seele. Ohne Gott keine Seele, aber ohne Seele auch kein Gott! Eine Kollektivseele (die nämlich gar keine Seele ist) kann nicht an Gott glauben, kann

überhaupt an gar nichts glauben als an stumpfsinnige tote Massenmechanik. Eine solche Seele, die nichts ist als das Resultat gemeinsamen Ineinanderarbeitens von Massenteilchen hat nämlich auch jede richtig gebaute Maschine! Die Maschine glaubt nicht an Übermaschinen, glaubt nicht, daß eine höhere überlegene Kraft sie geschaffen hat, glaubt nicht an „Geist" und „Persönlichkeit", sondern nur an sich selbst, an Schrauben, Räder, Transmissionsriemen, an Öl und Dampf. In dem Augenblick aber, als wir glauben, daß wir selbst eine Seele haben, glauben wir auch notwendigerweise an einen Schöpfer dieser Seele, glauben wir an höhere Seelen, die diesem Schöpfer noch näher verwandt sind als wir, glauben wir an große Männer. Und wenn unter diesen sich einer befindet, der alle so sehr überragt, daß er dem Schöpfer mehr zu gleichen scheint als den Geschöpfen, dann ist es ganz logisch und natürlich, wenn wir ihn Gott nennen.
Im Altertum pflegte man bekanntlich hervorragende Herrscher nach ihrem Tode und bisweilen sogar noch zu ihren Lebzeiten zu vergöttern. Die Anhänger der Theorie von der „Massenbewegung" nennen dies natürlich würdelosen Byzantinismus und geistigen Verfall. Aber dies ist durchaus nicht Verfall. Wenn zum Beispiel ein Mensch von einer dämonischen hellseherischen Energie und einem staunenerregenden Impetus in die Welt tritt, alle Kräfte des geistig in sich zerfallenen, durch albernen Partikularismus, aufgeblasene Rechthaberei und politische Kurzsichtigkeit zerbröckelten Hellas mit einem einzigen Griff zusammenfaßt und mit dieser Handvoll Menschen das ungeheure Weltreich Persien, das Urland menschlicher Weisheit Ägypten und das geheimnisvolle Indien, von dem man bisher kaum wußte, ob es existiert, unter sein Zepter drückt und, was mehr ist, diese ganze Welt organisiert, mit westlicher Kultur durchdringt und wahrhaft beherrscht, – ja was bleibt denn dann der verblüfften Menschheit, wenn sie noch ihre fünf gesunden Sinne beisammen hat, anderes übrig,

als diesen Mann für einen Gott zu erklären? Und was war Alexander, der doch nur die physische Welt des Altertums eroberte und erneuerte, gegen Jesus, der die ganze geistige Welt der damaligen Zeit völlig verwandelte, der unermeßliche neue Länder und Reiche der Seele entdeckte und in Besitz nahm?

Diesen Glauben, dieses Wissen, daß Weisheit, ungewöhnliche Kraft von Gott ist, hat unsere moderne „Erkenntnis" ausgeräuchert mittels Dampfmaschinen, Elektromotoren und Schnellpressen. Und mit einer gewissen Berechtigung glaubt man heute nicht mehr an göttliche Erscheinungen, denn in unserer Zeit sind sie tatsächlich ganz und gar unmöglich geworden. Aber daß sie zu allen Zeiten unmöglich waren, ist ein ebenso falscher wie anmaßender Schluß. Und auch Jason hat gelebt in irgendeinem kühnen Seefahrer und Siegfried in einem reinen Helden und Romulus, wenn auch die Geschichtsforschung nachgewiesen hat, daß sein Name nicht stimmt. Aber die Tatsache Romulus ist auf die sicherste Weise bezeugt, die der Historiker sich wünschen kann: durch die ewige Stadt Rom.

Das unbedeutendste historische Ereignis hat immer eine Person zur Ursache: jeder Streik hat seinen Führer, jeder Straßenputsch seine Agitatoren, und eine Religion, die Zusammenfassung der höchsten und tiefsten, innerlichsten und eruptivsten Kräfte der Menschheit sollte keinen Stifter haben? Das Volk hat auch immer den gesunden Instinkt besessen, alles auf Persönlichkeiten zurückzuführen. Man kann ihm hundertmal vorreden, die deutsche Einheit oder die Reformation sei eine notwendige Folge von politischer Konstellation, von Zeitideen gewesen, es wird doch immer sagen: Nein, die deutsche Einheit hat Bismarck geschaffen! Und die Reformation ist eine Tat Luthers! Das Volk glaubt gar nicht an sich selber, es glaubt an die großen Männer.

„Ideen", große geistige Strömungen, Dominanten der geschichtlichen Entwicklung sind wohl immer das, was den Fortgang und den Wandel des historischen Verlaufes bedingt, aber diese Ideen knüpfen sich, das können wir überall, so weit unsere Erfahrung reicht, bestätigt finden, stets an große Persönlichkeiten. Die Weltgeschichte wird von einzelnen prominenten Menschen gemacht, von Menschen, in denen der „Geist der Zeit“ so konzentriert verkörpert ist, daß er nun für jedermann sichtbar und wirksam wird. Die Geschichte macht sich nicht selber; auf diese Absurdität von Tautologie würde es herauskommen, wenn man annehmen wollte, das dumpfe unterirdische Kollektivbewußtsein sei das Schöpferische in der Geschichte. Die „Idee“ ist immer das Primäre, gewiß, aber Leben und Realität gewinnt sie immer nur in bestimmten Individuen. Was den vielen Glaubensformen zur Zeit Christi fehlte, war das große Individuum. Mithras, Adonis, Dionysos und wie sie alle hießen, das waren leere Begriffe oder wüste Phantasien. Die Tatsache Jesus Christus war ein fester Kristallisationspunkt, um den sich alle menschliche Sehnsucht, Furcht und Hoffnung, das ganze Wissen und Wollen der Zeit ansetzen konnte. Auch Luther hat die Reformation nicht erfunden, etwa wie Auer das Auer-Licht oder wie Mannlicher das Mannlicher-Gewehr, aber er war so erfüllt von dem neuen Licht seiner Zeit wie wenige und dadurch hat er es erst sichtbar gemacht für alle Welt. Das Christentum ohne Christus wäre ebenso spurlos verschwunden wie alle anderen Religionen jener Zeit. Nur dadurch hat es sich siegreich behauptet, daß es von einer realen historischen Persönlichkeit getragen war. In jener Zeit der Theokratie, wo man alle Religionselemente, ägyptische, griechische, jüdische, persische, indische bunt durcheinander glaubte und zu einem großen Pantheon zu vereinigen strebte, wäre es ein Baustein unter zwanzig anderen geworden. Aber was vermochten die tiefsinnigsten, farbenreichsten, einleuchtendsten Gedanken und Bilder gegen die wenigen einfachen Weisheiten, die ein lebender Mensch wirklich gesprochen und gelebt hatte, gegen das eine große Bild des lebendigen Jesus?

Dichtung, Philosophie und Skulptur der Griechen hatten die herrlichsten Kunstwerke geschaffen und eine Religion der Schönheit hervorgezaubert, wie sie niemals vorher erblickt worden war und vermutlich nie wieder erblickt werden wird, aber was sind alle Kunstwerke gegen einen wirklichen Menschen, der ein Kunstwerk Gottes ist? Sie verblassen sogleich vor ihm zu armseligen Phantomen; da liegen sie nun als tote traurige Ruinen von Wünschen und Gedanken, als bloße Steinblöcke und Papierrollen, die sie sind! Als kindische und fruchtlose Versuche, etwas zu schaffen, während doch nur e i n e r etwas zu schaffen vermag, so oft er will und so oft es ihm gut und notwendig erscheint für die Erleuchtung der Welt.

Die Ansicht, daß dieses große Nichts, das wir Menschheit nennen, den Lauf der Erde bestimmt, ist roheste, stupideste Selbstvergötterung, es ist eine Weltanschauung, gerade gut genug für einen Wirtschaftsbund, ein Bankkonsortium oder einen Kegelklub.

HAT CHRISTUS GELEBT?

Letzthin erwähnte ich jene umfangreiche Literatur, die nichts Geringeres zum Gegenstand hat als den Nachweis, daß der Stifter des Christentums niemals gelebt hat. Mehrfachen Anfragen aus dem Leserkreis Folge leistend, will ich nun die Hauptargumente, auf die diese Theorie sich stützt, kurz mitteilen und zugleich den Versuch machen, sie ganz allgemein und prinzipiell zu widerlegen. Ich weiß sehr wohl, daß ich in der aphoristischen Kürze, die mir an diesem Orte geboten ist, nicht mehr geben kann als die Andeutung einer Widerlegung; indes glaube ich, daß dies immer noch besser ist als gar keine Widerlegung.

Die erste dieser Hypothesen lautet: Die wirksamsten Glaubensvorstellungen, die im römischen Weltreich verbreitet waren, gingen ganz selbsttätig eine Mischung ein; diese Mischung ist das Christentum. Es ist nun tatsächlich ganz unleugbar, daß einzelne Gedanken der Predigt Jesu sich schon im Alten Testament, im Talmud, bei Seneca, Plato und anderen antiken Philosophen sporadisch vorfinden; aber das will gar nichts besagen. Gewiß, die Ahnung, daß Gott der Vater aller Menschen sei, dämmerte bereits vor Jesus in einzelnen erlesenen Köpfen der heidnischen Welt, das dunkle Gefühl, daß man alle Menschen lieben solle, war einzelnen edleren Geistern in Judäa nicht fremd, aber diese Gedanken hatten von ihren Trägern nicht völlig Besitz ergriffen, sich in ihnen niemals mit jener Glut und Leuchtkraft verkörpert, wie dies einzig und allein bei Jesus von Nazareth der Fall gewesen ist – und bis zum heutigen Tage! Wie blaß und dürr, wie kühl verständig und senil, wie grau in grau nehmen sich zum Beispiel die Ideen aus, die die Stoiker über Nächstenliebe gehabt haben, wenn man sie neben die Verkündigung Jesu hält! Und wie schüchtern und tastend wagt sich bei einzelnen späteren Propheten die Vermutung hervor, daß Gott vielleicht auch den Nichtjuden ein freundlicher Lenker sei! Alles war da, alles war schon „vorbereitet", aber Jesus war noch nicht da! Das Genie tut den letzten Spatenstich: das, nicht mehr und nicht weniger, ist seine göttliche Mission auf Erden. Es sagt Dinge, die im Grunde jeder sagen könnte, aber es sagt sie so kurz und gut, so tief und empfunden, wie sie niemand sagen könnte. Es wiederholt einen Zeitgedanken, der in vielen, in allen schon dumpf schlummerte, aber es wiederholt ihn mit einer so bezwingenden Kraft und Einfachheit, daß er erst jetzt zum Gemeingut wird. Und vor allem: es l e b t seine Gedanken! Seneca argumentierte und deklamierte eifrig über Menschenliebe und stoische Bedürfnislosigkeit, aber das war der eine Seneca, der philosophische Autor Seneca: der andere Seneca, der Seneca des Lebens, war der skrupellose Geldmacher und Millionär, der liebedienerische Genosse neronischer Verbrechen.

Eine zweite Gruppe von Einwänden beschäftigt sich mit den mancherlei Unwahrscheinlichkeiten, fabulösen und legendären Elementen, die die Evangeliengeschichten enthalten. Aber wenn von Jesus zum Beispiel berichtet wird, daß bei seinem Tode der Tag erlosch, daß er über das Meer wandelte und dergleichen, so kann das doch höchstens besagen, daß diese Angaben keine Zeugnisse für die Existenz Jesu sind, aber es besagt keinesfalls, daß sie Zeugnisse für die Nichtexistenz Jesu sind. Wenn über einen Vorfall übertriebene oder zumindest zweifelhafte Berichte einlaufen, so geht doch daraus noch nicht hervor, daß dieser Vorfall niemals stattgefunden hat. Aus der höchst unglaubwürdigen Erzählung, daß Kaiser Barbarossa im Kyffhäuser sitzt, läßt sich doch nicht ableiten, daß es niemals einen Kaiser Barbarossa gegeben hat; aus der Mitteilung Virgils, daß sich beim Tode Julius Cäsars die Sonne verfinsterte, hat noch niemand geschlossen, Julius Cäsar sei eine mythische Figur.

Ähnlich verhält es sich mit den Argumenten, die gegen das Zeugnis des Paulus gerichtet sind. Man sagt uns: Paulus hat in seinen Schriften niemals an einen wirklichen Menschen gedacht, sonst hätte er mit dem Wesen, das er Christus nennt, niemals so „ungeheuerliche Vorstellungen" verknüpfen, ihn den „zweiten Gott", einen „himmlischen Geist" und dergleichen nennen können. Aber vollzieht sich im gläubigen Menschen dieses Wunder nicht heute noch alle Tage? Glaubt nicht heute noch jedes Kind und auch jeder Erwachsene, der noch rein und kindlich zu empfinden vermag, ein geliebter Toter sei nun ein „Engel im Himmel"? In welcher anderen Form soll sich denn echter Glaube äußern, gar wenn es sich um den größten, reinsten, gotterleuchtetsten Menschen handelt, der je gelebt hat? Woher kam denn dieser Magnetismus, der Paulus, den hartherzigen, gesetzesstrengen Schriftgelehrten, den hoch-

gebildeten Schüler griechischer Zweifelphilosophie, plötzlich zwang, sein Leben von nun an dem Kultus eines Toten zu weihen, den er niemals körperlich erblickt hatte? Doch nicht daher, daß er Bücher über Platonismus gelesen hatte oder hie und da Zeuge des absurden und rohen Mithras-Kultes gewesen war? Es kam daher, daß Jesus gelebt hatte, ja daß er tatsächlich noch lebte, nicht als Lüge oder Fiktion, nicht als vage Erinnerung, sondern als eine reale Kraft in der Seele seiner Jünger, eine Kraft, die mindestens ebenso real ist wie Elektrizität, Radioaktivität oder sonst eine Ausstrahlung einer Energiequelle. Wenn zwanzig Jahre nach Napoleons Tode noch Menschen, die ihn gekannt und die ihn nicht gekannt hatten, sein Bild im Zimmer hängen hatten, sein Grab besuchten, sein Geburtsfest feierten, so wird jeder Vernünftige daraus allein schon schließen, daß es so etwas wie Napoleon unbedingt gegeben haben müsse. Immerhin könnte man noch sagen: das ist nicht zwingend; aber daraus zu schließen, daß es ganz offenbar k e i n e n Napoleon gegeben habe, wäre doch wohl der Höhepunkt der Unlogik.
Ein weiterer Einwand lautet: es fehlt fast ganz an außerchristlichen Zeugnissen über Jesus. Aber auch das hat nach der Lage der Dinge nichts Befremdendes. Wenn es in dem „aufgeklärten", polizierten, schreibenden und druckenden, von Literatur ganz infizierten Zeitalter der Elisabeth möglich war, daß von dem größten Genius dieses Zeitalters jede öffentliche Urkunde spurlos verschwand, weshalb sollte auf dem Lande, wo man der Schrift unkundig war, unter Orientalen, die alles Geschehen nur in Legendenform aufzunehmen und aufzubewahren vermögen, unter einer tief verständnislosen, nur für Steuern interessierten und zum Teil auch sehr lässigen römischen Verwaltung nicht dasselbe möglich gewesen sein?
Freilich, Shakespeare ist ja doch auf uns gekommen und kein Vollsinniger bezweifelt, daß er gelebt hat. Er ist auf uns gekommen in der sichersten und untrüglichsten Form, in der

der Genius sein Leben bezeugen kann: durch seine Geisteswerke. Und Jesus, der ein größerer Dichter war als Shakespeare, der mit einem viel komplizierteren, wertvolleren und gewaltigeren Material gedichtet hat: mit dem Leben, ist durch dieses sein Leben auf uns gekommen. So viele haben ihre Meldezettel, Geburtsatteste und Totenscheine und sind nicht gewesen, haben niemals gelebt vor dem Antlitz der Geschichte: diese beiden und noch so manche andere sind von keinem Seelsorger, Magistratsbeamten und Bezirksarzt bescheinigt und leben noch heute.

Mit derselben Berechtigung könnte man auch die Existenz Buddhas leugnen und von einer „Buddha-Mythe" sprechen. Aber man hat es ja getan! Der französische Gelehrte Senart hat in seinem ‚Essai sur la légende du Buddha' tatsächlich den „Nachweis" geführt, daß die gesamte Buddha-Tradition nichts anderes sei, als eine neue Einkleidung der uralten Natursage vom Sonnengott, eine Variation der bei allen Völkern des Altertums verbreiteten „Solarmythen". Und so wird man immer wieder mit mehr oder weniger analytischem Scharfsinn versuchen, alles wahrhaft Göttliche und Überwirkliche, das in die Geschichte getreten ist, als ein Unwirkliches nachzuweisen, weil der platte und enge Hausmannsverstand des Durchschnittsmenschen nun einmal so beschaffen ist, daß er aus einer Art Selbsterhaltungstrieb nur das ihm Begreifliche als existent anerkennt und lieber das Höchste und Tiefste, das Sinnvollste und Vollkommenste aufgibt als – sich selbst.

DIE ENTDECKTE FRAU

Im Laufe dieses Krieges haben wir die Frau sozusagen wieder einmal neu entdeckt. Es hat sich herausgestellt, daß sie für viele Tätigkeiten ebenso befähigt ist wie der Mann, ja sogar befähigter. Das kommt daher, daß sie von Natur klüger ist. Ich beabsichtige jedoch, den Frauen damit nur ein sehr zweifelhaftes Kompliment zu machen. Sie sind klüger und fügen wir noch hinzu: verläßlicher, ordnungsliebender, anpassungsfähiger, geschickter. Aber der Grund von alledem ist ihre Nüchternheit, ihre Unoriginalität, ihr Mangel an Persönlichkeit, kurz ihre Phantasielosigkeit.

Verstand ist nämlich eine sehr subalterne Eigenschaft. Die Mongolen zum Beispiel besitzen eine ungeheure praktische Klugheit. In den Jahrtausende alten Spruchsammlungen Laotses und Konfutses ist ein Schatz erstaunlichster Menschenkenntnis und Lebensweisheit aufgestapelt, von dem wir heute noch profitieren können. Sie hatten ja auch schon lange vor uns das Porzellan, das Papier, die Buchdruckerpresse, das Schießpulver erfunden. Aber ich bin niemals der Ansicht gewesen, daß der Mann, der das Schießpulver erfand, den Gipfelpunkt menschlicher Gescheitheit darstellte. Es ist eine Gescheitheit zweiten Ranges, die Gescheitheit eines Fuchses, Raben oder Bibers, eines Uhrmachers, Küchenchefs oder Apothekers. Von den Männern, die ich für wirklich gescheit halte, zum Beispiel Dante, Pascal, Shakespeare, Carlyle, Dostojewski, Nietzsche, könnte ich mir absolut nicht vorstellen, daß sie das Schießpulver erfunden hätten.

Ist es nicht überhaupt sehr merkwürdig zu beobachten, daß Kultur und Verstand sich umgekehrt proportional verhalten? Die Klugheit und geistige Aufnahmefähigkeit der Japaner hat ja erst in jüngster Zeit wieder alle Welt in Erstaunen versetzt. Die Vernünftigkeit des Bienenstaates hat noch kein menschliches Staatswesen erreicht. Mädchen lernen erfahrungsgemäß viel rascher und leichter als Knaben. Die Römer hatten zweifellos viel mehr Verstand als die Griechen, und der jüdische Verstand ist ja sprichwörtlich. Gleichviel: sind die Japaner, die Römer, die Frauen, die Juden, die Bienen jemals kulturschöpferisch gewesen? Dies waren immer Völker und einzelne, die für dumm galten: die Griechen, die schon jener Ägypter bei Plutarch „ewige Kinder“ nannte; die Deutschen, die sprichwörtlichen Dummköpfe unter den Nationen; die „rückständigen“ Russen; der „Dichter“, der immer von seinen Mitlebenden für einen Hanswurst gehalten wird. Und was dachten die Zeitgenossen von jenem Mann, nach dem unsere Zeitrechnung benannt wird? Hielten sie ihn für einen überlegenen Geist? Nein, sie hielten ihn für einen Träumer und Narren!

Der Franzose nennt den Deutschen Barbar, Boche, Hunne und dergleichen; dies alles sind aber nur ungenaue und unvollständige Umschreibungen für die eine alle Jahrhunderte hindurch gleichgebliebene Empfindung, daß er ihn für dumm hält. Vermutlich haben die Japaner und Chinesen wiederum allen Weißen gegenüber dieses Gefühl, daß sie es mit großen dicken Tölpeln zu tun haben. Ein ähnliches Verhältnis besteht auch zwischen den einzelnen historischen Zeitaltern. Wir halten das Mittelalter für finster und beschränkt, aber dieses dumme Mittelalter schuf die Gotik, die Mystik, die Erotik, und wir schufen bloß Telephone, Rotationspressen und Aeroplane. Wir haben in den letzten fünfzig Jahren zweifellos die gescheitesten und praktischesten Sachen zustandegebracht, die der Menschheit bisher gelungen sind, aber vorwärtsgebracht haben wir die Menschheit aus eben diesem Grunde ganz und gar nicht! Selbst der Deutsche fängt jetzt schon an, gescheit zu werden. Geht es so weiter, so mongolisieren und ägyptisieren wir uns unausbleiblich, und das Heil der Welt ruht dann bei den dummen Slawen.

Was nun die weibliche Anpassungsfähigkeit anlangt, jene Gabe, alles zu sein, sich in alles verwandeln zu können, so besitzt sie unter den Männern nur das Genie. Das Weib hat schlechtweg Talent zu allem oder genauer gesagt: zu allem, wozu der Mann Talent hat, den es liebt. Frauen von Gelehrten werden plötzlich gebildet, Frauen von bedeutenden Männern plötzlich geistreich, auch wenn sie vorher ganz dumm und unwissend waren. Daher kann auch die Frau als Schauspielerin jede Rolle darstellen, die ihrem Temperament und ihren Mitteln liegt, einerlei ob sie diese Rolle versteht oder nicht. Auch die ungeistige Frau vermag auf der Bühne Geistigkeit vorzutäuschen. In diesem Zusammenhange erklärt es sich auch, warum das Weib stets asozial ist: es repräsentiert nämlich alle Stände, hat alle Gesellschaftsklassen latent in sich und wurzelt infolgedessen in keiner. Auch die weibliche Verlogenheit ist von der männlichen ganz verschieden: sie ist viel mehr der Schauspielerei als dem Betrug verwandt.

Diese allseitige Akkomodationsgabe ist, wie gesagt, sonst nur noch dem Genie verliehen. Das Genie hat daher niemals Charakter. (Gemeint ist natürlich nicht der moralische Charakter, denn davon besitzt das Genie am meisten unter allen Menschen, sondern der künstlerische Charakter.) Charakter, Linie, ausgeprägte Physiognomie, einheitliche Struktur ist Sache des Talents. Wie viele Gesichter haben zum Beispiel Männer wie Goethe, Tizian, Nietzsche, Julius Cäsar im Laufe ihres Lebens gehabt! Und doch waren diese Gesichter alle echt, alle gleich charakteristisch und symptomatisch. Das eigentliche Wesen, die „Persönlichkeit" des Genies, besteht aber gleichwohl niemals in dem, was es zu irgendeinem Zeitpunkt ist, schafft, darstellt, sondern eben einzig und allein in jener mysteriösen Fähigkeit, alles sein zu können, was es sein will. Aber hierin liegt auch die Begrenzung der von Natur aus unbegrenzten Veranlagung des Genies und zugleich sein tiefgreifender Unterschied vom Weibe: denn das Genie will eben nicht alles und jedes sein, sondern trifft eine instinktive Auswahl. Wozu das Genie nicht von einem aus unbekannten Tiefen kommenden Willen getrieben wird, dazu ist es vollkommen unfähig, während das Talent, ja selbst der Durchschnittsmensch sich zu vielerlei zwingen kann. So ist auch den akkomodationsfähigsten Organismen dieses Planeten, dem Genius und dem Weibe, eine Schranke gesetzt; beim ersteren wird sie mit aller-

lei unzutreffenden Schlüsselworten „die innere Stimme“, „der Dämon“ und dergleichen genannt, beim letzteren heißt sie mit einem gemeinverständlicheren Worte „der Mann“. In der Begrenzung des Genius herrscht jedoch tiefste innere Notwendigkeit, in der Begrenzung des Weibes blinder Zufall.
Es wird sich vielleicht mit der Zeit eine Zweiteilung herausbilden: in spezifische Frauenberufe, bei denen Verstand und Versatilität die ausschlaggebenden Fähigkeiten sind, und in spezifische Männerberufe, deren Inhalt, kurz gesagt, der schöpferische Nonsens ist. Es wird immer die höchste Aufgabe des Mannes bleiben, das Recht der Menschheit auf Unsinn zu verteidigen. Denn darin besteht ja eben das schöne Privileg des Menschen vor den Tieren, daß er keine exakten Anpassungen vornimmt, sondern individuelle, ungenaue, unlogische, ja vielfach falsche, mit einem Wort: daß er denkt. Ohne dieses Vorrecht der Unvollkommenheit gäbe es keine Kunst, keine Wissenschaft, keine Philosophie, keine Erotik: denn alles das sind bloße lebensteigernde und lebenverklärende Irrtümer.
Das Recht auf Unsinn, wir können auch ebensogut sagen: das Recht auf Fortschritt. Aller Fortschritt nämlich zersetzt, trennt, löst auf, zersplittert kompakte Soliditäten, zerreißt althergebrachte Zusammenhänge, zerstört, sprengt in die Luft. Aller Fortschritt hat das Thema, das Dasein zu irrationalisieren, es widerspruchsvoller und fragwürdiger, tiefer und bodenloser zu machen. Kultur ist Reichtum an Problemen, und wir finden ein Zeitalter um so aufgeklärter, je mehr Rätsel es entdeckt hat.

SOKRATES DER IDIOT

Das delphische Orakel soll in der perikleischen Zeit einmal gefragt worden sein, wer der weiseste unter den lebenden Griechen sei. Die Griechen hatten eben noch keinen Georg Brandes und mußten sich daher in solchen Fragen an die Pythia wenden. Und sie soll geantwortet haben: der weiseste ist Sokrates. Nicht ganz auf demselben Standpunkt scheint sich eine kleine Schrift zu befinden, die vor kurzem [. . .] erschienen ist, und die mir mein Freund Siegfried Jacobsohn mit den Worten schickte: „Das müssen Sie unbedingt lesen!" Es ist ein kleines Heft von kaum hundertzwanzig Seiten, in einem grasgrünen Umschlag, auf dem sich der Kopf des bekannten Sokrates abgebildet findet, und zwar mit abgehobener Schädeldecke, welche zeigt, daß nichts darunter ist. Es heißt: ‚Sokrates der Idiot', und sein Verfasser ist Alexander Moszkowski, ein ungemein lustiger alter Herr, außerdem Musiker, Kunstessayist und Autor vieler belletristischer Schriften, darunter des berühmten satirischen Epos ‚Anton Notenquetscher', das schon zu meiner Tertianerzeit die heimliche Lektüre unserer ganzen Klasse war.

Der Inhalt dieser „respektlosen Studie", wie Moszkowski sie nennt, ist kurz folgender. Im griechischen Theater folgte das Satyrspiel auf die Tragödie. Aber im Falle des Sokrates verhielt es sich grade umgekehrt: der großen und menschlich echten Tragödie vom Tode des Sokrates ging ein lächerliches Satyrspiel voran, genannt „Leben und Lehre des Sokrates". Sokrates, der seit Jahrhunderten als Inbegriff der Weisheit und Tugend galt, war in Wirklichkeit ein dialektischer Hanswurst, ein alberner Sprachpedant und Wortakrobat, der an einer Art logischer Echolalie litt, indem er immer wieder dieselben dunklen Begriffe durcheinanderwirbelte, dieselben abgerissenen Gesprächsfetzen hin und her schwenkte, unablässig gewisse einzelne Worte wiederholte, die in seinem Gesichtskreis eine ähnliche Rolle spielen wie die Mäuse im Sehfeld eines Deliranten. Seine ganzen vielgepriesenen Deduktionen enthalten nichts als tautologisches Geschwafel; was er gepredigt und doziert hat, verdient nicht den Namen Philosophie, sondern war nur Beweismeierei, plattes Moralgefasel, „Philosophatsch“ (ein Wort von Eugen Dühring). Hierfür bringt nun Moszkowski eine größere Anzahl von Belegstücken, von denen man sagen muß, daß sie nicht nur boshaft, sondern auch glücklich gewählt sind, denn sie sind wirklich von einer gradezu hypnotischen Leere und Langweiligkeit.

Wie aber konnte in der Welt die Fabel entstehen, Sokrates sei ein epochemachender Denker gewesen? Ihr bewußter Schöpfer ist Plato. „Jener Hochgrad des Blödsinns kam den Lesenden nicht zum Bewußtsein dank der Magie des Plato.“ Der Sinn der platonischen Dialoge ist nach Moszkowski dieser: „Ich Plato habe mir vorgenommen, meinen Lehrer Sokrates, den ich als Menschen und Staatsbürger sehr hoch verehre, nach allen Kräften und mit allen Mitteln der Pietät zu feiern. Ich Plato weiß, daß Sokrates, wie stark er auch als sittliche Persönlichkeit vor mir stehen möge, ein Schwacher und Armer im Geiste ist. Ich Plato werde das nicht verheimlichen und beschönigen; ich werde Schonung entwickeln in allen begleitenden Umständen, aber doch das Bild klar und verständlich entwickeln für eine, vielleicht ferne, Zukunft; für künftige Leser, die nicht an den Zeilen kleben, sondern auch Das zu lesen verstehen, was zwischen den Zeilen steht.“ Daß aber Plato sich grade eine so minderwertige Persönlichkeit zum Helden wählte, dies ist eben eines der vielen unlösbaren Probleme des menschlichen Gefühlslebens. „Die Frage: warum liebte der starkgeistige Plato den braven Trottel Sokrates? birgt nicht mehr Sinn als die, warum die blonde Venetianerin Desdemona für einen Mohren schwärmte.“ Und so gelangt denn der Verfasser zu der Schlußbilanz: Sokrates war klein als Denker, größer als Freund Platos und unbestreitbar am größten als Idiot.

Die Wirkung dieser Schrift wird wohl eine ziemlich ungleichmäßige sein. Die Gymnasiasten werden sich riesig freuen, die Fachgelehrten werden überlegen lächeln, was wir ihnen nicht weiter verübeln wollen, da dies ja ihre Lebensaufgabe bildet, und das große Publikum wird das Ganze für einen geistreichen Ulk halten. Ich glaube aber doch, daß es mehr ist. Ich brauche wohl kaum daran zu erinnern, daß Nietzsche ähnlich ketzerischen Ansichten durchaus nicht fern stand: er hat in der sokratischen Dialektik den Sieg eines unvornehmen, pöbelhaften, tief ungriechischen Geschmacks erblickt, er spricht von der „Rhachitikerbosheit" des Sokrates und nennt ihn den „Hanswurst, der sich ernst nehmen machte". Diese niedrige Einschätzung des Sokrates, die uns hauptsächlich in der ‚Götzendämmerung' entgegentritt, scheint nicht erst der antirationalistischen letzten Periode Nietzsches anzugehören, denn in seinem Nachlaß findet sich eine Notiz aus dem Jahre 1872, die bereits die Sätze enthält: „An Sokrates alles falsch; die Begriffe sind nicht fest, auch nicht wichtig; die Kultur verneinend." Aber auch der milde, besonnene, höchst unparteiische, auf das ganze hellenische Chaos mit der Überlegenheit eines olympischen Gottes blickende Burckhardt sagt von Sokrates: „Indem er bei Leuten aller Stände herumging und allen Einzelnen, die in irgendeinem Fache etwas verstanden, bewies, daß sie im übrigen nicht weise seien, mußte er doch auch vielen tüchtigen und tätigen Leuten zuwider werden. Abgesehen davon, daß, wer permanent redet, und wäre es Sokrates, auch nicht immer weise reden kann, und daß er die Leute mit seinen ewigen Gleichnissen ennuyierte. Die Wirkung mag allmählich doch die gewesen sein, daß alles ausriß, wenn man ihn um die Ecke kommen sah." Und schon vor achtzig Jahren hat Carlyle ohne genauere einschlägige Kenntnisse, lediglich von seinem genialen Instinkt geleitet, die Ansicht ausgesprochen, in dem ewig logisierenden Sokrates verkündige sich der Verfall des echten Griechentums.

Auch wenn man der sokratischen Legende mit der größten Vorsicht und Rücksicht gegenübertritt, wird man sagen müssen: Sokrates bedeutet in der Tat nur sehr teilweise einen Fortschritt im philosophischen und theologischen Bewußtsein der Hellenen. [. . .] Seine Zeitgenossen sahen auch sicherlich in ihm nicht mehr als ein interessantes Original. Der berühmte sokratische Skeptizismus, der als ein Wendepunkt in der Geschichte der Philosophie gilt, geht in Wahrheit auf die Sophisten zurück, die die wahre Stimme des Zeitalters waren. Man darf dabei natürlich nicht an den landläufigen Begriff der Sophistik denken, der keine Charakteristik dieser philosophischen Schule ist, sondern ein von Plato aufgebrachtes Schimpfwort.

Daß aber bereits Plato Sokrates unter demselben Gesichtswinkel gesehen hat wie Moszkowski, können wir doch nicht recht glauben. Zunächst und vor allem, weil es gänzlich unwahrscheinlich ist, daß eine der genialsten philosophischen Konzeptionen einer puren Mystifikation ihren Ursprung verdankt haben soll. Auf diesem Wege pflegen mächtige und fruchtbare Schöpfungen niemals zu entstehen: in der gesamten Kulturgeschichte finden wir nichts Ähnliches. Vielmehr ist die Wurzel alles Großen immer der Glaube, die fanatische, einseitige, blindbegeisterte, bis zur fixen Idee gesteigerte Bejahung: die gegenteilige Auffassung würde aus der Weltliteratur einen Aprilscherz machen, was sehr geistreich und amüsant und im Prinzip nicht einmal abzulehnen wäre, aber eben leider empirisch absolut nicht stimmt.

Sodann aber lag die sokratische Denktechnik viel zu sehr im griechischen Nationalcharakter, als daß man annehmen könnte, das Absurde an ihr sei Plato völlig zum Bewußtsein gekommen. Eine Hauptforce der Griechen war Reden, Reden, Reden. Sie waren zu allen Zeiten passionierte Freunde aller Rhetorik und Dialektik, das zeigt schon die für uns ganz unverständliche Wertschätzung, die sie den spitzfindigen Begriffsspielereien der Eleaten entgegenbrachten. Und Plato war eben auch ein Grieche. Und da er außerdem ein großer Künstler war, so hat er seinen verehrten Lehrer Sokrates, man kann wirklich fast sagen: auf die Bühne gebracht, so wie er leibte und lebte, als Menschen von Fleisch und Blut, als unsterbliche Genrefigur, rund und plastisch, dreidimensional, mit allen seinen Schönheitsfehlern und charakteristischen Flecken. Und da mag ihm eben passiert sein, was großen Künstlern so oft passiert: daß ihre eigenen Figuren ihnen über den Kopf wachsen und ein selbständiges Leben führen, losgelöst von den Absichten ihrer Erzeuger. Und so wurde im Laufe der Zeiten aus der Apotheose des Sokrates die Karikatur des Sokrates: eine sublime Ironie, deren Urheber aber nicht Plato ist, sondern der Geist der Geschichte. Denn es gibt nun einmal keine ewigen Werte: ewig ist nur unsre Sehnsucht nach ihnen.

WISSENSCHAFT ALS KUNST

Unser Zeitalter galt bisher als ein Zeitalter der Naturwissenschaft. Es ist jedoch mehr als wahrscheinlich, daß in den nächsten Jahrzehnten die Naturwissenschaft ihre Hegemonie an die Geschichtswissenschaft abtreten wird. Im Großen gesehen, besteht übrigens zwischen diesen beiden Wissenschaften kein prinzipieller Unterschied. Sie sind aus demselben Geist geboren, der – wenn man das Wort nur richtig versteht – ein künstlerischer ist. Künstlerisch ist eine Welt- und Menschenbetrachtung, die in ihrem Gegenstand möglichst vollständig zu verschwinden sucht, die ihr Objekt nicht von außen her, durch irgendein fremdes Licht erhellt, sondern aus seinem innersten Kern heraus erleuchtet. Die Beleuchtung der ersten Art wirft ihr Licht *auf* die Dinge und kann daher naturgemäß nur deren Oberfläche treffen, sie macht ihre Gegenstände bloß *sichtbar*. Die Beleuchtung der zweiten Art wirft ihr Licht *in* die Dinge oder vielmehr: sie stellt sich selbst erhellend ins Zentrum der Dinge und sie macht daher ihre Gegenstände *durchsichtig*, sie macht sie schließlich selbstleuchtend. Und eine solche Durchleuchtung der Menschen und Dinge erstrebt der Naturforscher ebensosehr wie der Historiker und der Historiker ebensosehr wie der Künstler.

Diese Art, die Welt wissenschaftlich zu sehen, ist im Gange der Geschichte, soweit wir ihn kennen, völlig neu. Das Altertum ist über ein rein politisches und anekdotisches Geschichtsinteresse niemals hinausgekommen. Es folgte dann jene merkwürdige Periode, die wir als „Mittelalter" bezeichnen und deren einheitlicher Grundzug darin bestand, daß sie ausschließlich religiös orientiert war. Nun schließen sich aber religiöse und historische Betrachtungsweise selbstverständlich aus. Der religiöse Mensch glaubt an bestimmte Wahrheiten, die er überall – in allen Menschen, Zeiten und Ereignissen – wiederkennt, wiedererkennen will: er kann gar nicht anders. Für ihn ist die Weltgeschichte die Geschichte einer Reihe von Versuchen, zu Gott, zu *seinem* Gott zu kommen: den einen ist dieser Versuch geglückt, den anderen ist er mißlungen. So ist denn auch für das Mittelalter der Angelpunkt der Weltgeschichte die Erscheinung Christi: die Menschen vor Christus suchen ihn, die Menschen nach Christus leben ihm nach. Die Übergangszeit wiederum, die die Brücke vom Mittelalter zur Neuzeit bildet, hatte genug damit zu tun, neue geistige Fundamente zu legen und überhaupt wieder einmal zu dem zu kommen, was Wissenschaft heißt, als daß sie sich für die Erforschung und Betrachtung früherer Zeitalter hätte sonderlich interessieren können. Ihre Bestrebungen finden ihren Abschluß und ihre Vollendung in der sogenannten „Aufklärung". Nun werden wir Heutigen gewiß die Letzten sein, die die große Bedeutung und die entscheidenden Leistungen der Aufklärungszeit verkennen, aber wir werden anderseits doch zugestehen müssen, daß die Aufklärung auf *einem* Gebiete gewiß *keine* Aufklärung bedeutet hat: nämlich auf dem historischen. Die Erschließung der Historie ist die Tat des XIX. Jahrhunderts, und diese Tat bedeutet einen Wendepunkt in dem Gange der gesamten Wissenschaft.

Denn sie ist eine Befreiung, so gut wie die französische Revolution oder die Durchführung des allgemeinen Wahlrechts. Es ist heute, um es mit einem Worte zu sagen, zum erstenmal möglich, künstlerisch Wissenschaft zu treiben. Es muß uns höchst sonderbar vorkommen, daß erst wir zu dieser, wie es scheint, ebenso unentbehrlichen wie naheliegenden Erkenntnis gekommen sind. Aber es ist dennoch so. Wir stehen am Anfang eines Zeitalters, in dem die Wissenschaft eine ganz andere Stellung einnehmen wird als bisher.

Was man bisher von der Wissenschaft verlangt hat, war entweder Detailforschung oder die Beantwortung bestimmter allgemeiner Lebensfragen. Beides wird jetzt allmählich in den Hintergrund rücken. Die gelehrte Einzelforschung behält natürlich ihr Recht, aber sie kann unmöglich ein Lebenselement aller Gebildeten werden, und das ist sie ja auch niemals gewesen. Hierin liegt nichts Neues. Was aber neu ist, das ist die Stellung, die wir heute zu den *allgemeinen* Ergebnissen der Wissenschaft einnehmen. Frühere Zeiten wollten von der Wissenschaft bestimmte feste Resultate, bestimmte Aufklärungen über Fragen des Lebens, der Moral, der Kunst usw., mit einem Wort Wahrheiten. Der Gebildete von heute denkt kaum mehr so. Ihm ist der Begriff „Wahrheit" überhaupt schon problematisch geworden, und noch problematischer erscheint ihm die Befähigung bestimmter einzelner Menschen zur Wahrheitserkenntnis, da er doch sehen mußte, daß ganze Zeitalter – und hochbegabte Zeitalter – diese Befähigung nicht besaßen.

Aber eben jene Zeitalter beginnen ihn nun zu interessieren. Er will sie kennen lernen, neu und von Grund aus, und er erwartet sich davon eine größere Bereicherung seines Gedankenlebens als von abstrakten theoretischen Erörterungen. Früher interessierte man sich für vergangene Zeitalter wegen der *Ähnlichkeiten*, die man in ihnen entdeckte oder zu entdecken glaubte; der Mensch von heute wendet sein Interesse den vergangenen Kulturen deshalb zu, weil sie *anders* waren, und er würde die Weltgeschichte für eine gräßlich flache und langweilige Sache halten, wenn sie nichts wäre als die mehr oder minder glückliche Variation desselben Themas. Auch erkennt er immer mehr, daß nur in diesen Dingen etwas Positives steckt. Die „Tatsachen", die von der Wissenschaft und Philosophie in früheren Jahrhunderten festgestellt wurden, sind für uns immer problematischer geworden, und auch in unserer Zeit müssen wir immer wieder bemerken, daß jede neue Tatsache, die von uns aufgefunden wird, nichts anderes ist als ein neues Problem. Aber umgekehrt: die Probleme, die die Menschheit im Laufe der Zeit gehabt und überwunden hat und die der wichtigste Bestandteil der jeweiligen Kultur waren: – die sind höchst positive Tatsachen und mit denen läßt sich etwas anfangen. Und während unser Interesse an der Philosophie immer mehr ein rein geschichtliches geworden ist, beginnt nun unser Interesse an der Geschichte ein philosophisches zu werden.

Diese philosophische Art, Geschichte zu treiben, erfordert Phantasie, psychologisches Differenzierungsvermögen und die Gabe des Eindringens in fremde seelische Zusammenhänge, mit einem Wort: dichterisches Talent. Und sie erfordert noch ein zweites, das unter Gelehrten bisher ebenso selten war: wissenschaftliche Universalität. Denn Geschichtswissenschaft, richtig begriffen, umfaßt die gesamte menschliche Kultur und deren Entwicklung: sie ist Theodizee, stete Auffindung des Göttlichen im Weltlauf und darum Religion, sie ist Erforschung der Grundkräfte der menschlichen Seele und darum Philosophie, sie ist die aufschlußreichste Darstellung der Staats- und Gesellschaftsformen und darum Politik, sie ist die mannigfaltigste Sammlung aller Kunstschöpfungen und darum Ästhetik, sie ist ein Pantheon aller Wissenschaften. Nur eines ist sie absolut nicht: eine begriffliche Systematik, eine Spekulation über bestimmte allgemeingültige Gesetze des historischen Geschehens, kurz das, was man früher unter Geschichtsphilosophie verstanden hat. Für solche Untersuchungen wird vielleicht wieder einmal die Zeit kommen, ja es ist sogar zu hoffen, daß wir eines Tages so weit sein werden, generelle Folgerungen ziehen zu dürfen. Aber diese Folgerungen müssen sich von selber einstellen; man darf sie nicht suchen. Heute lenken derartige Bestrebungen nur ab, bilden Vorurteile und hemmen die Entwicklung der modernen Kultur, die eine zuwartende ist.

Zuwartend ist überhaupt die Gesamtstellung, die die Philosophie zu den Dingen einnimmt. Alle gute Philosophie ist im tiefsten Sinne Parodie, Selbstparodie. Sie ist eine Art von sublimer Selbstverhöhnung des menschlichen Geistes. Sie tut so, als ob sie etwas wüßte; und dennoch ist sie die einzige geistige Betätigungsform, die über die tiefe Relativität, gröber gesagt: die tiefe Unwissenheit alles menschlichen Denkens genau und bestimmt unterrichtet ist. Das ist der ironische Grundzug, das sokratische Element aller Philosophie, nicht bloß der sokratischen.

Philosophie will bewegen und nichts als bewegen. Sie verändert fortwährend, sich selbst aber verändert sie eigentlich niemals. Sie wird zu allen Zeiten bleiben, was sie zu allen Zeiten gewesen ist: eine Entwicklungsbeschleunigerin. Sie hat insofern große Ähnlichkeit mit einem chemischen Ferment. Wie dieses, verursacht sie bloß Zersetzungen und Umbildungen, ohne sich an diesen Umwandlungsprozessen, die sie hervorgerufen hat, selbst zu beteiligen: sie gibt nur den Anstoß.

Wenn wir daher den Wert einer beliebigen Philosophie zu beurteilen haben, so wollen wir nicht fragen, was sie ist: Monismus oder Dualismus, Empirismus oder Kritizismus, Ideologie oder Tatsachenwissenschaft. Wir wollen fragen, wie sie *wirkt*. Ist sie eine produktive Zersetzerin, ist sie die Ursache von neuen geistigen Chemismen, steigert sie die Geschwindigkeit seelischer Reaktionsvorgänge? Dann ist sie Philosophie.

LITERATURPOLIZEI

Vor kurzem erschien ein auch von mir unterzeichneter Protest gegen das Verbot von Claudels „Verkündigung", in dem unter anderem zu lesen stand, es sei eines Kulturvolkes unwürdig, Angelegenheiten der Kunst vom politischen Gesichtspunkt aus zu beurteilen. Ich glaubte natürlich, mit der Erinnerung an diese Selbstverständlichkeit sei der Fall erledigt. Inzwischen bin ich aber so oft mündlich und schriftlich mit Erstaunen gefragt worden, wie ich denn unter „so etwas" meinen Namen setzen konnte, daß ich mich genötigt sehe, noch einmal auf die Sache zurückzukommen, wenn auch nur in aller Kürze und ganz allgemein. Ich muß jedoch gestehen, daß ich diese Notwendigkeit sehr traurig finde.

Das Hauptargument, das immer wieder vorgebracht wird, lautet: Die Franzosen machen es mit unseren Werken ja auch nicht anders! Nun, das ist ja allerdings ein großes Malheur – aber doch wohl in erster Linie für die Franzosen! Wenn sie Beethoven, Goethe, Mozart oder Kleist nicht mehr aufführen, weil die heutigen Landsleute dieser Männer einige nordfranzösische Städte erobert haben, so verlieren sie damit nur eine Reihe weiterer Werte, und bedeutend höhere und wichtigere. Sodann: Für ungehörige Handlungen das Gesetz der Reziprozität aufzustellen, das ist die Logik eines sehr primitiven und unerzogenen Denkens. Soviel ich mich erinnere, steht in der Bibel nicht: Wenn dich einer auf die rechte Backe schlägt, so schlage ihn so schnell wie möglich auf die linke! Aber die Bibel ist ja ein gänzlich unmodernes Buch, das eine längst überholte Ethik enthält; greifen wir also zu einem näherliegenden Beispiel. Wenn jemand in einem Salon gegen mich eine Inkorrektheit begeht, ist es dann wohl höchstes Gebot des feinen Anstands, daß ich mich gegen ihn ebenso unkultiviert benehme? Oder wenn ein Mensch in einer Debatte eine haarsträubende Dummheit von sich gibt, ist es dann wohl die richtige

Dialektik, ihm mit einer genau so großen Albernheit zu erwidern?
Der Nonsens der Sache leuchtet sofort ein, wenn man sich vorstellt, daß Claudel, und nicht bloß Claudel, sondern auch die geschmackloseste und stupideste Pornographie irgendeines französischen Theaterspekulanten in dem Augenblick für niemand mehr etwas Bedenkliches hätte, wo Herr Clemenceau Friedensverhandlungen eröffnen würde. Hingegen wird infolge der politischen Lage heute schon bereitwillig zugegeben, daß Tolstoi gar kein übler Dichter ist. Wenn aber die Friedensverhandlungen in Brest-Litowsk abgebrochen worden wären, so hätte dies leider auf seine Dramen die Wirkung gehabt, sie in unaufführbare Machwerke zu verwandeln.
Tolerantere Gemüter wollen allerdings den Boykott nur auf lebende Dichter beschränkt wissen. Aber gerade dies erscheint mir als der Gipfelpunkt der Unlogik. Haben sich denn die Gesinnungen Frankreichs gegen Deutschland in den letzten hundert Jahren irgendwie verändert? Glaubt man, daß alle französischen Dramatiker, die vor 1914 gestorben sind, den Fahneneid verweigert hätten, mit der Begründung, gegen das edle Deutschland nicht kämpfen zu wollen? Glaubt man, daß sie in der ersten Kriegsbegeisterung nicht ebenso den Kopf verloren hätten wie fast alle ihre überlebenden Kompatrioten? Wir wissen, daß weder ein so zarter und tiefer Versteher der menschlichen Seele wie Maeterlinck noch ein so reicher, freier und gütiger Geist wie Anatole France vor solchen Sinnesverwirrungen geschützt waren. Aber was gehen uns diese ihre Privatwallungen an? Was sie wahrhaft sind, steht in ihren Werken. Wer Maeterlincks Herz kennen lernen will, der frage die kleine Prinzeß Maleen, die Selysette, den Alten im ‚Intérieur'! Alles andere ist Kaffeeklatsch.
Daß es so etwas wie nationale oder gar patriotische Kunst gibt, erweist sich überhaupt immer mehr als Mißverständnis, je höher wir in der Rangordnung der Kunstwerke hinaufstei-

gen. Der Grund ist vollkommen klar. Ein Mensch ist nämlich genau in dem Maße Künstler, in dem er fremde Seelen in seine eigene verwandeln kann. Der Philister zum Beispiel versteht ausnahmslos nichts, nicht einmal sich selbst. Die Frau, die fast niemals ein vollkommener Philister ist, umfaßt außer ihrer Seele zumindest noch die des geliebten Mannes und des Kindes. Und so geht es immer höher hinauf, bis zu jenen höchsten schöpferischen Naturen, die ein ganzes Universum in sich tragen. Ihr Sinn und Herz ist gastlich gegen alles, ohne nach seiner Herkunft zu fragen. Treue? Die halten sie nur dem Reichtum ihrer Seele. Wo Schönheit ist, hat sie ein Recht darauf, von ihnen empfunden zu werden. Damit hören sie aber auch auf, scharf national umrissen zu sein. Sie ragen zu sehr heraus, hinaus, hinüber, über ihr Volk; sie sind nicht die Vorbilder, nach denen ihre Nation geformt ist, weil sie zu viel, weil sie zu ganz sind: sie sind Modelle der Menschheit. Oder ist etwa Shakespeare der Typus des Engländers, Spinoza der Typus des Juden, Dante der Typus des Italieners, Nietzsche der Typus des Deutschen? Man kann getrost sagen: Das Genie ist rasselos.

Vor zweitausend Jahren hätte man jeden, der geleugnet hätte, Religion sei eine nationale Angelegenheit, für heillos überspannt gehalten. Heute finden wir diese Anschauung nur noch bei ganz rohen und zurückgebliebenen Völkern. Wir reden heute nicht mehr von einer „griechischen", einer „ägyptischen", einer „germanischen" Religion. Ich denke aber doch, daß das einen Fortschritt in der Religiosität bedeutet. Sie ist eben weiter, freier, reicher, tiefer geworden, so daß alles, was eine fromme Seele unter irgendeinem Himmelsstrich denken und empfinden mag, in ihrem Kreis Platz hat. In seiner großen Zeit (nämlich in seiner wirklich großen) hat Deutschland aber über alle Dinge des Lebens so gedacht. Friedrich II. und Josef II., Winckelmann und Lessing, Herder und Kant, die Schlegels und die Humboldts: alle haben sie in die

Politik, in die Kunst, in die Wissenschaft einen ausgeprägt internationalen, kosmopolitischen Geist gebracht. Dies ging sogar so weit, daß man dem eigenen „wirtschaftlichen Aufschwung" geradezu feindlich gesinnt war. So sagt zum Beispiel ein Mitarbeiter von Schlözers ‚Staatsanzeiger', dem damals einflußreichsten politischen Journal: „Mir ist es ein Glück für mein Vaterland, daß der hanseatische Bund zerstört wird, Deutschland durch den westfälischen Frieden auf einige Jahrhunderte hinaus in zahlreiche kleine Staatswesen zerstückt ist, wovon jedes sein eigenes Interesse hat und bald die Lage, bald die Größe es dem einen oder dem anderen ohnmöglich machen, große Kauffahrteiflotten vom Stapel zu lassen. Wie seltsam ist es doch, an der Malebarischen Küste nach Pfefferkörnern umherzurennen, wenn man doch noch zu Hause alle Hände voll zu tun hat!" Dies war die allgemeine Ansicht; man denke nur an die zahlreichen ähnlichen Aussprüche Goethes.

„Aber Schiller!" höre ich den deutschen Turnlehrer sagen. Hier muß jedoch eine Illusion zerstört werden. Schiller hat nie und nirgends deutsch-patriotische Ideale vertreten. Er benützt den Patriotismus lediglich als wirksames dramatisches Motiv. Er schildert den begeisterten Freiheitskampf des Volkes um den Heimatboden – in der Schweiz und die aufopfernde Vaterlandsliebe einer Heldenjungfrau – in Frankreich. In Deutschland spielen jedoch nur zwei seiner Stücke: das eine zeigt die verbrecherischen Zustände an einem kleinen Fürstenhof und das andere hat zum Mittelpunkt eine Anzahl junger Leute, die aus Haß gegen ihr Vaterland eine Räuberbande bilden.

Man kann überhaupt nicht gerade sagen, daß Kräftigung des Nationalgeistes und Steigerung der politischen Macht stets mit Höherentwicklung der Kultur Hand in Hand gehen. Die Geschichte lehrt eher das Gegenteil. Weder die Griechen der perikleischen Zeit noch die Italiener der Renaissance genossen das Glück eines nationalen Einheitsstaates, sondern befanden sich in ganz desolaten politischen Verhältnissen. Hingegen die Römer brachten es zur Zeit, als sie die ganze Welt beherrschten, in Kunst und Wissenschaft nur zu einem dürftigen, epigonenhaften Dilettantismus; die lateinische Renaissance, die Karl der Große auf der Höhe seiner Macht versuchte, verlief sehr kläglich; Frankreich hat unter Ludwig XIV. nur eine fadenscheinige, aufgebauschte Goldbrokatkultur und unter Napoleon nur den leeren lackierten Empirestil erzeugt; Deutschland hat weder nach 1813 noch nach 1870 eine bedeutende künstlerische Entwicklung genommen, sondern hat besonders in dem Jahrzehnt nach seiner Einigung seine banausischeste, geistloseste und kitschigste Kulturperiode erlebt. Die Erklärung für diese Zusammenhänge ist vielleicht einfacher, als man denkt: aller Nationalismus und Patriotismus enthält nämlich ein Element der Isolierung, des Hasses, und mit Haß kann man weder malen noch denken noch dichten, noch überhaupt etwas schaffen. Künstler können nicht polemisieren, befeinden: sie sind Verklärer und Rechtfertiger alles Lebens. Sie verstehen ja nur darum von der Welt und ihrem Lauf mehr als andere, weil sie sie lieber haben; sie können nur darum alle menschlichen Empfindungen nachgestalten, weil sie alle als berechtigt anerkennen. Der Haß ist niemals zeugungsfähig, sondern immer nur die Liebe.

DER KOMMENDE

Wir dürfen annehmen, daß noch niemals, so weit die Geschichte reicht, Schönheit und Humanität vereinigt gewesen sind. Unter Humanität verstehen wir kein moralisches Phänomen, sondern einfach die volle geistige Selbstbeherrschung des Menschen, Vernunft, Güte, Menschlichkeit, wie man es nennen will, im wesentlichen aber doch nur dies eine: Wissen um sich selbst. Denn aus dieser einen Wurzel wächst dann alles andere: ein Mensch, der weiß, kann niemals „unsittlich", „böse", „unmoralisch" sein. Aber es scheint, daß der Preis für diese höchste Betätigung unserer natürlichen Bestimmung bisher immer der Verlust der Schönheit war. Wir sahen bereits mehr als einmal wirkliche Schönheit auf der Welt, worunter allein dies verstanden werden kann, daß nicht einzelne oder einzelnes: Säulen, Tafeln, Geschichten oder Lieder schön sind, sondern alles in allem; daß das ganze Dasein ein Kunstwerk ist, wie es die Natur allemal ist. In Athen muß es so gewesen sein: die Stadt nicht eine Ansammlung unvergleichlicher Bildwerke, sondern eine unvergleichliche Ansammlung von Bildwerken. Ob den attischen Tragikern nicht Shakespeare oder Ibsen voranzustellen seien, darüber läßt sich wohl streiten; worüber sich aber nicht streiten läßt, das ist die Einzigkeit und Unerreichtheit jenes antiken Theaters selber, in dem Publikum und Bühne ein Gesamtkunstwerk bildeten. Und sogar die Philosophie, die wir uns als eine weltabgewandte Geheimwissenschaft vorzustellen pflegen, war damals eine allgemeine Angelegenheit. Die Philosophen gingen auf den Straßen, in Säulenhallen, in Gärten umher und machten ihre Philosophie; das ganze Volk arbeitete daran mit. Sokrates ist nicht der einzige dieser Art, er ist das Modell für fast alle griechischen Denker. Ein solches Leben muß schön gewesen sein. Und dennoch, von einer anderen Seite gesehen: Dieses unvergleichliche Schönheitsparadies war daneben ein schmutziges Gewimmel von verkommenem, verlogenem, räuberischem Gesindel, eine Stadt, in der kein Mensch ein wahres Wort sprach, in der Verleumdung, Bestechung, Intrige, Denunziation die Hauptbeschäftigung bildeten, in der gerade die Besten stündlich befürchten mußten, fälschlich angeklagt und verbannt oder hingerichtet zu werden: ein wahrer Hexenkessel von Neid, Habgier, Niedertracht und Irrsinn, der jeden Moment zu explodieren drohte.

Ein solches harmonisches Ineinander von Leben und Kunst ist noch ein zweites Mal erblickt worden: im Italien der Renaissance, vor allem in Florenz. Für uns sind die künstlerischen Genüsse: Theater, Bildergalerie, Roman, Konzert eine angenehme Draufgabe zum Leben, eine Sache, an der wir uns erholen, zerstreuen, ausruhen, meinetwegen auch erheben, aber schließlich doch nur eine kostbare Annehmlichkeit mehr, ein Komfort, wie Sekt oder Importen. Wir empfinden es als Überfluß, als Luxus, wir könnten uns das Leben auch ohne das denken. Aber in Florenz oder Rom war die Kunst eine Lebensfunktion des Menschen, die für seinen Stoffwechsel ebenso notwendig war, wie das Fliegen für den Vogel: sie war ein unerläßlicher Bestandteil seiner Vitalität. Ihre Karnevalsaufzüge, ihre Spiele und Feste waren nicht wie bei uns eine rohe Volksbelustigung oder ein Aperitif für die überfeinerte Gesellschaft, sondern eine Lebensangelegenheit, die für jeden wichtig war, bei der alles aktiv dabei sein wollte; die schönen glänzenden Maskeraden waren kein Ulk, keine Komödie, sondern eine hochernste Angelegenheit. Es war eine Nation von Kunstkritikern, und dazu noch von solchen, die etwas verstanden. Als Bandinelli, ein ganz tüchtiger Künstler, der sicher heutzutage Hofmaler wäre, in Florenz seinen Herkules aufstellte, gab es fast eine Revolution.

Und trotzdem: dieselben Menschen waren eine Bande von Meuchelmördern, Räubern und Wahnsinnigen. Weil wir dieses friedliche Nebeneinander von Talent und Laster, von feinstem Geschmack und raffiniertester Niedertracht, diesen Wetteifer vollendetster Geistesbildung mit vollendetster Verruchtheit nicht mehr begreifen können, pflegen wir zu sagen: es kann nicht so gewesen sein, im Innern müssen sich diese Menschen doch schuldig und unglücklich gefühlt haben. Wir müßten aber im Gegenteil sagen: diese Menschen müssen sich unbedingt schuldlos und glücklich gefühlt haben, sonst hätten sie diese Dinge niemals begehen können. Der Mord gehörte damals ganz einfach zur Ökonomie des Daseins, wie heutzutage ja auch noch die Lüge zur Ökonomie des Daseins gehört. Unser Zeitungswesen, unser Parteiwesen, unsere politische Diplomatie, unser Geschäftsverkehr: dies alles ist auf einem umfassenden System des gegenseitigen Sichanlügens, Übervorteilens und Bestechens aufgebaut, und niemand findet etwas dabei. Die Menschen befanden sich eben im XVI. Jahrhundert noch in einer seelischen Verfassung, die den gelegentlichen Mord zu einem Ferment des sozialen Stoffwechsels, man möchte fast sagen: zu einer gesellschaftlichen Umgangsform machte; so wie eben heute noch Tatsachenfälschung, Heuchelei, Verleumdung und jede Art der Korruption ein unentbehrliches Ingrediens des öffentlichen und privaten Verkehrs bilden. Dies sind nur Grade.

Es hat aber auch Wendungen in der Geschichte gegeben, in denen der sittliche Trieb des Menschen mit elementarer Kraft hervorbrach, die Zeiten des ersten Christentums zum Beispiel oder einzelne Perioden des Mittelalters. Aber wie lebten diese Menschen? In häßlichen, verrauchten Hütten oder finsteren, dumpfigen Verließen, in armseligen, verwahrlosten Kleidern, ohne bessere Gerätschaften, ohne saubere Straßen, ohne Licht und Luft, ohne Bäder und Bücher, ohne feinere Formen, ohne Kunst und Wohlerzogenheit. Ja, dies ging so weit, daß Schönheit sogar absichtlich gemieden wurde und für Sünde galt. Und doch war dies nur logisch: denn so lag es einmal, der Verlust der Schönheit war eben der Kaufpreis für ein gutes und sündloses Leben.

Oder nehmen wir das XVIII. Jahrhundert, die größte Epoche des modernen Geistes. In dieser Zeit wurde einfach alles hervorgebracht, was wir heute besitzen; die Chemie, die Philosophie, die Kunstgeschichte, die Staatswissenschaft, der Roman, die Physik, alles wurde damals neu geschaffen. Es war wohl das klügste Zeitalter der bisherigen Geschichte. Aber wie sah das Leben aus? Platt, gewöhnlich, ohne jeden dramatischen

Schwung, von langweiliger Selbstverständlichkeit. Das Dasein floß so dahin, es war gewissermaßen in lauter Dialog aufgelöst. Es fehlte an Handlung, an Glanz. Darum wurde die französische Revolution fast wie ein artistisches Phänomen begrüßt: diese leuchtende Feuergarbe, die über Europa emporstieg und den Himmel rötete. Und darum war Napoleon, jener geniale Akteur, der dann sein blendendes Kräftespiel entfaltete, der Sinn und die tiefste Erlösung dieser grau in grau dahindämmernden Zeit, was aber von allen Zeitgenossen eigentlich nur Goethe vollständig begriff.

Die höchste Aufgabe der Zukunft ist die Geburt des neuen Menschen, der jene Ausgeglichenheit besitzen wird zwischen der Vernunft, ohne die wir nicht leben können, und der Schönheit, ohne die wir nicht leben wollen, der nicht mehr sittliche und intellektuelle Überlegenheit mit reduzierter physischer Vitalität erkaufen wird und nicht mehr Poesie mit Blindheit und Geisteskrankheit; der nicht mehr wird wählen müssen zwischen „Sinnenglück" und „Seelenfrieden", wie Schiller erkannt hat, oder wie man auch etwas unpathetischer sagen könnte: zwischen Schmutz und Langeweile.

Auf dem Wege zum neuen Menschen liegen die Gefallenen: die für die Eroberung der Vernunftherrschaft ihre besten Lebenssäfte hergaben, Asketen und Anachoreten des Daseins, Büßer und Märtyrer des Geistes; und die für den Genuß der Lebensfülle, des Reichtums und Glücks, zu sein, ihre Gesundheit und Selbstherrschaft hingaben, Irre und Selbstmörder. Die einen mußten für ihre Ruhe bezahlen und die anderen für ihre Bewegung; aber der kommende Mensch wird Ruhe haben und Bewegung, Schönheit und Güte, Leben und Wissen und alles umsonst: er wird für nichts mehr bezahlen, denn er wird Erbe sein.

JAKOB BURCKHARDT
Zum hundertsten Geburtstag
[am 25. Mai 1918]

Von Goethe sagt Bielschowsky, er habe diesen Planeten betreten, „um sein Licht in ungeahnter Fülle zu vermehren". Etwas Ähnliches könnte man ohne Übertreibung von Jakob Burckhardt behaupten: er hat im Gesichtskreis des modernen Wissens und Denkens an allen Ecken und Enden Lichter angezündet; seit er über die Erde gewandelt ist, sind große, weite Gebiete der menschlichen Anschauung und Erkenntnis um vieles heller geworden, und obschon zwischen dem größten Seher und Gestalter der Deutschen und dem bescheidenen basler Universitätsprofessor eine unendliche Kluft zu bestehen scheint, so wird es doch nicht wenige geben, die dankbar bekennen, daß ihnen Jakob Burckhardt ein ebenso treuer und weiser Führer gewesen ist wie Goethe.

Das Licht der Welt vermehren: – ist denn das nicht überhaupt die göttliche Mission jedes einzelnen Menschen auf dieser Erde, eine Mission, die jeder erfüllen soll, aber im Grunde auch jeder erfüllen kann? Irgendein Licht steckt in jedem Ding, jedem Ereignis, jeder noch so unscheinbaren Betätigung. Insgeheim wirkt in jedem, auch dem unscheinbarsten Menschen irgendeine nur ihm eigentümliche Fähigkeit und Kraft; diese Fähigkeit und Kraft allein ist es ja, der er seine Existenz verdankt, die ihn am Leben erhält; ohne sie wäre er niemals dieses einmalige Individuum geworden. Aber die Menschen besitzen meistens zu wenig Aufrichtigkeit gegen sich selbst, zu wenig Liebe gegen sich selbst, um diese ihre einzigartige Fähigkeit nun auch zu erkennen und gesammelt auf den einzigen Punkt zu lenken, wo sie Nutzen und Licht bringen kann. Wäre dies der Fall, so wimmelte die Erde von Genies auf allen Gebieten! Jedoch zugleich mit jenem Talent, das die Menschen von Gott haben, hat der Teufel ihnen in einer unbewachten

Stunde eine Art Gegenmitgift verliehen, nämlich den unglückseligen Hang, niemals das sein zu wollen, was sie sind. Diese sonderbare Geisteskrankheit scheint so alt zu sein wie die Menschheit: wenigstens gibt es keine noch so ehrwürdige kulturhistorische Quelle, aus der wir sie nicht leicht herausdiagnostizieren könnten; ja im Grunde waren ihr sogar schon Adam und Eva verfallen. Gibt es etwas Schöneres als das Paradies? Und doch hatte es für Adam und Eva einen einzigen Fehler: es war nämlich ihre Bestimmung. Und der Mensch hält nun einmal nur das für ein Paradies, was ihm nicht bestimmt ist. Also handelten die ersten Menschen ganz logisch und folgerichtig, als sie den Geboten Gottes nicht gehorchten, freilich nach einer vom Teufel erfundenen Logik.

Das Gebiet nun, das Jakob Burckhardt mit seiner genialen Fähigkeit erleuchtet hat, ist die Kulturgeschichte. Der Gedanke, der ihn dabei leitete, war ungemein einfach und auch keineswegs neu, sondern ein alter Traum der deutschen Wissenschaft. Am sechsundzwanzigsten März 1789 schrieb Schiller an Körner: „Eigentlich sollten Kirchengeschichte, Geschichte der Philosophie, Geschichte der Kunst, Geschichte der Sitten und Geschichte des Handels mit der politischen in eins zusammengefaßt werden, und dies erst kann Universalhistorie sein." Diesen Traum hat Burckhardt verwirklicht. Es gelang ihm tatsächlich, die große organische Einheit, die alle Lebensbetätigungen eines Volkes bilden, lebensvoll nachzugestalten, und man kann daher sagen, daß mit dem Erscheinen seiner ‚Kultur der Renaissance in Italien' eine neue Epoche der Geschichtswissenschaft anhebt. Kulturgeschichte hatten ja schon lange vor ihm viele Andre geschrieben; nur verstanden sie darunter entweder eine rohe und reizlose Inventarisierung von zahllosen abrupten Einzelheiten oder allerlei subjektive allgemeine Betrachtungen, eine willkürliche und dürre Geschichtsphilosophie. Aber noch niemals war in einem und demselben Kopfe eine so frische und lebhafte Anschauung des Details, eine so völlig dichterische Fähigkeit der Einfühlung mit einem so weiten und freien Blick über die allgemeinsten Zusammenhänge vereinigt gewesen. Eine unersättliche psychologische Neugierde, ruhelos und beunruhigend, von einem untrüglichen Spürsinn für das Seltenste, Fremdeste und Versteckteste geleitet, war die geistige Zentraleigenschaft Burckhardts. Und dazu kam eine gradezu olympische Souveränität und Unparteilichkeit des Urteils, wie sie sich auch bei Gelehrten nur sehr selten findet. Hierfür war es gewiß nicht ohne Bedeutung, daß Burckhardt Schweizer war. In diesem kleinen Gebirgskessel, einer Art Miniatureuropa, in dem Deutsche, Franzosen und Italiener unter einer gemeinsamen demokratischen Verfassung leben und sich vertragen, ist es offenbar gar nicht möglich, anders als kosmopolitisch und neutral zu denken. Es sind übrigens die vornehmsten Traditionen der deutschen Geschichtsforschung, die Burckhardt, der objektivste und neutralste Historiker deutscher Zunge, weiter verfolgt hat: nicht bloß Ranke und seine Schule, sondern auch die Klassiker: Herder, Goethe, Humboldt und Schiller haben dieses Ideal einer kosmopolitischen Geschichtsschreibung aufgestellt; und in dieser Hinsicht bedeutet die neueste durch Lamprecht vertretene Richtung, die wieder deutsche Geschichte vom deutschen Standpunkt aus schreiben will, entschieden einen Rückschritt. In den ‚Weltgeschichtlichen Betrachtungen', einem Werke von göttlicher Heiterkeit, Spannkraft und Fülle, sagt Burckhardt einmal: „Der Geist muß die Erinnerung an sein Durchleben der verschiedenen Erdenzeiten in seinen Besitz verwandeln. Was einst Jubel und Jammer war, muß nun Erkenntnis werden." Dies wäre als Motto über sein Lebenswerk zu setzen.

Man kann sagen, daß wir eine wirklich intime Bekanntschaft mit den alten Griechen erst seit Burckhardts ‚Griechischer Kulturgeschichte' besitzen. Bis dahin waren sie für uns eine Art Glyptothek und Museum, wandelnder Marmor ohne Seele. Wir bewunderten sie pflichtmäßig, hielten sie aber in unbewachten Augenblicken doch für recht langweilige und leere Attrappen einer längst überholten Gräkomanie. Burckhardt zeigte, daß diese Griechen in allem unsre Brüder waren, in ihren Stärken und Schwächen, ihrem Jubel und Jammer vollebendige Menschen, und zwar ganz besonders menschliche Menschen, daß sie gar nicht aus weißem Marmor bestanden, sondern im Gegenteil höchst bunte, opalisierende, gemischte Seelen besaßen, und daß sie auch nicht besonders sonnig, friedlich und harmonisch, sondern äußerst problematisch, von echt südlicher, ja orientalischer Beweglichkeit und – vor allem – tiefe, rettungslose Pessimisten gewesen sind. Dieser Gedanke ist es besonders, den seine beiden berühmtesten Schüler ausgeführt und bereichert haben: Erwin Rohde in seiner ‚Psyche' und Nietzsche in seinem Erstlingswerk ‚Die Geburt der Tragödie', dessen Untertitel lautet: ‚Griechentum und Pessimismus'.

Allerdings erklärt Ulrich von Wilamowitz-Moellendorff, Ordinarius für klassische Philologie an der Universität Berlin, daß Burckhardts griechische Kulturgeschichte „für die Wissenschaft nicht existiert". Den offiziellen Stempel hat sie also bis zum heutigen Tag noch nicht erhalten. Wir wollen auf die Angelegenheit nicht näher eingehen; das eine aber möchte ich doch zu behaupten wagen, daß, selbst wenn Wilamowitz recht haben sollte, Burckhardts Werke noch zu einer Zeit leben werden, wo alle „kompetenten Untersuchungen" der „Fachleute" von heute längst mausetot sein werden. Ein Kunstwerk steht nämlich über dem jeweiligen Stande der Forschung und kann niemals „überholt" werden. Herodot ist nicht überholt, obgleich er größtenteils Dinge berichtet hat, die heute jeder Volksschullehrer zu widerlegen vermag. Montesquieu ist nicht überholt, obgleich seine Geschichtsdarstellungen voll von handgreiflichen Irrtümern sind. Herder ist nicht überholt, obgleich er historische Ansichten vertrat, die heute für dilettantisch gelten. Winckelmann ist nicht überholt, obgleich seine Auffassung vom Griechentum ein einziger großer Mißgriff war. Denn wenn sich alles, was diese Männer lehrten, als unrichtig erweisen sollte – eine Wahrheit wird doch immer bleiben und niemals überholt werden können: die der künstlerischen Persönlichkeit, die hinter dem Werk steht, des bedeutenden Menschen, der diese falschen Bilder innerlich erlebte, sah und gestaltete. Wenn Schiller zehn Seiten bester deutscher Prosa über eine Episode des Dreißigjährigen Krieges schreibt, die sich niemals so zugetragen hat, so ist dies für die historische Kenntnis wertvoller als hundert Seiten „Richtigstellungen nach neuesten Dokumenten" ohne philosophischen Gesichtspunkt und in elendem Deutsch. Und was war Homer andres als ein Historiker „mit ungenügender Quellenkenntnis"? Dennoch wird er in alle Ewigkeit recht behalten, selbst wenn eines Tages ein Professor mit ungeheuerm wissenschaftlichen Apparat beweisen sollte, daß es überhaupt kein Troja gegeben hat.

DAS GEHEIMNIS ÄGYPTENS

Jedes historisch bedeutsame Volk hat eine Geschichte nicht nur während seines Lebens, sondern auch nach seinem Tode. Es blüht und wirkt weiter, indem es sich in den Herzen und Köpfen der Nachlebenden fortwährend verändert. Das stärkste und sonderbarste Beispiel für diesen Prozeß sind die Griechen. Ein jedes geistig und künstlerisch fruchtbare Zeitalter hat von ihnen ein neues Bild entworfen, und das Wort „Renaissance" enthüllt uns in diesem Zusammenhang erst seine eigentliche, tiefere Bedeutung. Jede klassische Renaissance – und es hat ja bekanntlich deren mehr als eine gegeben – bedeutete nämlich eine wirkliche „Wiedergeburt" der Antike, nicht in dem landläufigen Sinn, daß die klassische Welt nun einfach wieder ausgegraben worden wäre, sondern diese wurde tatsächlich jedesmal völlig neu geschaffen, so wie sie niemals vorher auf der Welt gewesen war. Die Zeit selbst, in der eine solche Renaissance stattfindet, glaubt natürlich immer an eine einfache Identität, aber in der historischen Distanz wird der Unterschied völlig klar. Wir wissen heute schon ganz genau, daß die Römer Shakespeares mit denen Plutarchs nicht das Geringste zu schaffen haben und daß der Goethesche Klassizismus von dem Perikleischen himmelweit entfernt ist; aber auch das Hellenentum, wie es Burckhardt, Rohde und Nietzsche „rekonstruiert" haben, wird einmal von der Nachwelt nicht anders beurteilt werden, und der Cäsar Mommsens und Shaws deckt sich mit dem wirklichen so wenig wie der, den das Mittelalter verherrlichte.

Die Ägypter, die ja noch ganz bedeutend älter waren als die alten Griechen, genossen dadurch den Vorzug, schon von diesen letzteren nicht verstanden zu werden. Sie galten im ganzen klassischen Altertum als das Volk der religiösen Geheimnisse, der göttlichen Mysterienlehren, der esoterischen Kulte. Und dieses Renommée haben sie sich viele Jahrhunderte hindurch ungeschwächt erhalten: wer im kaiserlichen Rom als Zauberer besonders imponieren wollte, der kam ägyptisch, und noch die Rosenkreuzer und Freimaurer der Aufklärungszeit arbeiteten mit ägyptischen Symbolen. Durch die wissenschaftliche Ägyptologie, die erst im XIX. Jahrhundert mit den Ausgrabungen von Champollion und Lepsius energisch einsetzt, ist aber an den Tag gebracht worden, daß es sich mit diesen rätselvollen Dingen verhält wie mit so vielen anderen: das Geheimnis Ägyptens ist keines, und was im Europäer den Eindruck dieser mysteriösen Weisheit hervorrief, war nur das Fremdartige, das besonders Umständliche und Zeremoniöse in der Religionsübung und ganzen Lebensführung des alten Ägypters, der Exotismus.

Ein zweiter Irrtum, der sehr lange geherrscht hat, ist die Auffassung, die Ägypter seien ein Volk ohne Geschichte gewesen. Man stellte den beweglichen, ruhelosen, im rapidesten Tempo eine ungeheure geistige Entwicklung durcheilenden Griechen als Pendant die Ägypter gegenüber: als ein Volk von ungemein trägem geistigen Stoffwechsel, das, ohne sich wesentlich zu verändern, starr durch die Zeiten hindämmerte, gleich den Pyramiden und Sphinxen, deren Antlitz, jeglichen Wechsel überdauernd, ewig die gleichen Züge trägt. Nun klingt es ja schon von vornherein unwahrscheinlich, daß ein geistig regsames, auf fast allen Kulturgebieten selbständig tätiges Volk eine und dieselbe Art zu leben und zu denken, auf eine geradezu stumpfsinnige Weise jahrtausendelang festgehalten haben soll. Aber auch die Tatsachen sprechen dagegen, denn ihre Kunst, die auf den ersten Blick einen einheitlichen Charakter zu haben scheint, zeigt bei näherer Betrachtung eine Aufeinanderfolge sehr verschiedener Stilarten, und aus den aufgefundenen Urkunden geht hervor, daß auch die Sitten und Gebräuche einem deutlichen Wechsel unterworfen waren, so daß Adolf Erman, heute wohl der erste Forscher auf diesem Gebiet, in seinem prachtvollen Werk über Ägypten mit Recht sagen durfte, das „alte Reich" unterscheide sich von dem „neuen Reich" ungefähr ebenso wie das Reich Karls des Großen von dem heutigen Deutschen Reich. Es geht uns eben mit den Ägyptern ebenso wie mit allen anderen fremden Völkern. Es scheint uns ja auch, als ob alle Indianer oder Neger dieselben Gesichter hätten, ja wir können sehr oft nicht einmal einen Chinesen von einem Japaner unterscheiden, während die scheinbare Kongruenz natürlich nicht auf wirkliche Verhältnisse zurückzuführen ist, sondern lediglich auf unser ungebildetes Auge. Es ist jedoch, wie gesagt, sehr wahrscheinlich, daß schon die Griechen von den Ägyptern nichts verstanden und daß auch sie nur für die Unterschiede empfänglich waren, die zwischen ihnen und den Ägyptern bestanden, nicht aber für jene, die die Ägypter untereinander trennten, und so wurden bereits sie die Schöpfer jenes Vorurteils vom „hieratischen" Ägypten. In Wahrheit aber waren die Bewohner des Niltals schon im Altertum ein munteres, betriebsames Volk von echt orientalischer Lebhaftigkeit, ihren heutigen Nachkommen, den Fellachen, gewiß nicht unähnlich, die, wie jeder Besucher des „Fischmarktes" in Kairo weiß, an Behendigkeit, Zudringlichkeit und Geschrei hinter keinem Neapolitaner oder Armenier zurückstehen.

Woher kam aber dieses falsche Bild? Ganz offenbar von der ägyptischen Kunst, die in der Tat in ihren repräsentativen Darstellungen immer etwas Steifes, Gebundenes und schablonenhaft Feierliches gehabt hat. Jedermann kennt die bis zur Karikatur typischen Stellungen, die auf ägyptischen Bildern der Audienz gebende König, der um Gnade flehende Feind, der opfernde Priester, der Bogenschütze usw. einnehmen. Das Konventionelle der Zeichnung führt häufig bis zu ausgesprochenen perspektivischen Fehlern, so daß die Figuren bisweilen an die Knabenzeichnungen des Malers Klecksel erinnern, von dem Busch sagt: „Zunächst mit einem Schieferstiele macht er Gesichter im Profile; zwei Augen aber fehlen nie, denn die, das weiß er, haben sie." Wenn der ägyptische Künstler auch nicht gerade so weit geht, ein Profilantlitz mit zwei Augen auszustatten, so malt er zu diesem doch wenigstens ein Enface-Auge und zu Profilbeinen eine Enface-Brust, und zwar prinzipiell. Und hiermit kommen wir denn auch zu dem wahren Verhältnis zwischen ägyptischer Kunst und ägyptischer Wirklichkeit. Was sie auf ihren Bildern darstellten, war eine bestimmte offizielle Anschauungsweise, die das Tatsächliche absichtlich und grundsätzlich unrichtig wiedergab. Es fehlte ihnen durchaus nicht an der Gabe naturalistischer Darstellung: die berühmte Holzfigur des sogenannten „Dorfschulzen" ist ein Meisterwerk lebenswahrer, individualisierender Porträtkunst; noch höher ist vielleicht der „Schreiber" zu stellen, wenn man bedenkt, wie schwer es ist, in Stein naturalistisch zu arbeiten; ferner ist zu beachten, daß „mindere" Leute, wie Fischer und Metzger, und Ausländer, wie Asiaten und Äthiopier, auf den Bildern fast immer in richtiger Perspektive und viel lebendiger und realistischer gezeichnet sind; aber eine Persönlichkeit der guten ägyptischen Gesellschaft nicht mit dem typischen vorgesetzten Bein, dem ausdruckslosen Lächeln und der ganz unmöglichen flachen Handstellung abzubilden, wäre ganz einfach „shocking" gewesen.

Kunst, insbesondere die bildende, ist allemal der Ausdruck dessen, was man gern sein möchte, nicht dessen, was man ist. Auch die Griechen haben ja in ihren Göttern nur das Ideal von Abgeklärtheit, Heiterkeit und Besonnenheit gebildet, nach dem sie sich zu allen Zeiten sehnten, ohne es je auch nur annähernd zu erreichen; und aus dieser Verkennung ihrer Kunst entstand der ganze Irrtum des Winckelmannschen Klassizismus, der für die deutsche Kultur so bedeutsame Folgen gehabt hat. Man kann fast axiomatisch den Satz aufstellen: die Kunst eines Volkes verhält sich zu seiner Realität wie die Komplementärfarbe. Man sei daher vorsichtig mit Bezeichnungen wie „primitiv", denn oft ist das Primitive in der Kunst gewollt und nichts anderes als die Kehrseite höchsten Raffinements. Die alten Ägypter waren ganz einfach – Expressionisten.

Ihr Stilisieren um jeden Preis, ihr gewaltsames Sichwegwenden von der Natur, ihr Verdünnen und Schematisieren der Wirklichkeit ist um so merkwürdiger, als es selten ein so völlig praktisch orientiertes Volk gegeben hat. Ihre wissenschaftliche Tätigkeit verfolgt ausschließlich nützliche Zwecke, ihre Dichtung, ihre Staatseinrichtungen, ihre Vorstellungen vom Jenseits und der Götterwelt – alles atmet denselben nüchternen, rationalistischen Geist der Ordnungsliebe, Opportunität und Pedanterie. Aber in ihrer Pedanterie liegt eben der Schlüssel zum Verständnis ihrer wirklichkeitsfeindlichen Kunst. Sie waren nämlich ein Volk von Bureaukraten. Niemals vorher oder nachher hat es irgendwo auf der Welt noch so viele, umständliche und peinlich befolgte Formalitäten, Zeremonien und Titulaturen gegeben, und nirgends auf der Welt ist so viel geschrieben worden wie im alten Ägypten: es wird einfach alles notiert. Diesem für die Zeitgenossen zweifellos peinlichen Umstand verdankt ja die Nachwelt ihre erfreulich genauen Kenntnisse von Ägypten.

Der große Alois Riegl hat einmal für die ägyptische Kunst ein herrliches Wort geprägt: er sagt, das Bestimmende sei bei ihr die Raumscheu. Man kann mit einem einzigen Wort das ganze Wesen einer Jahrtausende währenden Form des Sehens wohl nicht gut prägnanter und treffender zusammenfassen. In der ägyptischen Plastik gibt es keine einzige freistehende Figur, auch in der Zeichnung klebt alles bei ihnen am Hintergrund, alles ist Fläche, sie sehen im Grunde nur zweidimensional. Von hier aus erklärt sich das ganze Geheimnis ihrer Eigenart. Sie wagten sich niemals auf das freie Meer hinaus, hatten nicht den „Zug zur Expansion", der sonst große Völker kennzeichnet. Sie traten auch geistig niemals in den vollen Raum des Weltlebens und der Weltgeschichte. Sie hatten keine Philosophie, sie hatten kein Drama, ja eigentlich auch keine Religion. Sie vergötterten die Sonne, die Tiere, den Nil, die ganze heilige Natur und blieben dazu bestimmt, selbst immer nur ein großes Stück Natur zu bleiben, fruchtbar und tätig, aber stumm und unfähig, aus sich herauszutreten. Und so lebten sie in ihrer stillen, zufriedenen Raumscheu drei Jahrtausende, fünf Jahrtausende, ja, wie die neuesten Forscher behaupten, zehn Jahrtausende lang. Neben ihnen erscheint die Geschichte des göttlichen Griechenland wie ein kurzes Fieber, das ungeheuere römische Weltreich wie eine hingeworfene Anekdote. Und indem man dieses bescheidene und doch so dauerhafte Walten, dieses von Tieren abgelauschte demütigsichere Fürsichleben der alten Ägypter betrachtet, möchte man versucht sein, zu sagen: Nein! Sie hatten Religion, die einzige, die es gibt, und sie waren zehntausend Jahre vor Christus christlicher als alle die großen Völker, die sich heute christlich nennen.

ÜBER DILETTANTISMUS

In dem Augenblick, wo eine Sache anfängt, ein Beruf zu werden, und somit aufhört, etwas allgemein Menschliches zu sein, verliert sie zumeist ihre beste Kraft und ihren geheimnisvollen Reiz. Wir haben das nacheinander schon mit mehreren Berufen erlebt. Im Altertum war der Politiker Amateur, nämlich jeder Mensch war eben Politiker, es bedurfte dazu keines besonderen Befähigungsnachweises und keiner speziellen Vorbildung. Infolgedessen gab es im Altertum ein wirklich politisches Leben. Die Politiker zerfielen in Begabte und Unbegabte, aber keineswegs in Berufene und Unberufene. Man denkt mit modernem Entsetzen an die Mißstände in Griechenland und Italien, an die athenische Demokratie und die römische Plebs – nun ja: aber wenn sich die Menschen wirklich für staatliche und militärische Dinge interessieren sollen, dann müssen sie auch in alles dreinreden dürfen. Heute interessieren sich für Politik nur einige Fachmenschen, die auf diese Dinge ihr ganzes Leben gedrillt werden, und einige beschränkte Provinzler und Kleinbürger, die sich kein besseres Biergespräch wissen. Der Gebildete liest in der Zeitung nach, was passiert ist, und wirft sie weg. Das ist heute unsere Stellung zur Politik. „Deutsches Reich“, „Großbritannien“, „Vereinigte Staaten“ sind staatsrechtliche Begriffe, und sonst nichts; aber „Rom“ und „Athen“ waren lebendige politische Realitäten.

Eine ähnliche Entwicklung hat auch unser religiöses Gefühl genommen. Heute ist Religiosität eine Spezialität bestimmter Menschen, die zehn Semester Theologie studiert haben. Im Mittelalter und in der frühen Neuzeit war der religiöse Mensch ebenso Amateur, wie es der politische Mensch im Altertum war.

Es mußte niemand nachweisen, ob er auch die nötigen Schulen oder Weihen habe, um in diesen Dingen mitsprechen zu dürfen. Daher waren religiöse Bewegungen und Neuschöpfungen, Wiedergeburten des Glaubens nichts Seltenes. Die Religiosität konnte sich aus sich selber heraus reorganisieren, wenn sie zu zerfallen drohte. Das war nur dadurch möglich, daß jeder Außenseiter mittun durfte. Denn die neuen Gedanken kommen fast immer nur von den Außenseitern. Der Fachmann, auch der geistig überlegenste, steht immer zu sehr in seinem Berufskreise, er ist daher fast nie in der Lage, eine wirkliche Revolution hervorzurufen: er kennt die Tradition zu genau und hat, ob er will oder nicht, zu viel Respekt vor ihr. Auch weiß er zu viel Einzelheiten, um die Dinge noch einfach genug zu sehen, und gerade damit fehlt ihm die erste Bedingung jeder wirksamen Neuentdeckung: denn wertvoll und fruchtbar sind immer nur die einfachen Gedanken.

Die Beispiele ließen sich noch beliebig vermehren. Erinnern wir uns an das Kunstleben der Renaissance. Jeder durfte malen, dichten und musizieren, natürlich auf die Gefahr hin, sich gehörig zu blamieren; aber Empfehlungen einflußreicher Kritiker und Atteste von Universitätsprofessoren brauchte man damals noch nicht, um überhaupt vor die Öffentlichkeit treten zu können. Ferner war damals der Straßenkampf, das Überfallen von Menschen und ähnliche Gewaltakte auch noch nicht die Spezialität einiger vom Staat dazu sorgfältig vorbereiteter und approbierter Berufsmenschen. Jeder nur einigermaßen zur guten Gesellschaft gehörige Mensch konnte vortrefflich schießen, stechen und totschlagen. Es ist ja natürlich sehr zu begrüßen, daß diese Dinge heutzutage in geordnete Bahnen gelenkt sind, aber das eine läßt sich nicht ableugnen, daß die Menschen damals auf diesem Gebiete unvergleichlich talentierter waren und weit Vorzüglicheres leisteten als heutzutage.

Mit einem Wort: die menschlichen Betätigungen haben nur so lange eine wirkliche Lebenskraft, als sie von Dilettanten ausgeübt werden. Es ist im Grunde daran gar nichts Unnatürliches; paradox ist das Gegenteil, und zwar aus zwei Gründen. Erstens, weil beim Dilettanten, beim Amateur das, was er gerade betreibt, nichts von ihm Losgelöstes ist, sondern sich mit seinem ganzen Menschen deckt. Er ist nicht gewissermaßen in zwei Hälften gespalten: die Vormittags- und Nachmittagshälfte schreibt mit großer Emsigkeit, Sachkenntnis und Sorgfalt eine Geschichte des spanischen Erbfolgekrieges, ist unter diplomatischen Finessen, Generalstabskarten, Kanonaden, brennenden Kastellen und eleganten Kurtisanen zu Hause, und die Abend- und Nachthälfte sitzt im Wirtshaus und spielt Skat. Das sind keine lebendigen Identitäten. Aber die Memoiren und Geschichtsbücher aus früheren Zeiten waren das. Und so ist es mit allen Dingen, die berufsmäßig betrieben werden. Man kann im Gegenteil sagen: sie alle haben etwas Dilettantisches; irgendeine Einseitigkeit, Beschränktheit, Subjektivität, einen zu engen Gesichtswinkel. Nur beim Dilettanten decken sich Mensch und Beruf; und darum strömt bei ihm der ganze Mensch in seine Tätigkeit und sättigt sie mit seinem ganzen Wesen, und dann entstehen jene wirklich mit Blut gefüllten, reichen Schöpfungen, die voll von sachlichen Fehlern und Ungeschicklichkeiten sind, die aber kein gelernter Fachmann jemals zustandebringt.

Der zweite Grund dafür, daß nur Dilettantismus fruchtbar ist, liegt darin, daß der Dilettant von seinen Fähigkeiten und sogar von seiner ganzen Tätigkeit so gut wie nichts weiß. Er schafft vollkommen unbewußt, ganz von selber, wie ein Baum, der Früchte abwirft. Es kommt ihm niemals in den Sinn, nach seinem „Können" zu fragen. Können: diesen Begriff kennt er gar nicht. Er wird auch niemals gewahr, daß er „arbeitet". Für ihn ist das keine Arbeit; er könnte ebensogut Essen und Trinken als mechanische Arbeitsleistung werten. Nun sind aber gerade die Tätigkeiten, von deren Wesen und Bedeutung man nichts weiß, die allerwertvollsten, eigentlich die einzig wertvollen. Der Mensch, und zumal der Künstler, gleicht einem Schlafwandler: er setzt mit größter Sicherheit seinen Fuß über Abgründe, klettert äußerst gewandt über Dächer und Türme, aber wenn man ihn anruft und ihm expliziert, was er da mit größter Geschicklichkeit vollbringt, so fällt er sofort herunter.

Die ganze Geschichte der Wissenschaften ist ein fortlaufendes Beispiel für den Wert des Dilettantismus. Das Gesetz von der Erhaltung der Energie verdanken wir einem Bierbrauer namens Joule. Auf welche Weise die Dampfmaschine erfunden wurde, weiß jedes Kind, wie man zugeben wird, auf einem nicht sehr wissenschaftlichen Wege. Fraunhofer war Glasschleifer, Faraday Buchbinder. Goethe entdeckte den Zwischenkieferknochen, Pfarrer Mendel sein grundlegendes Bastardierungsgesetz. Der Herzog von Meiningen, ein in den Künsten dilettierender Fürst, ist der Schöpfer eines neuen Theaterstils, und Prießnitz, ein in den Wissenschaften dilettierender Bauer, der Schöpfer einer neuen Therapie. Dies sind bloß Beispiele aus dem neunzehnten Jahrhundert und gewiß nur ein kleiner Bruchteil.

Wir kommen heutzutage mit Gehirnen zur Welt, die gleichsam schon gefächert sind. Wir vermögen uns nicht vorzustellen, daß ein Mensch mehr als e i n e Sache kann. Wir kleben jedem eine bestimmte Etikette auf und sind erstaunt, mißtrauisch, beleidigt, wenn er sich nicht an diese Etikette hält. Wir bemerken jedoch in wirklich kultivierten Zeiten bei sämtlichen begabten Menschen die größte Vielseitigkeit. Sie beschäftigten sich mit allem und konnten auch alles. In Griechenland war ein Mensch, der für hervorragend gelten wollte, genötigt, in nahezu allem hervorzustechen: als Musiker und Rhetor ebensogut wie als Feldherr und Ringkämpfer. Der Spezialist wurde von den Hellenen geradezu verachtet: er galt als „Banause“. Und vollends in der Renaissance war Begabung, virtù einfach dasselbe wie Vielseitigkeit. Ein begabter Mensch war damals ein Mensch, der so ziemlich alle Gebiete beherrschte, auf denen sich Begabung zeigen läßt. Nur in entarteten Kulturen taucht der Spezialist auf.

Und schließlich muß man sich klar machen, daß „Dilettantismus“ nahezu immer die Form ist, in der sich das Neue äußert. Als die naturalistische Schule in der Schauspielkunst aufkam, wurden ihre Hauptvertreter Rittner, Sauer, Reicher, die Lehmann sofort als Dilettanten verschrien. Man behauptete, sie hätten keine Ahnung vom Theaterspielen, sie könnten weder eine Rede gliedern, noch ihren Körper ebenmäßig bewegen. Von Richard Wagner erklärte man ebenfalls, er sei ein vollkommener Laie in der Musik, er wisse nicht einmal, wie man eine Fuge schreibt. Ebenso erging es Monet und den übrigen Impressionisten: man sagte, sie verstünden nicht zu zeichnen; und von Nietzsche behaupteten sämtliche Philosophieprofessoren, er sei unfähig, systematisch zu denken. Nun lag aber die Sache sehr einfach: Nietzsche *wollte* gar nicht systematisch denken, denn er fand, das sei nur eine Eselsbrücke für Menschen, die nicht zu Ende denken könnten; Richard Wagner wollte gar nicht kontrapunktieren, weil er die bisherige Harmonielehre für einen Unsinn hielt, die naturalistischen Schauspieler hatten mit vollem Bewußtsein auf schönes Sprechen und abgerundete Bewegungen verzichtet und die Impressionisten verachteten die Kunst des Zeichnens, weil sie beobachtet hatten, daß die Kontur etwas ist, das in der Wirklichkeit nirgends vorkommt. Und so käme man denn zu dem Resultat: ein Dilettant ist sehr oft nichts anderes als ein Mensch, der eine neue Technik hat.

BAROCK

Eine umfassende Kulturgeschichte der Barockzeit ist noch nicht geschrieben. Für sein gemeinsam mit Julius Bab verfaßtes Werk „Wien und Berlin“ hat Willi Handl ein außerordentlich aufschlußreiches und feinfühliges Kapitel über die Wiener Barocke beigesteuert. Hermann Bahr hat in seinem Buch über Wien ein paar wunderschöne Gedanken zu diesem Thema geäußert und in seinem Buch über Expressionismus eine Schrift über Barockkunst angekündigt; und so lange werden wir wohl warten müssen, denn nur ein Kulturpsycholog ersten Ranges und Meister der seelischen Vivisektion wird imstande sein, dieses Problem endgültig zu lösen. (Und es ist zu befürchten, daß wir ziemlich lange warten werden, denn nicht ohne Befremden haben die Verehrer dieses freien und reichen Geistes erfahren, daß er sich von jetzt an nur noch dem Theater widmen will, dessen Welt wohl für eine in ihrer Beschränktheit starke Potenz wie Laube oder Antoine taugte, für ihn aber unbedingt zu eng, zu klein, zu subaltern ist.) Aber jeden Freund geistiger Komplikationen muß es schließlich reizen, sich über das Wesen der Barockzeit irgendeine Meinung zu machen.

Meine Ansicht über die Barocke ist diese: sie bedeutet die Alleinherrschaft des rechnenden, ordnenden, zerlegenden Verstandes, der das aber nicht wahr haben will und sich daher in tausend abenteuerliche Masken und künstliche Verkleidungen flüchtet. In unserer Vorstellung ist der Rationalismus der Barocke verdeckt durch Theaterekstatik, monströsen Pomp und wundersüchtige Treibhausreligiosität. Aber das ist nur die glänzende Front einer kahlen und nüchternen Innenarchitektur der Seele. Wenn der Barockmensch in üppigen Formen, leuchtenden Farben und mystischen Verzückungen schwelgt, so trinkt er sich einen Rausch an, um der Langeweile und Prosa seiner reinen Verstandeskultur zu entrinnen. Für ihn ist die Kunst kein organischer Bestandteil seines täglichen Daseins wie bei den Griechen oder den Menschen der Renaissance, sondern ein Kostümfest, bei dem es dann freilich nicht geschmückt und lärmend genug hergehen kann.

Die Barocke stellt den Höhepunkt einer Entwicklung dar, die etwa mit der Reformationszeit einsetzte. Damals zum erstenmal seit dem Ausgang der Antike gelangte der menschliche Verstand zur vollen Erkenntnis seiner selbst und der ihn umgebenden Wirklichkeit: er erwacht, blickt um sich und bemerkt, daß ihm die Welt gehört. Er beginnt alles zu durchdringen: Himmel und Erde, Wasser und Licht, das unendlich Große und das unendlich Kleine. Nur zu natürlich, daß er infolgedessen glaubt, er sei allein auf der Welt und den Versuch macht, alles rein verstandesmäßig, szientifisch, nur mit den Hilfsmitteln der Logik und Methodik zu begreifen: die Beziehungen der Menschen untereinander und ihr Verhältnis zu Gott und Jenseits, das Walten der Natur und die Gesetze der Kunst. Diese Betrachtungsweise beherrscht die folgenden zweihundert Jahre und kulminiert in der zweiten Hälfte des XVII. Jahrhunderts, der Blütezeit der Barocke, wo sich die Ansicht festsetzt, daß schlechterdings alles erlernbar sei und zum Gegenstand einer höchst bewußten, streng wissenschaftlich fundierten Virtuosität gemacht werden müsse: es ist die Zeit der Poetiken und der Dramen Corneilles und Racines, von denen wir heute den Eindruck haben, als seien sie mit dem Lineal gemacht; aber auch in den Gebäuden, ja selbst in den Gärten, die jene Menschen bewohnten, herrscht der Geist der Ordnung und Systematik, der sauberen Übersichtlichkeit und kühlen Logizität. Daneben bemerken wir einen handfesten Utilitarismus, der ja stets die Begleiterscheinung des Rationalismus zu bilden pflegt. Die Lebensanschauung war vorwiegend ökonomisch orientiert, die Moral vertrat den platten Nützlichkeitsstandpunkt. Nie hat das Essen und Trinken eine größere Rolle gespielt als zur Barockzeit, und zwar weniger was die Qualität als was die Quantität anlangt: was unser Erstaunen erregt, sind in erster Linie die ungeheuren Mengen von Speisen und Getränken, die bei einer damaligen Gasterei vertilgt wurden. Auch die Liebe ist eine bloße Sache des massiven Genusses, eine durchaus fleischliche Angelegenheit, ja, man macht selbst aus der Frömmigkeit ein geradezu sinnliches Vergnügen.

Die stärkste und wesentlichste Funktion des Verstandes besteht nun darin, daß er analysiert, das heißt: auflöst, trennt, scheidet, isoliert. Und in der Tat kann man beobachten, daß es in jener Zeit eigentlich nur einzelne Individuen gibt. Die Menschen bilden untereinander bloße Aggregate, keine wirklichen Verbindungen. Die Zünfte sind aufs äußerste detailliert und aufs strengste voneinander gesondert. Der Brotbäcker darf keine Kuchen backen, der Schmied keine Nägel fabrizieren, der Schneider keine Pelze verkaufen. Die Hierarchie der Stände wird aufs peinlichste betont. Der Hof ist von den übrigen Menschen vollkommen abgeschlossen. Und über diesem steht, wiederum gänzlich getrennt, losgelöst, absolut der Herrscher: wir sind in der Blütezeit des Absolutismus. Diese Umstände bringt auch die Gesellschaftstheorie jener Zeit zum Ausdruck, die sogenannte Lehre vom Naturrecht, die den Staat durch freiwilligen Zusammentritt vollkommen selbständiger Einzelpersonen entstehen läßt. Ferner gelangt die atomistische Naturerklärung zur allgemeinen Anerkennung, die das gesamte physische Geschehen in eine Bewegung von isolierten kleinsten Massenteilchen auflöst. Auch die Malerei zeigt den Menschen ganz und gar nicht eingehüllt in einen Dunstkreis von Licht und Farben, der ihn in unmerklichem Übergang mit seiner gesamten Umwelt verbindet, wie wir das auf heutigen Bildern zu sehen gewöhnt sind, sondern scharf umrissen und konturiert steht er da, man könnte ihn mit der Schere aus dem Bild herausschneiden. Und eine Disziplin ist überhaupt erst damals zum Range einer wirklichen Wissenschaft emporgestiegen: die Mechanik. Das ist sehr charakteristisch. Eine Sache vollkommen verstandesmäßig erklären, heißt, sie mechanisch erklären; andernfalls bleibt immer irgendein irrationaler Rest zurück. Das Ideal, das der Zeit vorschwebte, bestand nun darin, das mechanische Prinzip auf das Leben und den gesamten Weltlauf auszudehnen, um auch diesen ganz wie eine Maschine auseinandernehmen, in allen seinen Teilen erklären und in allen seinen Bewegungen ausrechnen zu können. Und selbst für die Manieren, die jene Menschen als die wirklich feinen und weltmännischen aufstellten, dient das Benehmen einer mechanischen Drahtpuppe zum Vorbild.

Aber weil nun jeder Mensch damals vollkommen solitär lebte, bildete er auch sein Eigenleben zu einer bis dahin unerhörten Feinheit und Kompliziertheit aus. Jeder war zwar nur eine Welt für sich, aber eben eine Welt, ein Mikrokosmos. Es ist nichts weniger als ein Zufall, daß gerade damals das Mikroskop erfunden wurde: ein neues Reich des unendlich Kleinen tat sich auf und brachte die erstaunlichsten Aufschlüsse. Man entdeckte die Pflanzenzellen, die Infusorien, die Samenfäden, die Blutkörperchen: eine Fülle von erstaunlichsten Perspektiven, alle gewonnen durch die liebevolle Versenkung ins unendliche Detail. Um dieselbe Zeit wurde die Infinitesimalrechnung begründet, auf der die gesamte Entwicklung der modernen Mathematik und Physik beruht. Und was noch wichtiger ist: auch auf dem Gebiet der Psychologie erwarb man sich das Witterungsvermögen für Differentiale. Wie die Kugel begriffen wird aus der Summe unzähliger Kegel, so begann man damals die menschliche Seele zu begreifen als den Inbegriff zahlloser kleiner Vorstellungen, die aber gerade das Individuum in seiner Einzigartigkeit zusammensetzen: eine Art Seelenmikroskopie entsteht, die freilich nicht selten auch in geistige Myopie ausartet. Eine übertriebene Vorliebe für die Miniatur, die Niaiserie, etwas Tüfteliges und zugleich Gravitätisches liegt dem Barockmenschen im Blute. Mit einer beispiellosen Beseelung gerade der starrsten und monumentalsten Kunst: der Plastik, die zum Ausdrucksmittel für innerste Gemütsbewegungen, leidenschaftlichste Verzückungen, zärtlichste und subtilste Erregungen wird, verbindet sich ein Hang zur Kleinkrämerei auf allen Gebieten der bildenden Künste: wohin man blickt – ein Gewirr von Säulen, Knöpfen, Kartuschen, Girlanden, Muscheln, Fruchtschnüren. Auch die Natur wird verkräuselt und verzierlicht: die Gärten sind angefüllt mit Kaskaden, Terrassen, Grotten, Urnen, Glaskugeln, „Vexierwässern"; das Kostüm strotzt von Posamenterien, Spitzen, Tressen, Brokat, die Umgangssprache bewegt sich in künstlich gefeilten Wortspielen und spitzfindigen Antithesen. Sogar im Gesicht findet sich ein Ornament: das unentbehrliche Schönheitspflästerchen. Das ganze Weltbild der Zeit ist ein Mosaik aus jenen „perceptions petites", den unendlich kleinen Vorstellungen, und jeder Mensch ist eine Monade, in sich abgeschlossen, ohne Fenster, allein auf seinem Sonderplatz in einem sorgfältig abgestuften Kosmos, in dem alles prästabiliert, vorherbestimmt seinen mechanischen Lauf geht wie in einem Uhrwerk und der darum für die beste aller Welten gilt. Denn man war tiefinnerlich überzeugt, das Bewundernswerteste und Prächtigste, das Kunstvollste und Geistreichste sei eben doch eine gutgehende Uhr.

Wie man bereits bemerkt haben wird, habe ich mich einiger Ausdrücke bedient, die der Philosophie Leibnizens entnommen sind. Und in der Tat: niemand hat den Sinn der Barocke tiefer und verständiger zum Ausdruck gebracht als Leibniz in seiner „Monadologie". Hier steht der Mensch der Zeit vor uns, losgelöst von äußerlichen Zufälligkeiten, in seinem innersten Wesenskern erfaßt. Es ist doch etwas Großes um so einen Philosophen: er zeigt den Bautypus, das innere Skelett, das allen Mitlebenden gemeinsam ist wie den einzelnen Exemplaren einer zoologischen Spezies. In seiner Tätigkeit liegt etwas

Göttliches: ganz wie der liebe Gott entwirft auch er den Aufriß und Grundplan, nach dem die ganze Menschheit eines bestimmten Zeitalters geformt ist, nur mit einem kleinen Unterschied – er entwirft ihn hinterher.

FRIEDELL ALS BUCHAUTOR

Wissen heißt die Tat wegwerfen, so läßt Friedell bereits seinen Pilatus[1]* räsonieren. Die Frage, ob und wie Reflexion und Tat miteinander vereinbar sind, zieht sich lebenslang durch seine Schriften. Er hat auf jeden Fall mit Lust viel gedacht, *wahrscheinlich die furchtbarste und fruchtbarste Leidenschaft*[2], und sich trotz legendären Phlegmas in zahlreichen Tätigkeiten versucht. Mühelos verstand er es dabei, Gegensätze in sich zu vereinigen, so daß er am leichtesten in Paradoxa faßbar ist: als schauspielender Schriftsteller, promovierter Kabarettist, pedantischer Bohémien, als geselliger Einzelgänger, gläubiger Freigeist, Berufsdilettant . . . Ob er damit für sich „das Dritte" gefunden hat, bleibe hier dahingestellt.

Daß er vor, auf und hinter der Bühne fast alle einschlägigen Berufe ausgeübt hat, darüber wird er im Folgeband selbst berichten. Über seine vielfältigen Beziehungen zu Presse- und Verlagshäusern gibt es dagegen keine eigenhändige Darstellung, so daß hier einige Anmerkungen zu Friedells Erfahrungen als Buchautor angebracht sind.

Der Auftakt für den Wiener Studenten der Philosophie war verheißungsvoll. Nur wenige Tage nach seiner Promotion brachte Bruckmann in München die Dissertation des Sechsundzwanzigjährigen über Novalis heraus. Solchermaßen für die Kabarettlaufbahn „gerüstet"[3], betätigte er sich zwischen seinen Auftritten als Essayist, Herausgeber und Übersetzer. Ihm, dem Genie-Verehrer, machte es zeitlebens Freude, das Werk anderer Geistesgrößen dem Publikum zugänglich zu machen.[4]

Als Lothar Brieger-Wasservogel in Stuttgart Auswahlbände unter dem Motto „Aus der Gedankenwelt großer Geister" herausgab, zeichnete Egon Friedmann als Fridell und später als Friedell für drei der ersten zwölf Bände verantwortlich.

Dann brach diese produktive Zusammenarbeit ab; eine vergleichbare Kooperation hat sich in seinem weiteren Leben allenfalls noch mit Heinrich Beck ergeben. So kamen seine insgesamt 22 Werke bei 15 verschiedenen Verlegern heraus, eine fast erschreckende Statistik. Ob dies Ursache dafür oder Folge davon war, daß außer der ‚Kulturgeschichte der Neuzeit' fast kein Werk zu seinen Lebzeiten eine zweite Auflage erlebte, ist kaum zu beantworten.

Dabei knüpfte sich 1910, als mit dem ‚Lichtenberg' der dritte Auswahlband erschienen war, eine neue, verheißungsvolle Beziehung an. Samuel Fischer[5] persönlich gab bei Friedell eine Biographie des von ihm verlegten Peter Altenberg[6] in Auftrag. Als langjähriger engster Freund dieses Urbilds aller Caféhaus-Dichter schien Friedell dafür prädestiniert. Doch der *Eckermann Altenbergs*, wie er sich gern im Kabarett einführte, hatte mehr im Sinn: er stellte *die Frage nach den allgemeinen Artmerkmalen des Dichters* und versuchte *eine Art Naturgeschichte des Menschen nach 1900*[7]. Der biographische Anteil des Buches schrumpfte dadurch auf knapp die Hälfte. Der Verleger, durch diese Eigenmächtigkeit brüskiert, druckte zwar die Mindestauflage, tat aber nichts für ihren Absatz. Vergeblich machte der Autor Reklame[8] für sein Werk – es blieb ohne Resonanz; seltenes Beispiel dafür, daß Verleger ihr eigenes Produkt boykottieren.[9] Seitdem wartet die eigentlich erste Kulturgeschichte Friedells vergebens auf eine Neuauflage . . .

Vielleicht als Reaktion darauf entwickelte der Herausgeforderte eine Spezialität zur Perfektion: Neuausgaben nach dem Baukastenprinzip, in Modul-Technik! Als Pedant am Schreibtisch sammelte er alles, was von ihm erschienen war. Einmal treffend formulierte Passagen und Artikel verwendete er selbstplagiatorisch für und als neue Publikationen. Auf diesem Umweg erlebten seine Kernsätze dann doch Neuauflagen eigener Art.

Daraus konnten groteske Situationen entstehen: Anfang 1925 wurde Friedell beschuldigt, heimlich vom Freud-Schüler Wilhelm Stekel[10] abgeschrieben zu haben. Groß war die Überraschung, als der Beschuldigte nachwies, daß „Plagiator" wie „Plagiierter" aus derselben Quelle geschöpft hatten: einem Friedell-Artikel aus dem Jahre 1910*, der wiederum auf einen ebensolchen von 1908* zurückgriff! Statt selbst Klage zu erheben, übernahm Friedell das corpus delicti auch noch in die ‚Neuzeit'.[11]

Gerade die ‚Kulturgeschichte der Neuzeit'[12] reifte um solche Kristallisationspunkte. Frühestes Beispiel ist der Essay ‚Der Haß des Künstlers'*, dessen Teile 23 Jahre später nahtlos in den ersten und dritten Band integriert worden sind. Nahtlos, das ist dabei wesentlich. Stilforscher hätten ihre liebe Not, hier den jungen vom „reifen" Friedell sauber zu scheiden. Allerdings steht diese Arbeit nicht an, da das Werk nicht unter „Literatur" geführt wird ...

Nach ‚Ecce Poeta' entstanden etliche Bücher in diesem eigenwilligen Verfahren: Aus Zeitungen oder Zeitschriften stammte, was er als ‚Das Jesusproblem' und ‚Von Dante zu d'Annunzio' edierte. Der zu Recht so benannte ‚Steinbruch' (1922) versammelte fast ausschließlich Aphorismen aus früheren Publikationen; die ‚Kleine Philosophie' von 1930 war dann noch einmal Auswahl dieser Auswahl.

1924 kündigt er in einem Zeitungsinterview seine ‚Neuzeit' an. Was er ab jetzt in Periodika veröffentlicht, sind Vorabdrucke, keine potentiellen Bausteine. Bereits im Herbst 1925 liegt der erste Band gedruckt bei Ullstein, doch da beginnt eine neue Groteske. Der Verleger bekommt Angst vor der eigenen Courage und will erst das komplettierte Werk in den Verkauf bringen. Friedell: *Ich begreife ja, daß der Verlag vor einer Kulturgeschichte Angst hat, aber die bisherigen Kulturgeschichten sind nur deshalb von den Lesern gemieden worden, weil sie von Kulturhistorikern geschrieben waren. Daß es sich aber im vorliegenden Falle um keine derartige solide Arbeit handelt, dafür bürgt, denke ich, sowohl der Name des Verlages wie der des Verfassers.*[13]

Trotzdem tritt Ullstein zurück, mindestens fünf weitere Verlage sagen ab. Erst Beck in München greift zu und wird für seinen Mut belohnt. Der nun im Mai 1927 erscheinende erste Band schlägt ein, große Literaten – Döblin, Hesse, Th. Mann, St. Zweig – begeistern sich ebenso wie das breite Publikum; Neuauflagen, bislang ein Fremdwort für Friedell, werden in rascher Folge gedruckt. Und der Erfolg macht auch an den Grenzen nicht halt. Noch vor Auslieferung des abschließenden dritten Bandes erscheinen Übersetzungen in England und in den Vereinigten Staaten. Bis zum Tod des Autors werden auch schwedische, norwegische, dänische und finnische Ausgaben veranstaltet. Nur die Klassifizierung wird zum Problem. Die Germanisten verweisen es an die Historiker, die wiederum stören sich nicht zuletzt an der schauspielerischen Gegenwart des Autors.[14] Erst nach einem halben Jahrhundert begegnet man wieder dem Urteil, daß es sich um *ein großes Buch der deutschen Literatur, einem ‚Zauberberg' rangmäßig ebenbürtig handle.*[15] Die von Friedell überarbeitete letzte Fassung dieses Meisterwerkes wartet immer noch auf ihre Herausgabe ...

Der Erfolg der ‚Neuzeit' brachte einen Anschlußauftrag für das Altertum. Doch während der Abfassung wurde ihm seine jüdische Abstammung zum Verhängnis: Die ‚Neuzeit' wurde in Deutschland verboten, der erste Band des ‚Altertums' mußte in der Schweiz erscheinen. Nur Tage nach dem „Anschluß" Österreichs flüchtete er am 16. 3. 1938 in den Tod; aus seinem Nachlaß konnten lediglich zwei weitere Kapitel des ‚Altertums'[16] und die später mehrfach umbenannte Novelle ‚Reise in die Vergangenheit'[17] gerettet werden.

Friede wird sein, wenn man den Friedell wieder überall kaufen kann, so sinnierten Kenner im Krieg.[18] Ab 1946 gibt es „ihn" wieder, die Kulturgeschichten und Auswahlbände.[19] Hier tritt nun ein merkwürdiges Phänomen auf. Seine Modul-Technik wird von den Herausgebern in eigener Regie fortgesetzt. Das Oeuvre – veröffentlicht oder unpubliziert – dient erneut als „Steinbruch“, aus dem jetzt nach Lust und Laune Trümmer herausgebrochen, zerteilt, zubehauen und neu benannt werden, ohne daß Herkunft, Erscheinungsdatum, Auslassungen oder zumindest Veränderungen vermerkt würden. Hatte Friedell mit Hingabe sein Leben in eine Legende umgedichtet, leitete die Nachwelt daraus die Ermächtigung ab, sein Werk nach Willkür zu verzerren.

Die vorliegende Auswahl entstand aus dem Wunsch heraus, unbekannte Arbeiten in ihrer besten Fassung vorzulegen. Jahrgangsweise wurden zunächst Zeitungen und Zeitschriften auf einschlägige Veröffentlichungen durchsucht. Neben vielen Neuentdeckungen – das Werkverzeichnis umfaßt mittlerweile 530 Titel – konnten auch die meisten bislang nur undatiert bekannten Essays jetzt chronologisch eingeordnet werden. Dann begann das mühselige Puzzle-Spiel, Ursprung und Varianten der einzelnen Aufsätze zu ermitteln. Im „Standardfall“ erschien ein Artikel zunächst im ‚Neuen Wiener Journal‘, Wochen, aber auch Jahre später dann in der Berliner Schau- bzw. Weltbühne, schließlich abgewandelt in einer dritten Zeitschrift oder in der ‚Neuzeit‘.

Manchmal wird es auch komplizierter: Von den drei Schaubühne-Artikeln ‚Der Dichter‘* aus dem Jahre 1910 finden sich etliche Wendungen in ‚Ecce Poeta‘, ein größerer Abschnitt erschien zum Jahresbeginn 1913 als ‚Idealismus‘ im Neuen Wiener Journal, wo 1916 auch das letzte Drittel unter ‚Die Kunst als Selbstzweck‘ zu lesen war; 17 Jahre später brachte schließlich der Frankfurter ‚Querschnitt‘ einen letzten Auszug, diesmal unter dem Titel ‚Idealismus, Güte, Intelligenz‘.

Es wäre verwegen zu behaupten, daß sämtliche Publikationen mit all ihren Querbezügen inzwischen bekannt seien. Zur Erreichung dieses Zieles bedarf es nicht zuletzt weiterführender Hinweise stiller Friedell-Enthusiasten. Vollständigkeit konnte also im vorliegenden Band nicht angestrebt werden, wohl aber Textgenauigkeit; außerdem sollten die Beiträge bislang in keiner früheren Auswahl und höchstens auszugsweise in den Kulturgeschichten enthalten sein. Einige Überschneidungen sind beabsichtigt, um Friedells editorische Technik zu illustrieren.

Die chronologische Reihenfolge wurde gewählt, um deutlich zu machen, auf welch verschiedenen Bereichen sich sein enzyklopädischer Geist gleichzeitig betätigte. Außerdem widerspräche eine Parzellierung z. B. nach Philosophie, Geschichte, Humoreske usw. der grundsätzlichen Lebenshaltung Friedells aufs entschiedenste.

Eine zwanglose Teilung der ausgewählten Arbeiten in zwei Bände ergab sich mit Ende des ersten Weltkrieges, ohne daß sein Werk deshalb in eine monarchistische und eine republikanische Hälfte zerfiele.

Die Auswahl spiegelt wesentliche Aspekte seines Lebens wider. So enthält sie Beispiele seiner Monologe aus der Frühzeit des Kabaretts, seiner Conférencen[20], seiner Theaterkritiken und von Buchkritiken des unermüdlichen Lesers, und sie zeigt den „pränatalen" Kulturgeschichtler, den engagierten Philosophen des Alltags, den Satiriker und Humoristen, den ... Sollten all diese Absichten erfüllt sein, hätte ein neues Kapitel von „Friedell und seine Bücher" begonnen.

Heribert Illig

ANMERKUNGEN ZUM NACHWORT

1 Sternchen weisen darauf hin, daß der erwähnte Essay in dieser Auswahl enthalten ist.

2 Vgl. S. 135

3 „Geboren am 21. Jänner 1878 in Wien, zweimal in Österreich und zweimal in Preußen maturiert, beim viertenmal glänzend bestanden. In verhältnismäßig kurzer Zeit in Wien zum Doktor der Philosophie promoviert, wodurch ich die nötige Vorbildung zur artistischen Leitung des Kabaretts ‚Fledermaus' erlangte." Friedell über sich zum 60. Geburtstag; 14. 1. 1938, Neues Wiener Journal.

4 Noch kurz vor seinem Tod schloß er die Übersetzung eines Textes des Geschichtsphilosophen Hippolyte Taine (1828 - 1893) ab, mit der er als gefeierter Kulturhistoriker einem Vorgänger seine Reverenz erwies. Das unveröffentlichte Manuskript fiel den Nazis zum Opfer.

5 Samuel Fischer (1859 - 1934) machte seinen Berliner Verlag zum Mittelpunkt der deutschen Belletristik. Herausgeber u. a. von Bahr, G. Hauptmann, v. Hofmannsthal, Kafka, Th. Mann, Schnitzler, Wassermann, St. Zweig.

6 Zu Peter Altenberg (1859 - 1919) vgl. S. 56

7 Zitiert nach der Einleitung v. ‚Ecce Poeta'

8 Reklame macht er z. B. auf S. 181

9 Ungefähr 1935 schrieb Friedell: „Sami Fischer hat das Buch direkt bestellt, aber offenbar Lotzelach erwartet und es dann unter großem Herumgemäkel glatt sabotiert." Undatierter Brief an Hanns Sassmann.
Vgl. auch Anmerkung S. 292 zu ‚Ecce Poeta!'

10 Wilhelm Stekel (1868 - 1940), Psychoanalytiker der ersten Stunde

11 Veröffentlichungen der beanstandeten Passage fanden mindestens statt in:

E. Friedell:	Der Haß des Künstlers. Schaubühne, 10. 12. 1908
E. Friedell:	Der „zynische Mörder". Neues Wiener Journal, 30. 10. 1910
Wilh. Stekel:	Die Träume des Dichters, S. 27, Wiesbaden 1912
E. Friedell:	Der Haß des Künstlers. Neues Wiener Journal, 28. 11. 1920
E. Friedell:	Steinbruch, S. 74, Wien 1922
E. Friedell:	Die Dreiteilung der Menschheit. Neues Wiener Journal, 18. 1. 1925

E. Friedell: Kulturgeschichte der Neuzeit, München 1927 (S. 81 der Dünndruckausgabe)

Hanns Sassmann (1882 - 1944), Freund und späterer Co-Autor sowie Kufsteiner Nachbar Friedells, schrieb darüber die Glosse: ‚Egon Friedell als Plagiator. Die Geschichte einer Entlarvung', 15. 2. 1925, Neues Wiener Journal.
Außerdem Geza von Cziffra: ‚Egon Friedell – ein Plagiator', 10. 3. 1925, Weltbühne, Berlin.

12 ‚Kulturgeschichte der Neuzeit. Die Krisis der europäischen Seele von der Schwarzen Pest bis zum Weltkrieg'. 1. Band 1927, 2. Band 1928, 3. Band 1931

13 Undatierter Brief von Egon Friedell an Louis Ullstein, ca. 1926

14 Er gehörte von Anfang (1924) an zu den „Schauspielern im Theater in der Josefstadt unter der Führung von Max Reinhardt", wie dieser seine Bühne in Wien nannte.

15 So die Herausgeber Christian Strich und Fritz Eicken des ‚Diogenes Lesebuch moderner deutscher Erzähler', Band 1, 1980; allerdings ganz versteckt S. 164 in der Anmerkung über Stefan Zweig.

16 Sie erschienen erstmals 1940 in Oslo als eigene ‚Kulturgeschichte Griechenlands'.

17 1946 in München als ‚Die Reise mit der Zeitmaschine'
1974 in Zürich als ‚Die Rückkehr der Zeitmaschine'

18 Otto F. Beer: ‚Der wiedergekehrte Friedell', 31. 3. 1950, Standpunkt, Meran

19 Posthume Auswahlbände:

1947 Friedell-Brevier; Wien
1950 Das Altertum war nicht antik und andere Bemerkungen; Wien
1953 Kleine Porträtgalerie; München
1955 Aphorismen zur Geschichte; Wien, Stuttgart
1961 Ist die Erde bewohnt?; Wien, Stuttgart, Graz
1961 Aphorismen und Briefe; München
1965 Wozu das Theater?; München
1974 Konversationslexikon; Zürich

20 ‚Conférencen' waren Vorträge im Rahmen von Matinées wie von Abendveranstaltungen, Einführungen zu Lesungen u. ä. oder selbständige Veranstaltungen.

QUELLENNACHWEIS UND ANMERKUNGEN

Ein Anmerkungsteil zu Friedell-Texten ist im Grund ein Sakrileg, hat doch der Autor selbst konsequent auf Fußnoten und Ergänzungen außerhalb des Textes verzichtet. Allerdings wollte er in seinem Hauptwerk die ausgefallensten Fremdwörter und fremdsprachliche Zitate noch durch Eindeutschungen ersetzen. Blieb es dort beim Wollen, so kann in dieser Auswahl jener „Reinigungsprozeß" in einem – auch zeitbedingten – Anmerkungsteil grob nachvollzogen werden.
Er ist mit dem bibliographischen Apparat gekoppelt, der zur besseren Übersicht auch die Buchveröffentlichungen Friedells im Zeitraum von 1904 bis 1918 aufführt und diese chronologisch zwischen die in das Buch aufgenommenen Essays einreiht. Die Essays betreffend werden genannt: Erstdruck, von Friedell veranlaßte Nachdrucke (die textlich geringfügig abweichen können) sowie Übernahmen in die Kulturgeschichten. Damit sind Absätze und längere Passagen gemeint, die aus den Artikeln in ergänzter, gekürzter oder sonst veränderter Form in den Buchtext übernommen worden sind.
Bei Artikeln, die als Zweitdruck in ‚Schaubühne' bzw. ‚Weltbühne' erschienen, wird auf den Wortlaut dieser Berliner Zeitschrift zurückgegriffen, da ihn Friedell manchmal geringfügig überarbeitet hat. Der Titel des Erstdruckes wird beibehalten; die Rechtschreibung ist in wenigen Fällen aktualisiert, die Zeichensetzung vereinheitlicht.

Folgende Abkürzungen werden verwendet:

FAK Die Fackel, Wien (1899 - 1936)
KGN Friedells ‚Kulturgeschichte der Neuzeit', drei Bände 1927 - 1931. Die Seitenangaben beziehen sich auf die einbändige Dünndruckausgabe der Beck'schen Verlagsbuchhandlung, München.
MRZ März, München (1907 - 1917)
NWJ Neues Wiener Journal, Wien
SCH Schaubühne, Berlin (1905 - März 1918)
WEB Weltbühne, Berlin (April 1918 - 1933)
[...] Anmerkungen des Herausgebers

Der Wiener Stadt- und Landesbibliothek gebührt Dank für die freundliche Unterstützung bei der Suche nach unbekannten Zeitungsartikeln. Frau Annemarie Kotab, Kufstein, hat diese Edition ermöglicht und mit Hinweisen sowie Rückgriffen auf den Nachlaß Friedells unterstützt; dafür sei auch ihr herzlich Dank gesagt.

Motto (S. 7)

Das Motto des Buches ist einer von 20 Aphorismen ‚Über Genialität', 25. 12. 1909 NWJ; Nachdrucke in SCH (5. 5. 1910) und ‚Steinbruch'.

NOVALIS ALS PHILOSOPH. München 1904

Vorurteile (S. 9 - 16)
11.12.1905 FAK VII Nr.190 S.4

Erster bekanntgewordener Zeitungs- bzw. Zeitschriftenartikel Friedells. Karl Kraus veröffentlichte danach weitere sechs Beiträge in seiner ‚Fackel', bis im Mai 1906 Unstimmigkeiten die Zusammenarbeit beendeten. Dieser Beitrag war – wie die beiden folgenden – ursprünglich ein Cabaret-Text.

11 . . . *von der Schönheit des Orients gekostet*: Hier erlaubt sich der Herausgeber zu bemerken, daß er am Ende dieses Sommers mit I t a l i e n ganz ähnliche Erfahrungen gemacht hat. Anm. d. Her. [Original-Fußnote von Karl Kraus]

Die Lehrmittel (Noch ein Vorurteil) (S. 16 - 18)
21. 12. 1905 FAK VII Nr. 191 S. 11 / Nachdruck: ‚Goldene Jugendzeit' 8.4.1917 NWJ

Zwei Skizzen: Der Panamahut. Die Bolette (S. 18 - 21)
19.1.1906 FAK VII Nr.193 S.9

Anmerkung des Herausgebers [Karl Kraus]: Der Verfasser hat sie [die *Zwei Skizzen*] einigemal im neuen Cabaret ‚Nachtlicht', das mit vielen Talenten und gutem Glück die Schaulust des Wiener Publikums gegen die Harthörigkeit des Wiener Publikums verwertet, zum Vortrag gebracht. Mit nicht allzu starkem Erfolg bei den Hörern und bei der Wiener Kritik. Eben darum bringe ich sie zum Abdruck. Daß namentlich ‚Die Bolette' in Kreisen, deren Lebenselement die Terminologie des Hausadministrators ist, unwirksam bleiben muß, ist begreiflich. Ich halte den Nachweis, wie der Menschenverstand immerzu von der „Fachlichkeit" überrumpelt wird und alles aufgibt, um ihr zu entrinnen, für Humor. Und ich glaube, daß in diesen kleinen Skizzen, daß in dem einen Satz, den der Verfasser der Studie über ‚Lehrmittel' [s. S. 16 - 18] dem Demonstrator der Elektrisiermaschine in den Mund legt, mehr Perspektive und Lebensbeobachtung steckt, als ein Dutzend Wiener Feuilletonisten und Sonntagshumoristen zuwegebringen. Man wird mir, wenn ich das sage, nicht vorwerfen können, daß ich einen Mitarbeiter gelobt habe.

*

Marc Henry hatte wenige Tage zuvor das erste Cabaret Wiens, das diesen Namen verdient, gegründet. Zwar ging das ‚Nachtlicht' bereits Ende 1906 wieder ein, konnte aber ein Jahr später als ‚Fledermaus' in neuen Räumen wieder eröffnen. Friedell war an beiden Kleinbühnen engagiert und sprach dort diese beiden Monologe.

Pilatus (S. 22 - 25)
19.4.1906 FAK VIII Nr.201 S.14

Den Leitgedanken dieser kleinen Studie griff Friedell während des Ersten Weltkrieges mit seiner ‚Judastragödie' wieder auf, die erst 1920 im Druck erschien und 1923 am Wiener Burgtheater zur Aufführung kam.

EMERSON. Sein Charakter aus seinen Werken. Bearbeitet und übersetzt von Egon Friedell, Stuttgart 1906.

Die Todesnachricht. Eine Wiener Milieustudie (S. 25 - 30)
März 1907 MRZ S. 578 / Nachdruck: Wien 1.1.1914 SCH X (1) S. 22.

Es sind drei – hier enthaltene – Artikel bekannt, die im Münchner ‚März' (Herausgeber u. a. Albert Langen, Ludwig Thoma und Hermann Hesse) abgedruckt wurden.

26 *Marqueur*: Kellner in Wiener Cafés

29 *Greißler*: Gemischtwarenhändler

Oscar Wilde in Wien (S. 30 - 31)
28.11.1907 SCH III (48) S.531

Friedell schrieb von 1906 bis 1932 für Siegfried Jacobsohns ‚Schaubühne'.

31 Victorien *Sardou* (1831 - 1908), französischer Dramatiker

Julius Caesar (S. 32 - 41)
9.1.1908 SCH IV (2) S.40

Von Anfang an schrieb Friedell auch Theaterkritiken. Gewissermaßen „hauptamtlich" tat er es zwischen 1919 und 1924.

35 *Tout comprendre* ...: „Alles verstehen heißt alles verachten"

39 Max *Devrient* (1857 - 1929). „Er hat noch ganz jene unnachahmliche echte Noblesse des alten Burgtheaters, die man an den Darstellern andrer Bühnen fast immer vermißt, und er hat dabei die Knappheit und Schärfe, den Mangel an Redseligkeit und schönem Gefühl, die halben Worte und Gesten, die nur andeutende Charakteristik – kurz alle jene Eigenschaften, die das wohltuende Merkmal der modernen Schauspielkunst sind". (Friedell in: ‚Max Devrient'. 24.1. 1907 SCH III (4) S.105)

40 Zu Josef *Kainz* vgl. S. 102 - 104

41 *Brouillon*: Skizze, Konzept

Anna Karenina (S. 41 - 47)
13. 2. 1908 SCH IV (7) S. 168 / Übernahme: KGN S. 1344

43 *„Extrakt des Lebens“:* Der „Dichter des Extrakts“ war Peter Altenberg; vgl. S. 59.

Kindervorlesung (S. 47 - 49)
27. 2. 1908 SCH IV (9) S. 238

47 *‚Fledermaus‘:* Friedell erzählt mehrmals von dieser Bühne: „Ich sehe nicht ein, warum ich von Gustav Meyrinks Debut als Dramaturg nicht öffentlich und mit höchstem Lob sprechen soll, bloß weil dieses Debut im Wiener Cabaret ‚Fledermaus‘ stattgefunden hat, dessen sogenannter ‚artistischer Leiter‘ ich bin.“ (Friedell in: ‚Meyrink als Dramatiker‘. 28. 1. 1909 SCH V (4) S. 118).

48 Das Thema *Jugendlektüre* setzte Friedell u.a. 1914 mit seiner Andersen-Auswahl fort.

49 *Saltimbanques:* Seiltänzer

DER PETROLEUMKÖNIG ODER DONAUZAUBER. Musteroperette in vier Bildern. Von Alfred Polgar und Egon Friedell, Wien 1908.

GOETHE. Eine Szene von Egon Friedell und Alfred Polgar, Wien 1908

Der Haß des Künstlers (S. 49 - 55)
10. 12. 1908 SCH IV (50) S. 561 / Nachdrucke: ‚Tolstoi oder: Der Haß des Künstlers‘, 1913 Blätter des Deutschen Theaters, Berlin, II (28) S. 448; 28. 11. 1920 NWJ; ‚Der Haß des Künstlers. Zu Tolstois 10. Todestag‘ 5. 12. 1920 Freie Deutsche Bühne, Berlin, II (15) S. 345 / Übernahme: KGN S. 81 und 1346.

Frühestes bekanntes Beispiel eines kompletten „Bausteins“ der KGN (von ‚Anna Karenina‘ ist nur ein Bruchstück „verwertet“ worden), wobei der Artikel noch gar nicht – wie 23 Jahre später – auf Tolstoi Bezug nimmt.

52 *Alle die Tyrannen …:* Das im Nachwort erwähnte Plagiat umfaßt den nachfolgenden Absatz. (Vgl. auch die wortwörtliche Übernahme in den Essay ‚Der „zynische Mörder“‘, S. 106).

HEBBEL. Ein verkleinertes Bild seines Gedankenlebens, Stuttgart 1909

Peter Altenberg. Zu seinem fünfzigsten Geburtstag (S. 56 - 66)
11. 3. 1909 SCH V (10) S. 279 / Nachdruck: Nachwort zu Peter Altenbergs ‚Bilderbögen des kleinen Lebens‘. Berlin 1909.

Kurz vor der Jahrhundertwende stieß Friedell zum Altenberg-Kreis im Café Central und wurde bald engster Freund Altenbergs (1859-1919). Er setzte sich für dessen Anerkennung als Dichter ein, während Altenberg über die philosophische Natur Friedells schrieb.

59 *Le minimum . . .:* Größte Wirkung bei kleinstem Aufwand

60 *Corneille . . .:* „Corneille, La Fontaine und La Rochefoucauld haben gedacht, und wir denken mit ihnen, wir hören nicht auf zu denken, und sie bringen uns täglich auf neue Gedanken; lesen wir dagegen Racine, Neuville, Voltaire, so haben sie zwar viel gedacht, aber sie lassen uns wenig zum Weiterdenken".

Shaw als Erzieher (S. 66-74)

August 1909 MRZ (16) S. 265 / Nachdrucke: ‚Über Bernard Shaw' 24. 9. 1916 NWJ (gekürzt); ‚Über Bernard Shaw' 28. 12. 1916 SCH XII (52) S. 603 (gekürzt); ‚Shaw. Zum 80. Geburtstag des Dichters' 26. 7. 1936 NWJ (und damit Zweitdruck in dieser Zeitung) / Übernahme: KGN S. 1460.

Friedell widmete die englische Ausgabe seiner KGN 1930 Bernard Shaw und freute sich über seine Apostrophierung als „Der deutsche Shaw".

67 *Böotier:* Die Bevölkerung Böotiens galt im „klassischen" Athen als plump und bäuerisch.

Maurice *Maeterlinck* (1862-1949), belgischer Schriftsteller, der 1911 mit dem Nobelpreis ausgezeichnet wurde.

68 *mauvais goût:* geschmacklos

74 *Purgativ:* Abführmittel

LICHTENBERG. Ein verkleinertes Bild seines Gedankenlebens. Zusammengestellt von Egon Friedell, Wien 1910.

SOLDATENLEBEN IM FRIEDEN. Eine zensurgerechte Militärkomödie. Alfred Polgar – Egon Friedell, Wien 1910.

Der Dichter (S. 75-102)

12. 5., 19. 5., 26. 5. 1910 SCH VI (19, 20, 21) S. 505, 534, 560 / Gekürzte Nachdrucke: ‚Idealismus' 1. 1. 1913 NWJ; ‚Die Kunst als Selbstzweck' 22. 10. 1916 NWJ; ‚Idealismus, Güte, Intelligenz' Sept. 1933 Der Querschnitt, Frankfurt.

Was ist ein Dichter? Diese Frage behandelte Friedell damals noch in weiteren Artikeln: ‚Der Dichter und seine Zeit' (22. 12. 1910 SCH), ‚Der Dichter der Straße' (ab 7. 9. 1911 SCH) und schließlich in seinem Buch ‚Ecce Poeta' (1912), in das diese Texte eingearbeitet sind.

82 *encystiert:* eingekapselt

in actu ... in potentia: Die Dichter sind das tatsächlich, was die andern sein könnten.

92 John *Locke* (1632 - 1704) bekämpfte die Lehre von den angeborenen Ideen, da er überzeugt war, daß das Gehirn des Neugeborenen eine „leere Tafel" sei.

96 *Hypertrophie:* Überernährtheit, heute nur im Sinne von „krankhafte Vergrößerung".

Kryptogamie: heimliche Hochzeit

100 *Knockabouts:* Mitwirkende an einem Radaustück

Barnum-Kultur: Phineas Barnum (1810 - 1891), Zirkus-Unternehmer; seine New Yorker Schaustellungen von Kuriositäten und menschlichen Abnormitäten wurden zu einer Welt-Attraktion.

102 *hyperbolisch:* übertreibend, übersteigert

Kainz (S. 102 - 104)
13. 10. 1910 SCH VI (41) S. 1047

Josef *Kainz* (1858 - 1910), Burgschauspieler, vorher u.a. im Dienst von Ludwig II. von Bayern.

Maléquilibré: unausgewogener Mensch

104 *Friedrich Mitterwurzer* (1844 - 1897), ebenfalls Burgschauspieler, gilt als Bahnbrecher moderner Schauspielkunst.

Der „zynische Mörder" (S. 104 - 109)
30. 10. 1910 NWJ

Einer der frühesten bekannten Artikel für das Neue Wiener Journal, in dem bis zu seinem Tode Feuilletonbeiträge erschienen; so auch am 14. 1. 1938 seine letzte Veröffentlichung.

105 *Teratologie:* Lehre von den Mißbildungen

Der Kritiker (S. 109 - 122)
9. 3., 16. 3., 23. 3., 30. 3. 1911 SCH VII (10 - 13) S. 256, 291, 327, 348

113 *panegyrisch:* lobredend

116 *Obtrektation:* Mißgunst

118 *Ekrasit:* eine Sprengstoffart

Petarden: Sprengbüchsen

Die Post und die Pseudonyme (S. 122 - 126)
23. 4. 1911 NWJ / Nachdruck: ‚Die österreichische Post und die Pseudonyme' 18. 5. 1911 SCH VII (20) S. 553.

123 Friedell gehörte dem ‚*Intimen Theater*' 1907 als Literat, Regisseur und „Regenimitator" an (Friedell: ‚Wie ich Regisseur war, und was dann noch weiter geschehen ist'. 23. 1. 1908 SCH IV (4) S. 100).

Die Schaubühne. Ein Dialog (S. 126 - 143)
8. 6. 1911 SCH VII (22) S. 589

132 *Epizykel:* astronomische Hilfskonstruktion für das geozentrische Weltbild.

134 James Fenimore *Cooper* (1789 - 1851), amerikanischer Schriftsteller, der bei uns mit seinen ‚Lederstrumpf-Geschichten' bekannt geworden ist.

E. *Marlitt* (1825 - 1887) schrieb Romane u.a. für die ‚Gartenlaube'

Jens Peter *Jacobsen* (1847 - 1885), dänischer Dichter

136 *Permeabilität:* Durchlässigkeit

137 Otto Erich *Hartleben* (1864 - 1905), Dichter und ein „geistiger Ziehvater" Friedells.

140 *sezernieren:* absondern

141 *bête humaine:* menschliche Bestie

142 *Poets should be . . .:* Die Dichter sollten Gesetzgeber sein

Das Zeitalter Shakespeares (S. 143 - 146)
26. 10. 1911 SCH VII (43) S. 365 / Nachdrucke: 27. 1. 1918 NWJ / 21. 8. 1919 WEB XV (35) S. 231.

143 *Petrefakten:* Versteinerungen

144 *wisdom is power:* hieße wörtlich „Weisheit ist Macht". Statt „wisdom" steht jedoch in der ersten Auflage von Bacons Essays (1597) „scientia" (= Wissenschaft) und in der zweiten Auflage „knowledge", das im Deutschen zum Schlagwort „Wissen ist Macht" wurde, von dem Friedell hier spricht.

de omnibus dubito: Ich zweifle an allem

145 *chevalier penseur:* etwa „Der Denker von Adel"

Quel amas d'incertitude!: Welch Unmenge an Unsicherheit!

Nier, douter . . .: Verneinen, zweifeln und glauben sind für den Menschen das, was das Laufen für das Pferd ist.

clarté: Klarheit

Georg Brandes. Zum siebzigsten Geburtstag (S. 146 - 152)

8. 2. 1912 SCH VIII (6) S. 158 / Nachdrucke: 4. 2. 1922 Kölnische Zeitung; ‚Georg Brandes. Zum achtzigsten Geburtstag' 18. 2. 1922 Das Blaue Heft, Berlin, III (20) S. 537; ‚Georg Brandes' 20. 2. 1927 NWJ.

Georg Brandes (1842 - 1927); sein hier erwähntes sechsbändiges Hauptwerk hieß, wörtlich aus dem Dänischen übersetzt: ‚Hauptströmungen in der Literatur des 19. Jahrhunderts'.

150 *Heroworship:* Heldenverehrung, war Friedells Sache, der deshalb auch Carlyle's gleichnamiges Buch übersetzte (1914).

151 *Filiation:* Abstammung

152 *Grimms Michelangelo:* ‚Das Leben Michelangelos', 2 Bände (1860 - 1863) von Herman Grimm (1828 - 1901).

Justis Winckelmann: ‚Winckelmann, sein Leben, seine Werke und seine Zeitgenossen', 2 Bände (1866 - 1872) von Carl Justi (1832 - 1912).

ECCE POETA, Berlin 1912

Ecce Poeta! (S. 152 - 154)

Ca. 1912. Bislang unveröffentlichtes Manuskript aus dem Nachlaß; im Besitz von Frau A. Kotab, Kufstein.

Diese Buchkritik eines fingierten Dr. S. dürfte Friedell selbstironisch geschrieben haben, als sich abzeichnete, daß Sam. Fischer das von ihm verlegte Buch boykottierte (vgl. Nachwort).

153 *...früher veröffentlichter Betrachtungen:* s. die erste Anmerkung zu ‚Der Dichter', S. 289.

Prolog vor dem Film (S. 154 - 160)

September 1913 Blätter des deutschen Theaters, Berlin, II (32) S. 508

155 *...die alten Griechen gar nicht antik:* Einer von Friedells erfolgreichsten Solo-Vorträgen seiner ‚Fledermaus'-Zeit dürfte ‚Das Altertum war nicht antik' gewesen sein.

homme machine: Maschinenmensch

156 *...das ein Zeitalter der Extrakte ist:* Die nachfolgende Passage wurde gestrichen; sie steht fast wörtlich auf S. 58 und 59 (von: *Für nichts hat ja...* bis: *...genügend großer Raum ist).*

Le secret...: Das Geheimnis zu langweilen liegt darin, alles zu sagen

THOMAS CARLYLE: HELDENVEREHRUNG. Übersetzt und eingeleitet von Egon Friedell, München 1914.

H. CHR. ANDERSEN: SATIREN. Bearbeitet und eingeleitet von Egon Friedell, Wien 1914.

Das Weltbild des Euripides (S. 160 - 179)
7. 2., 14. 2. 1914 MRZ S. 203, 237 / Nachdrucke: 1. 3., 15. 3., 15. 4. 1921 Der Merker, Wien, XII (5, 6, 8) S. 98, 134, 187; ‚Unser Vater Euripides' 22. 10., 29. 10. 1921 Das Blaue Heft, Berlin, III (4, 5) S. 94, 128.

161 *pithecanthropus alalus:* der sprachlose Affenmensch

171 *„mauvais sujets":* „üble Subjekte"

173 *Der Nus ist...:* Der von Friedell beigefügte griechische Originaltext wurde weggelassen.

178 *Moira:* Schicksalsgöttin

179 *... Wahnbilder des Glaubens uns irren:* Übersetzt von Wilamowitz-Moellendorff. [Original-Fußnote]

Hermann Bahrs Katholizismus (S. 180 - 186)
12. 4. 1914 NWJ / Nachdrucke: ‚Bahrs Katholizismus' 30. 4. 1914 SCH X (18) S. 489; ‚Das Wiedererwachen der Religiosität' 29. 8. 1920 NWJ (zwar mit geänderter Einleitung, aber dennoch wieder ein Zweitdruck in derselben Zeitung).

Einer der vielen Friedell-Artikel, die jeder Schubladen-Registrierung trotzen: Von der autobiographischen Anekdote über Reklame für sein Buch zu kulturhistorischen Betrachtungen und Prophezeiungen über die Rückkehr zur Religion – nur die Frage nach Bahrs Katholizismus bleibt unbeantwortet!

VON DANTE ZU D'ANNUNZIO. Wien 1915

Carpe diem! Ein kleines Stück für Amateurbühnen (S. 186 - 191)
14. 3. 1916 SCH XII (11) S. 264.

186 *Carpe diem:* Nutze den Tag! im Sinne von „Genieße das Jetzt!" Ein Zitat aus den Oden des Horaz.

Ein kleines Stück für Amateurbühnen: Von Aufführungen dieser schwarzen Komödie ist nichts bekannt.

Der Zweck des Lebens (S. 191 - 198)
26. 11. 1916 NWJ / Nachdrucke: 23. 8. 1917 SCH XIII (34) S. 172; 15. 11. 1924 Das Blaue Heft, Berlin, VI (4) S. 85.

191 *Johannes Müller* (1864 - 1949), religiöser Schriftsteller; sein Seelensanatorium, Schloß Elmau bei Garmisch, besteht noch heute.

Takt (S. 199 - 203)
10. 12. 1916 NWJ / Nachdrucke: 15. 3. 1917 SCH XIII (11) S. 242; 9. 2. 1928 Allgemeine Zeitung Chemnitz.

201 *Idiosynkrasie:* hochgradige Abneigung

Das Bild des Dorian Gray (S. 203 - 208)
14. 1. 1917 NWJ / Nachdrucke: 28. 6. 1917 SCH XIII (26) S. 591; ‚Die Seele Oscar Wildes' 3. 7. 1921 Freie Deutsche Bühne, Berlin, II (45) S. 1049 / Übernahme: KGN S. 1460.

Bereits 1908 erschien in Wien von Oscar Wilde: ‚The Picture of Dorian Gray', with an Introduction by Egon Friedell. Diese Einleitung gilt jedoch als verschollen.

207 *Scharade:* Worträtsel

Das Büchlein vom vollkommenen Leben (S. 208 - 213)
25. 2. 1917 NWJ / Nachdruck: 28. 2. 1918 SCH XIV (9) S. 202 / Übernahme: KGN S. 164.

Im Abschnitt ‚Der Frankforter' der KGN geht Friedell auf den Inhalt des Bändchens ein, während er hier im Essay die damaligen Zeitumstände schildert.

212 *Syllogismen:* logische Schlüsse

Karl August von Hase (1800 - 1890), Theologe, Professor für Kirchengeschichte.

Vom Schaltwerk der Gedanken (S. 213 - 218)
17. 5. 1917 SCH XIII (20) S. 451; der Essay war aber bereits in dem Artikel ‚Moderne Metaphysik' der Österreichischen Rundschau, Wien, vom 15. 3. 1917 enthalten und stand hier ohne eigene Überschrift als zweite Buchbesprechung hinter Gedanken Friedells zu Christian von Ehrenfels' Buch ‚Kosmogonie'.

214 *Carl Ludwig Schleich* (1859 - 1922)

215 Der *„magische Idealismus"* von Novalis war Thema der Dissertation Friedells.

217 *... diesem wahren Seelenorgan:* Gedanken über das Sonnengeflecht entwickelte Friedell erstmals in ‚Ecce Poeta'; sie dürften auf den ersten Essay-Band Schleichs, ‚Von der Seele' (1910), zurückgehen.

Goldene Jugendzeit (218 - 220)
8. 4. 1917 NWJ / Nachdruck: ‚Der Hofmeister' 4. 4. 1918 WEB XIV (14) S. 329

An diese autobiographische Studie fügte Friedell den bereits 1905 erschienenen Artikel ‚Die Lehrmittel' an, der hier auf S. 16 - 18 zu finden ist.
Über Friedells schulische Irrwege berichtet Klaus Peter Dencker: ‚Der junge Friedell. Dokumente der Ausbildung zum genialen Dilettanten', München 1977.

Russischer Humor (S. 221 - 224)
6. 5. 1917 NWJ / Nachdruck: 19. 7. 1917 SCH XIII (29) S. 62

224 *„cant“:* Auf diesen Begriff geht Friedell in ‚Bild des Dorian Gray‘, S. 204 f., ein.

Abschaffung des Genies (S. 224 - 229)
15. 7. 1917 NWJ

224 *appretieren:* zubereiten, ausrüsten

225 *„Zönobialseele“:* Gemeinschaftsseele

229 *... den Lauf der Erde bestimmt:* Von hier ist es nur ein Schritt zu drei Fundamentalthesen der KGN: Das Genie ist ein Produkt des Zeitalters, das Zeitalter ist ein Produkt des Genies, Genie und Zeitalter sind inkommensurabel. „Man könnte vielleicht nun finden, daß diese drei Thesen sich widersprechen. Aber wenn sie sich nicht widersprächen, wäre es ziemlich überflüssig gewesen, diese Bände [die KGN] überhaupt zu schreiben“. (KGN S. 32)

Hat Christus gelebt? (S. 229 - 233)
16. 9. 1917 NWJ

229 *Letzthin:* Bezieht sich auf den Artikel ‚Das Leben Jesu‘ vom 10. 9. 1916 im NWJ, der später zum Nachwort der ‚Judastragödie‘ wurde. Friedell schrieb danach an Dr. M. Conrad: ‚Ein größeres Werk über dieses Thema würde ich gern veröffentlichen, aber wenn man heutzutage nicht sämtliche syrische Dialekte beherrscht und alle Keilschrifttexte auswendig kann, so wird man ja nicht ernst genommen, sobald man es wagt, sich über theologische Fragen zu äußern“. (Brief vom 3. 11. 1916) Daß er es trotzdem versuchte, zeigt der vorliegende Essay und seine Ausweitung auf sieben Folgen, ebenfalls unter dem Titel , Das Leben Jesu‘ (18. 9. - 30. 10. 1919 WEB). 1921 kam diese erweiterte Fassung als ‚Das Jesusproblem‘ in Buchform heraus.

232 *poliziert:* In der KGN führt Friedell z.B. aus, daß zur Regierungszeit Elisabeth I. (1558 - 1603) die Einrichtung der Londoner Feuerpolizei erheblich verbessert worden ist.

Die entdeckte Frau (S. 233 - 237)
25. 11. 1917 NWJ

234 *Mongolen:* Friedell meint hier die Chinesen

236 *Akkomodationsgabe:* Gabe der Anpassung

237 *Versatilität:* Beweglichkeit

Sokrates der Idiot (S. 237 - 242)
2. 2. 1918 NWJ / Nachdruck: 11. 7. 1918 WEB XIV (28) S. 33

238 *Siegfried Jacobsohn* (1881-1926) gründete 1905 die „Schaubühne', die er (ab 1918 unter dem Titel ‚Weltbühne') bis zu seinem Tod herausgab.

Alexander Moszkowski (1851-1934), Journalist und Schriftsteller, schrieb wie Friedell u.a. für das NWJ, veröffentlichte philosophische Texte und bemühte sich um die Popularisierung naturwissenschaftlicher Forschungsergebnisse.

Echolalie: automatisches, sinnloses Nachsprechen gehörter Worte

239 *Eugen Dühring* (1833-1921), Philosoph und Nationalökonom, auf den Friedell ausführlich in der KGN eingeht.

240 *ennuyieren:* langweilen

... *Bewußtsein der Hellenen:* Die nachfolgende Passage wurde gestrichen; sie steht fast wörtlich in ‚Das Weltbild des Euripides' auf S. 168 (von: *Er hat die grandiosen* ... bis: ... *den unklaren Tiefsinn).*

Wissenschaft als Kunst (S. 242-246)
10. 2. 1918 NWJ

Literaturpolizei (S. 247-251)
17. 2. 1918 NWJ

247 Paul *Claudels* (1868-1955) ‚L'annonce faite à Marie' von 1912 wurde erst 1946 ins Deutsche übersetzt („Mariä Verkündigung').

Der Kommende (S. 251-255)
10. 3. 1918 NWJ. Im Dezemberheft 1911 der Süddeutschen Monatshefte, München, findet sich unter demselben Titel eine wesentlich längere Erstfassung dieser Betrachtung, die Friedell auch in sein Buch ‚Ecce Poeta' aufgenommen hat.

Jakob Burckhardt. Zum hundertsten Geburtstag (S. 256-260)
19. 5. 1918 NWJ / Nachdruck: 6. 6. 1918 WEB XIV (23) S. 523 / Übernahme: KGN S. 38.

256 *Jakob Burckhardt* (1818-1897)

‚Goethe', von dem Literarhistoriker Albert *Bielschowsky* (1847-1902).

Das Geheimnis Ägyptens (S. 260-266)
29. 6. 1918 NWJ / Übernahme: „spurenweise" in die ‚Kulturgeschichte Ägyptens und des Alten Orients', 1936 (z.B. S. 206 der Beck'schen Sonderausgabe).

262 *Adolf Erman* (1854-1937), Direktor des ägyptischen Museums in Berlin.

265 *Alois Riegl* (1858 - 1905), Kunsthistoriker, bei dem Friedell studiert hat.

Über Dilettantismus (S. 266 - 270)

14. 7. 1918 NWJ / Nachdruck: 8. 7. 1924 Kölnische Zeitung / Übernahme: KGN S. 49.

Friedell rechtfertigt in diesem Aufsatz scheinbar bereits sein großes Unternehmen, das auf Dilettantismus, Paradoxie und „Plagiat" gründet (vgl. KGN S. 48); doch dürfte zu diesem Zeitpunkt noch kein Plan für die KGN existiert haben.

Barock (S. 271-276)

27. 10. 1918 NWJ / Übernahme: KGN S. 553

Eine Woche nach Veröffentlichung dieses Artikels kam es zum Waffenstillstand und zum Zusammenbruch der österreichisch-ungarischen Monarchie. Nach dem Krieg verfaßte der häufig als „Barockmensch" bezeichnete Friedell in seiner KGN eine weit umfassendere Würdigung des Barockzeitalters.

274 *Myopie:* Kurzsichtigkeit

Niaiserie: Albernheit

PERSONENREGISTER

Egon Friedell im Diogenes Verlag

Die Rückkehr der Zeitmaschine
Phantastische Novelle. detebe 20177

Das letzte Gesicht
69 Bilder von Totenmasken, eingeleitet von Egon Friedell
Mit Erläuterungen von Stefanie Strizek
detebe 21222

Abschaffung des Genies
Gesammelte Essays 1905–1918
detebe 21344

Ist die Erde bewohnt?
Gesammelte Essays 1918–1931
detebe 21345

Ebenfalls im Diogenes Verlag erschienen:

H.G. Wells
Die Zeitmaschine
Roman. Aus dem Englischen von
Peter Naujack. detebe 20172